世界国别与区域地理研究丛书

秦大河 杜德斌 主编

印度地理

张红 著

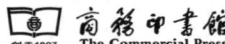

图书在版编目（CIP）数据

印度地理 / 张红著. —北京：商务印书馆，2024.
（世界国别与区域地理研究丛书）. — ISBN 978-7-100
-24648-4
Ⅰ. K933.51
中国国家版本馆 CIP 数据核字第 2024UF0404 号

权利保留，侵权必究。

世界国别与区域地理研究丛书
印度地理
张 红 著

商 务 印 书 馆 出 版
（北京王府井大街36号　邮政编码100710）
商 务 印 书 馆 发 行
北京启航东方印刷有限公司印刷
ISBN 978 - 7 - 100 - 24648 - 4
审 图 号：GS京（2024）1689号

2024年10月第1版　　　开本 787×1092 1/16
2024年10月北京第1次印刷　印张 16¼
定价：125.00元

"世界国别与区域地理研究丛书"总序

地理学作为一门古老的学科，是伴随着人类文明的滥觞一并出现，并随着生产力的进步、社会需求的提高和人类对不同尺度人地系统认识的深化而逐步发展起来的。15—17世纪，欧洲封建社会走向衰落，资本主义生产方式开始兴起，经济发展对原料地和销售市场提出了新的要求，驱动着哥伦布等一批航海家开始向外冒险，从而在人类历史上开启了一段可歌可泣的伟大历程——地理大发现。地理大发现极大地拓展了人类的认知空间，第一次凸显了地理知识的强大威力。有了日益丰富的地理知识的武装，欧洲一些规模较大的大学开始开设专业地理学课程并开展相关的研究，包括地图绘制、航海术和制图学，地理学逐渐走出推测与假说，逐步摆脱对其他学科的依附而成为一门显学。

到了19世纪末，欧洲殖民主义的扩张达到了高潮，地理学被称为"所有宗主国科学中无可争议的皇后"，成为西方国家知识领域中不可或缺的部分。在西方殖民扩张过程中，涌现出大批杰出的地理学家，其中包括德国地理学家亚历山大·冯·洪堡（Alexander von Humboldt，1769—1859）。洪堡是19世纪最杰出的科学家之一，他的科学考察足迹遍及西欧、北亚、中亚、南美洲和北美洲，所到之处，高山大川无不登临，奇花异草无不采集。正是源于对世界各地的深入考察，他科学揭示了自然界各种事物间的因果关系，把包括人在内的自然界视为一个统一的、充满内在联系的、永恒运动的整体。洪堡的科学考察活动和学术思想，推动了千百年来纯经验性的地理现象和事实描述向科学规律探索的转变，使得地理学成为一门真正的科学，洪堡也因此被誉为近代地理学的奠基人。

20世纪初，随着各领域科学技术的进步，特别是横贯大陆铁路的出现，以俄国和德国为代表的陆地力量迅速崛起，给以英国为代表的海洋霸权带来巨大冲击和挑战。为警示英国政府，英国地理学家哈尔福德·麦金德（Halford Mackinder，1861—1947）于 1904 年在英国皇家地理学会宣读了题为"历史的地理枢纽"的论文。在该文中，麦金德首次将世界视为一个整体，从全球海陆结构的视角来考察人类数千年的发展历史，发现亚欧大陆内陆的大片区域构成了人类战争和经济史上最重要的"枢纽地区"（后称"心脏地带"）。麦金德认为：谁统治了东欧，谁就能控制"心脏地带"；谁统治了"心脏地带"，谁就能控制"世界岛"；谁统治了"世界岛"，谁就能控制全世界。

麦金德的"历史的地理枢纽"一文发表 10 年后，第一次世界大战爆发。大战中，所有参战国较大的地理机构均被各国情报部门利用起来，为军队提供最新的地理信息和地图。大战结束后的巴黎凡尔赛和平会议上，美国地理学家艾赛亚·鲍曼（Isaiah Bowman，1878—1950）、威廉·莫里斯·戴维斯（William Morris Davis，1850—1934）和埃伦·丘吉尔·森普尔（Ellen Churchill Semple，1863—1932），法国地理学家埃马纽埃尔·德·马东（Emmanual de Martonne，1873—1955）及其他主要国家一些地理学家都被邀请作为和谈代表团顾问，参与重绘战后世界政治地图的工作。20 年后，第二次世界大战爆发，再次验证了麦金德的预言，也进一步凸显了地理学理论和思想的强大威力。

进入 21 世纪，新一轮科技革命深入发展，新的全球问题不断涌现，国际力量格局深刻调整，大国博弈持续加剧，世界又一次站在历史的十字路口。面对世界之变、时代之变、历史之变，中国政府提出构建"人类命运共同体"理念和共建"一带一路"倡议，为促进世界和平发展和完善全球治理体系积极贡献中国智慧、提供中国方案。这对新时代中国地理学的发展提出了新的要求，也带来了前所未有的历史机遇，尤其赋予区域国别地理（世界地理）学科新的重大使命。

中国地理学家对于区域国别地理的研究具有悠久的历史。早在 20 世纪 30—40 年代，中国人文地理学的奠基人之一胡焕庸先生就曾编写出版了中国第一套区域国别地理（志）著作，包括《法国地志》《俄国地志》《英国地志》《德国地志》《南欧地志》《日本地志》《美国经济地理》等。50—60 年代，百废待兴的中华人民共和国，出于了解外部世界的迫切需求，区域国别地理受到高度重视。

1956 年，中国科学院外国地理研究组（后更名为世界地理研究室）作为我国第一个区域国别地理研究机构的成立，对推动学科发展具有重要意义。1963 年中国地理学会世界地理专业委员会的成立，标志着中国的区域国别地理研究的发展由自发阶段进入有组织化阶段。此后，一批世界区域国别地理研究机构在各高校相继成立，并在研究区域上形成明确的分工，如华东师范大学的西欧北美地理研究室、南京大学的非洲经济地理研究室、暨南大学的东南亚经济地理研究室等。70 年代，又陆续成立了北京师范大学的北美地理研究室、东北师范大学的日本和苏联经济地理研究室、华中师范学院的拉丁美洲地理研究室、福建师范大学的东南亚地理研究室等，全国 14 家出版社还联合翻译、出版了 72 部（套）区域国别地理著作。80 年代，在中国地理学会世界地理专业委员会的组织和协调下，中国地理学家先后完成大型工具书《中国大百科全书·世界地理卷》和《辞海·世界地理分册》、大型专业丛书"世界农业地理丛书"、《世界钢铁工业地理》《世界石油地理》等重大科研项目，为深入了解世界发展、普及世界地理知识做出了重要贡献。但令人遗憾的是，由于种种原因，中国的区域国别地理研究工作并没有随着改革开放的深入发展而持续繁荣，相反自 90 年代起就日渐衰落，相关研究机构几乎全部关闭或处于名存实亡的状态。直至今天，区域国别地理研究依然面临研究力量薄弱、研究经费不足、研究质量亟待提高的问题。

在此百年未有之大变局下，中国地理学人肩负新的历史使命，应树立更加宽广的世界眼光，赶上时代，引领时代，充分发挥学科优势，在世界文明发展中阐释人与自然生命系统和谐演进的科学机理，为人类命运共同体建设贡献专业智慧、提供专业方案。特别是，要加强对世界区域国别地理研究，让国人读懂世界，同时对外讲好中国故事，让世界读懂中国。

从学科发展的角度看，区域国别地理是地理学的基础性学科。区域是地理要素的集合体，地理学的任何理论成果和规律，只有通过世界性的综合研究和区域性的比较分析才能得以证实；普遍规律和特殊规律，只有放在全球的尺度上，方能理清脉络，分清层次。忽视区域国别地理研究，就会有"只见树木、不见森林"之虞。正如胡焕庸先生所说，地理学研究既要用"显微镜"，横察中国现世；更须用"望远镜"，纵观世界大势。

一直以来,我就倡导中国学者要牢固树立"世界眼光、家国情怀、战略思维、服务社会"的治学价值观。2020年2月,我受邀担任华东师范大学世界地理与地缘战略研究中心主任。四年来,我和杜德斌教授等同人一同发起举办了世界地理大会,启动了"世界国别与区域地理研究丛书",还分别主编了《中国大百科全书》(第三版)冰冻圈科学卷和世界地理学科卷,围绕共建"一带一路"倡议共同完成了多项研究课题。我们力图通过这些学术活动和项目研究来推动自然地理学与人文地理学的深度融合,促进中国区域国别地理研究的繁荣,使中国地理学更好地服务国家战略,造福世界人民。

"世界国别与区域地理研究丛书"是推进区域国别地理研究发展的一项实质性重大举措,符合时代之需、民族之需和学术之需。此套丛书由华东师范大学世界地理与地缘战略研究中心和商务印书馆共同策划,初步规划对世界主要国家和区域开展地理研究,分期分批出版。丛书以国家为主,区域为辅,力求向读者呈现一个真实立体的世界地理全貌。愿此套丛书的出版能吸引更多有志青年投身到世界区域国别地理的学习和研究中,与国家同频共振!

中国科学院院士
华东师范大学世界地理与地缘战略研究中心主任

2024 年 5 月 30 日

前　言

　　印度是一个历史悠久且充满神秘色彩的文明古国，既拥有唐玄奘心中的西方极乐世界，也曾是大英帝国皇冠上的明珠。作为南亚和印度洋地区的重要国家，印度自独立之日起一直怀揣"做一个有声有色的大国"的战略雄心。经过近八十年的努力，印度在经济、外交、技术、军事和交通等方面取得了不可忽视的成就，在全球和地区事务中发挥关键作用。

　　印度与中国同为政治大国、经济大国和军事大国，发展的一致性与竞争性并存。作为中国的重要邻国，印度始终是中国睦邻外交的重要对象。中国和印度的交往源远流长，最早可追溯至汉代以前，两国在宗教文化、商品贸易等多方面都建立了持久的交流。近年来，因国际形势复杂多变、印度国内民族主义膨胀，加之西方媒体和学者对"中国威胁论"的极力渲染，导致中印关系波动发展，地缘风险骤升。

　　中国一直奉行独立自主的和平外交政策，坚持走和平发展道路。要维护中印两国的共同利益、夯实中印睦邻友好大厦的基础，更需要加强对印度的了解。这不仅要求我们了解该国的发展历程和现状，更需要从空间的角度理解印度发展的地理区位、空间相互作用、外部网络关联以及空间的权力博弈。地理学以区域性和综合性为特色。服务国家战略，从地理学视角研究印度，是区域国别研究的重要内容。

　　当前国内学界关于印度国别研究的专著虽已颇具规模，但大多侧重于剖析历史、政治、文化、宗教、经济等领域中的单一方面，较少涉及地理区域综合研究。少数以地理学视角开展的印度区域研究著作中，国外有印度地理学家马吉德·侯赛因（Majid Husain）编撰的《印度地理》（*Geography of India*），目前已出版至第 9 版，广为流传。该书覆盖了印度自然环境与人文社会的所有方面，可谓印度的大百科全书。国内出版的印度地理学经典，有台湾地区地理学家陈正祥于 1948 年出版的《印度地理》，其文笔优美、叙述生动，系统而深入地介绍了印度地理的典型特征；陈桥驿于 1996 年主编的《印度农业地理》，采用大量翔实的数据，全景式介绍了印度农业的生产历史与空间格局，是印度部门地理研究的典范。这些学术专著提供了了解印度的重要窗口。但略有遗憾的是，囿于印度自身的鲜明文化特性和地理复杂性，近年来国内鲜见兼蓄多类要素、综合多元特征、统筹多维数据的印度区域地理专著。

笔者长期从事地理复杂性和全球交通地理的科研和教学工作，又有幸在杜德斌教授指导和鼓励下参与亚洲水塔、"一带一路"沿线国家地缘环境分析等研究项目，由此激发了笔者从事世界地理与地缘战略研究的热情与决心。因笔者前期围绕印度的土地利用、交通网络、城市化议题积累了一定研究基础并发表了系列论文。当 2020 年华东师范大学世界地理与地缘战略研究中心与商务印书馆合作启动"世界国别与区域地理研究丛书"编撰工作时，笔者便主动请缨撰写《印度地理》。

随着写作的推进，笔者对印度有了更深入的了解。概括而言，印度的复杂性和多元性具体体现在四方面。一是地形地貌和气候类型丰富多样。从高山到平原，从沙漠到丛林，各种地形地貌在印度相互交织；从炎热干燥的沙漠气候到湿润多雨的雨林气候，再到凉爽的山地气候，多样的气候资源在印度广泛分布。二是文化、语言和宗教丰富多样。由于历史原因，印度成为一个多民族、多语言、多宗教的多元文化体，被誉为"人种的博物馆、语言的大拼盘、宗教的展示台"。三是经济产业丰富多样。印度的产业结构多元，信息技术和软件服务享誉全球，被称为"世界办公室"；其制药业和电影业十分发达，被誉为"世界药房"和"电影王国"。四是政治与外交体系丰富多样。印度采用议会制度，分为中央政府和各邦政府，各邦有一定的自主权，因此其政治结构层次较多、权力分散。此外，印度拥有多个政党和政治联盟，政党间竞争激烈、联盟常变。在外交领域，印度奉行多边主义和非对齐政策，与邻国保持复杂而多样的外交关系，在南亚发挥重要的引领作用。

印度还有许多独特的自然和人文现象值得关注。一是得益于当地土壤肥沃、日照充足、雨量丰沛，印度主要农作物一年三熟，印度也成为世界重要粮食出口国。然而，印度的国民饥饿指数却在《2022年全球饥饿指数报告》所有121个国家中排名第107位，处于"重度饥饿"水平。二是印度幅员辽阔，耕地占全国土地面积的一半以上，但无地农民占全国人口的35%。三是印度是全球最大的软件外包生产基地，大约占全球软件外包市场份额的55%。然而，印度也是全世界文盲人口最多的国家，全球三分之一的文盲人口居住在印度，印度男性和女性文盲率分别为20%和30%。此外，印度还有一些冲突激荡的自然与人文现象，例如：古印度是佛教的起源地，但如今佛教几乎在印度绝迹；印度拥有全球最长的公路系统，但交通拥堵颇为严重……以上种种，结合其特色的文化、历史，使得印度成为与我们既接壤邻近却又遥远神秘的国度。

本书以"快速发展的文明古国"为主线，从自然地理、经济地理（包括农业地理、工业地理、服务业地理和交通运输地理）、人口与城市化、社会文化地理和全球经贸地理五个方面出发，较系统地介绍了印度的自然地理环境、人文社会经济发展特征，及其在全球政治经济格局中的地位。本书收集了大量统计数据，利用统计分析、空间分析和网络分析，尝试多角度梳理印度各类地理要素的空间分布、空间差异、空间联系与空间相互作用。贯穿全书的主线，始终是印度的复杂性与多元性，正是它们共同塑造了印度独特的文明与巨大的成就。

本书从构思、资料收集到编写完稿历时近四年，许多同事和研究生都为之付出了辛勤的劳动。感谢丛书主编秦大河院士、杜德斌教授在本书撰写过程中给予的宝贵指导。感谢刘承良教授在书稿修改阶段的大力支持和帮助。感谢李春兰副教授在写作过程中提供的帮助，陆兆鹏、金宇倪、刘向杰、罗雪、刘采玮和邓雯等同学参与本书相关章节资料的收集和整理。陆兆鹏同学还协助完成了部分章节初稿的写作，并和金宇倪同学一起绘制了本书的图表。

感谢商务印书馆李娟主任、顾江和苏娴编辑的大力支持、热情鼓励、专业指导和为此书出版所付出的辛劳。顾江和苏娴编辑对书稿的格式与内容给出了非常专业且细致的修改建议，正是这些理解、信任、包容和鼓励，才使得我有了完稿的动力。

鉴于印度幅员辽阔、国情复杂，加之我们自身水平有限，对印度地理的研究工作还不够深入，书中难免存在疏漏之处，敬请各位专家和广大读者批评指正！

衷心希望本书能为广大读者初识印度提供些许帮助，对我国的印度国别地理研究和教学产生积极的推动作用。

目　　录

第一章　快速发展的文明古国 ·· 1
　　第一节　南亚次大陆的主体 ·· 1
　　第二节　快速增长的新兴经济体 ···································· 3
　　第三节　历史悠久的"社会熔炉" ··································· 4
　　第四节　行政区划 ·· 5
　　第五节　本书结构 ·· 8

第二章　印度自然地理 ·· 10
　　第一节　自然地理环境 ·· 10
　　第二节　主要自然资源 ·· 22

第三章　印度农业地理 ·· 27
　　第一节　农业发展概况 ·· 27
　　第二节　农业发展历程 ·· 31
　　第三节　农业基本结构 ·· 35
　　第四节　农业地理区划 ·· 50

第四章　印度工业地理 ·· 53
　　第一节　工业发展概况 ·· 53
　　第二节　工业化发展历程 ·· 65
　　第三节　工业地理分布 ·· 68

第五章　印度服务业地理 ·· 73
　　第一节　服务业发展概况 ·· 73

第二节　服务业基本结构 ·· 79
　　第三节　印度电影业 ·· 86
　　第四节　IT/软件服务业 ·· 97
　　第五节　科技创新 ··· 103

第六章　印度交通地理 ·· 119
　　第一节　公路运输 ··· 119
　　第二节　铁路运输 ··· 126
　　第三节　水上运输 ··· 132
　　第四节　航空运输 ··· 143
　　第五节　跨境交通走廊 ·· 149

第七章　印度人口与城市化 ·· 155
　　第一节　人口结构及变化 ······································ 156
　　第二节　城市发展与城市化 ···································· 177

第八章　印度社会文化地理 ·· 191
　　第一节　历史、政治与文化 ···································· 191
　　第二节　民族与种族 ·· 196
　　第三节　语言地理 ··· 199
　　第四节　宗教地理 ··· 211

第九章　印度全球经贸地理 ·· 219
　　第一节　贸易地理 ··· 219
　　第二节　外商投资地理 ·· 239

第一章 快速发展的文明古国

印度共和国（The Republic of India），简称"印度"或"印"，是一个位于南亚次大陆的联邦制国家。印度区位优越、得天独厚，长期是世界超级人口大国之一。印度在生态环境、地形地貌、社会文化、宗教语言等多方面均具有突出的多样性。得益于良好的自然条件和庞大的劳动力市场，印度已经成为世界上经济发展最快的国家之一。印度一直以农业为经济的重要支柱，近年来服务业发展迅速，已成为全球软件、金融等服务业重要出口大国。

第一节 南亚次大陆的主体

印度位于亚洲南部，三面环海，东邻孟加拉湾，南接印度洋、斯里兰卡，西濒阿拉伯海，北枕喜马拉雅山。印度的国土面积为298万平方千米（不包括中印边境印占区和克什米尔印度实际控制区等），占整个南亚面积近70%，印度是南亚最大的国家，国土面积居世界第七位。印度的大陆部分领土北部与中国、尼泊尔、不丹相邻，西北部与巴基斯坦相接，东北部和东部与缅甸、孟加拉国交界（图1-1）。除大陆部分外，印度领土还包括孟加拉湾的安达曼-尼科巴群岛，以及阿拉伯海上的拉克沙群岛等岛屿。印度的海岸线总长达5 560千米。

印度的版图北阔南狭，呈倒三角形，南端深入北印度洋，好似从亚欧大陆滴落下来并经过悠长历史沉积的钟乳石，把东面的孟加拉湾和西南的阿拉伯海分隔开，使得两国的交往必须借道印度南端。北回归线横穿印度中部，将其划分为气候迥异的南、北两部分，北部属温带区，南部则属于热带区。印度的西

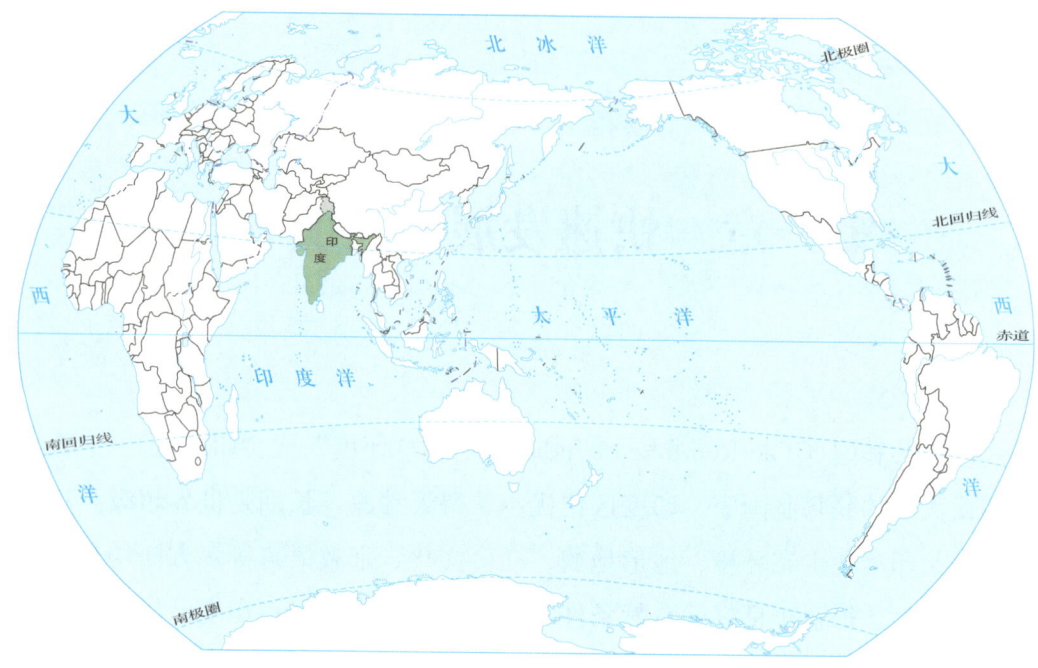

图 1-1　印度在世界的位置

北部纬度最高处与中国兰州相当，且有约三分之二的领土与中国的长江流域和珠江流域处于同一纬度（陈正祥，1948）。

印度的地质构造受到复杂的板块运动和地壳活动的影响，印度板块和亚洲板块的持续碰撞，导致印度地震频繁。由于山脉的抬升，在喜马拉雅山脉的南部，印度河、恒河和其他河流不断侵蚀和沉积，最终形成了广袤的平原和肥沃的河谷。根据不同的地质和地形条件，印度可分为北部高山区、中部平原区和南部高原区三个部分。北部高山区平均海拔在 7 000 米以上，北坡平缓，南坡陡峭。中部平原区介于北部高山区和南部高原区之间，是恒河和印度河的冲积平原，其西达阿拉伯海岸，东至孟加拉湾，地势平坦、土壤肥沃、降水充沛、河网密布，是南亚最重要的农业区。南部高原区为地质构造古老的陆地（陈正祥，1948），包括北部的马尔瓦高原和南部的德干高原。马尔瓦高原西邻阿拉瓦利岭，德干高原东西均与高止山脉相连，矿产资源丰富。

因领土广阔，印度气候丰富多样，地区间差异显著。印度大部分地区属于热带季风气候。其中，东部和南部地区属于热带气候，全年温暖潮湿，降雨相对均匀。北部的喜马拉雅山脉及其周边地区为温带气候，冬季寒冷，夏季相对凉爽。西部的喀喇昆仑山脉和喜马拉雅山脉周边地区为高原气候，冬季寒冷，夏季凉爽。西北部的拉贾斯坦邦地区属于沙漠气候，夏季炎热、冬季相对凉爽，降雨稀少。总体来说，季风带来的雨量变化无常，充沛的雨水造就了印度密集的河网，为其农业提供了重要的灌溉水源。

第二节 快速增长的新兴经济体

得益于自身人口和资源大国优势，印度是世界上经济增长速度最快的新兴市场国家之一。截至2022年，印度人口约14.2亿[1]，是世界人口大国之一。印度以农业立国，耕地面积居全球首位，占其国土总面积的60%以上。印度的热带原木生产和木材产品位居世界前列（张红等，2022）。印度粮食出口量世界第三，稻米出口量世界第一（付宗平，2021）。印度还是世界第三大渔业生产国（闫艳、陈宇，2015），渔业产量占全球的8%。印度的已知物种保有量占全球7%—8%，位居前列（Venkataraman and Latha，2008）。

自1991年拉奥政府进行市场经济改革以来，印度经济进入高速发展阶段（图1-2）。1991—2022年，印度经济年均增速约7%，成为世界成长最快的新兴经济体，2022年印度经济总量达到3.5万亿美元，成为世界第五大经济体。预计2024年印度经济增长率达到6.2%，继续保持世界上增速最快的大型经济体地位[2]。

印度工业发展比较缓慢，主要依靠众多的熟练劳动力。印度正大力发展软件开发和工厂服务外包等现代服务业，其第三产业在国内生产总值中的比例不断提升。根据印度央行的统计数据，2022—2023财年，印度第三产业GDP占比高达62.7%，第一、第二产业分别仅占15.1%和22.2%。印度的IT外包世界第一，占全球市场份额的一半；软件出口仅次于美国，约占全球的20%，被

---

[1] 中华人民共和国外交部，2024，https://www.mfa.gov.cn/web/gjhdq_676201/gj_676203/yz_676205/1206_677220/1206x0_677222/.

[2] 参见联合国《2024年世界经济形势与展望》报告（*World Economic Situation and Prospects 2024*），https://news.un.org/zh/story/2024/01/1125512。

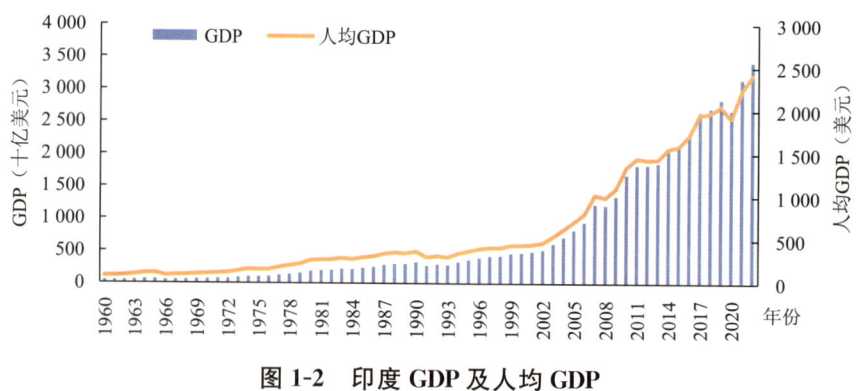

图 1-2　印度 GDP 及人均 GDP

资料来源：世界银行，https://data.worldbank.org.cn/。

誉为"世界办公室"和"IT 人才的硅谷"。印度的电影业也十分发达，电影产量和售票数均居世界第一。此外，印度还是著名的仿制药生产大国，被称为"世界药房"（杜德斌，2024）。

第三节　历史悠久的"社会熔炉"

印度是一个历史文化积淀深厚的文明古国。早在公元前 2500—前 1500 年就诞生了印度河文明，该文明持续了约 600 年，随后被雅利安文明所取代，梵文和种姓制度开始形成。此后，随着波斯人、斯基泰人、阿拉伯人和蒙古人等相继入侵，印度的民族融合愈加多见。自 17 世纪上半叶起，印度先后被葡萄牙、荷兰、英国和法国侵略，成为各国掠夺财富之地。1757—1849 年，东印度公司历经 92 年，终于使用军事征服和建立藩属国的手段征服了印度，建立了"英属印度"和"印度土邦"。印度从此沦为英国殖民地，直至 1947 年脱离英国统治。欧洲殖民者极大地改变了印度的文化，造就了印度的社会文化多元性，但对印度族裔构成的影响相对较小（杜德斌，2024）。

印度自古就是一个多民族、多语言、多宗教的多元文化体，它被誉为"人种的博物馆、语言的大拼盘、宗教的展示台"（胡延华，2000）。一是，印度人种多样，被称为"人种博物馆"。印度人主要由印度-雅利安人（占总人口约

72%)、达罗毗荼人（占总人口比例约为25%）和少量蒙古人及其他少数族群组成（杜德斌，2024）。印度由百余个民族组成，十大主要民族为印度斯坦族、泰卢固族、孟加拉族、马拉地族、古吉拉特族、加拿达族、马拉雅拉姆族、旁遮普族、阿萨姆族和奥里萨族。二是，印度的语言构成十分复杂。根据近年人口普查，印度有超过1 300多种可确定的母语和其他约1 400多种无法确定的母语。其中，270种确定的母语使用人数超过了1万人。印地语是联邦官方语言，还有21种地方性官方语言。印度实行语言立邦的法律，每个邦至少有一种官方语言。印度推行"三语"语言规划政策后，许多邦除了英语外，还至少使用其他两种语言。使用人数排名前十的语言依次为印地语、孟加拉语、马拉地语、泰卢固语、泰米尔语、古吉拉特语、乌尔都语、卡纳达语、奥里亚语和马拉雅拉姆语（廖波，2020）。三是，印度的发展史同时也是一部宗教史。印度是一个宗教盛行的国家，被称为"宗教展示台"，也是众多宗教的发祥地之一。经过长期发展，印度形成了以印度教为主（约占总人口80%），伊斯兰教、佛教、锡克教、基督教、耆那教等多教兼存的格局。

第四节　行政区划

印度的宪法规定印度实行联邦制。受英国殖民统治历史、语言多样性和政治经济发展等综合因素的影响，印度的行政区划和层级呈现出复杂性、差异性和动态性等特征。印度自独立以来直到21世纪，行政区划历经多次调整、变更频繁。印度目前的行政区划基本为：中央政府以下设邦、中央直辖区和国家首都辖区，邦以下设专区（Division）、县、区和村四级行政单位，而中央直辖区以下则只设县、区和村三级行政单位（孙彩红，2013）。印度的中央政府负责全国性事务，而各邦则在宪法规定的范围内享有一定程度的自治权。专区是为了加强邦和县间联系而成立的邦政府下设机构。

印度目前的一级行政区划有27个邦（Paradesh或State）、5个中央直辖区（Union Territories）、1个国家首都辖区（National Capital Territory）即德里国家首都区（表1-1，图1-3）。

表 1-1　印度一级行政区及中英文对照

类型	邦名（英文）	邦名（中文）	面积（万平方千米）
邦	Andhra Pradesh	安得拉邦	27.5
	Assam	阿萨姆邦	7.84
	Bihar	比哈尔邦	9.4
	Chhattisgarh	切蒂斯格尔邦	13.6
	Goa	果阿邦	0.37
	Gujarat	古吉拉特邦	19.6
	Haryana	哈里亚纳邦	4.4
	Himachal Pradesh	喜马偕尔邦	5.57
	Jharkhand	恰尔肯德邦	7.97
	Karnataka	卡纳塔克邦	19
	Kerala	喀拉拉邦	3.9
	Madhya Pradesh	中央邦	30.8
	Maharashtra	马哈拉施特拉邦	30.7
	Manipur	曼尼普尔邦	2.23
	Meghalaya	梅加拉亚邦	2.24
	Mizoram	米佐拉姆邦	2.1
	Nagaland	那加兰邦	1.66
	Odisha	奥里萨邦	15.57
	Punjab	旁遮普邦	5.03
	Rajasthan	拉贾斯坦邦	34
	Sikkim	锡金邦	0.7
	Tamil Nadu	泰米尔纳德邦	13
	Telangana	特伦甘纳邦	11.5
	Tripura	特里普拉邦	1.05
	Uttarakhand	北阿肯德邦	5.35
	Uttar Pradesh	北方邦	24
	West Bengal	西孟加拉邦	8.87

续表

类型	邦名（英文）	邦名（中文）	面积（万平方千米）
中央直辖区	Andaman & Nicobar Islands	安达曼-尼科巴群岛	0.82
	Chandigarh	昌迪加尔	0.01
	Dadra and Nagar Haveli and Daman & Diu	达德拉-纳加尔哈维利、达曼-第乌	0.06
	Lakshadweep	拉克沙群岛	0.0032
	Puducherry	本地治里	0.05
国家首都区	The NCT of Delhi	德里国家首都区	0.15

资料来源：孙彩红，2013；《世界地图集》，中国地图出版社，2022 年；https://knowindia.india.gov.in/districts/。

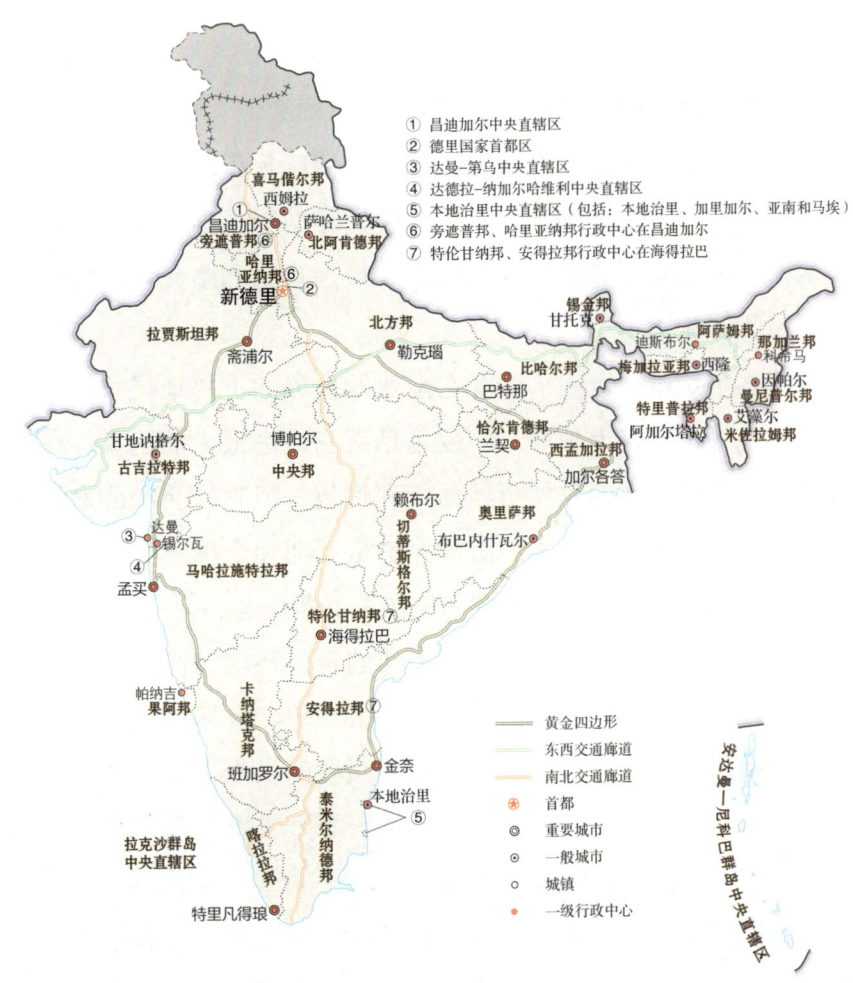

图 1-3　印度行政区划图

印度各邦在自然环境和社会经济方面表现出显著的差异性。除少数几个邦如果阿邦、特里普拉邦、那加兰邦外，其他各邦面积普遍较大；而中央直辖区和国家首都辖区的面积普遍较小。印度面积最大的邦为拉贾斯坦邦（34万平方千米），面积最小的邦为果阿邦（0.37万平方千米），前者是后者的约92倍。印度最小的中央直辖区为拉克沙群岛。拉克沙在梵语中意即"百万岛屿"。拉克沙群岛位于阿拉伯海，在喀拉拉邦西部，仅有32平方千米。群岛由多个珊瑚岛、珊瑚礁和众多离岸小岛组成。

第五节　本书结构

本书以"快速发展的文明古国"为主线，从绪论、自然地理、经济地理、交通地理、人口与城市地理、社会文化地理及国际投资贸易地理等方面，系统全面阐述了印度的基本地理国情。充分体现世界文明古国印度得天独厚的自然环境、丰富多样的文化、复杂的人口状态、快速提升和多元发展的经济，以及日益增长的世界影响力。

第一章为本书绪论，概述了印度在南亚及世界的重要地位。印度是南亚次大陆的主体，地缘位置得天独厚；印度也是南亚地区最大的国家，在南亚地区发挥领导作用。尽管印度的发展历经曲折和挑战，但它社会经济发展迅猛，已成为世界第一人口大国和第五大经济体，也是亚洲和全球经济增长的关键驱动力量，在世界政治经济秩序中的能级和地位正不断提升。

第二章为自然地理，重点关注印度多样的自然环境、优越的自然条件及多旱涝的自然灾害特征，主要包括两节内容。第一节"自然地理环境"重点介绍了印度复杂的地形条件、显著的季风气候、频发的洪涝干旱、多样的气候类型和发达的河网水系特征。第二节"主要自然资源"主要呈现了印度优越的耕地条件、丰富的矿产资源等自然资源条件。

第三章、第四章、第五章、第六章为印度经济地理。该部分从传统的农业大国、发展迟缓的工业国家、引领世界的服务业大国、融通内外的交通网络四个方面，重点阐释了印度各主要产业及交通经济的基本特征、发展历程、空间分布及地域组织。

第七章为人口与城市化。重点介绍了印度快速变化的人口规模、社会空间结构及人口流动特征，着重梳理了印度城市化的发展历程、城市体系和城市空间结构。

第八章为社会文化地理。从历史、民族与种族、语言、宗教四个方面，阐述了印度多元性社会文化的历史基础、主要特征及空间分布。

最后一章为国际投资贸易地理。分别从贸易和投资两个视角介绍了印度商品贸易、服务贸易及外商投资的发展态势、基本特征、空间格局及影响因素。

参 考 文 献

[1] 陈正祥：《印度地理》，正中书局，1948 年。
[2] 杜德斌：《世界地理》，高等教育出版社，2024 年。
[3] 付宗平："新冠疫情持续冲击下印度粮食安全危机及其应对策略"，《南亚研究季刊》，2021 年第 1 期。
[4] 胡延华："印度的四大科技革命"，《未来与发展》，2000 年第 5 期。
[5] 廖波："印度的语言状况——基于 2011 年印度人口普查语言调查数据的分析"，《解放军外国语学院学报》，2020 年第 6 期。
[6] 孙彩红："印度行政区划与层级现状、分析及启示"，《东南亚南亚研究》，2013 年第 2 期。
[7] 闫艳、陈宇："印度渔业及海洋生态环境保护政策法律厘析"，《兰州学刊》，2015 年第 9 期。
[8] 张红、邓雯、王艺："2000—2020 年印度土地利用的时空演化及驱动因素分析"，《世界地理研究》，2022 年第 31 期。
[9] 中国地图出版社：《世界地图集》，中国地图出版社，2022 年。
[10] Venkataraman, K. and Latha, S. S. 2008. Intellectual property rights, traditional knowledge and biodiversity of India, *Journal of Intellectual Property Rights*, Vol. 13, No. 4, pp. 326-335.

第二章　印度自然地理

印度国土辽阔、自然资源丰富，是名副其实的自然资源大国。印度境内大部分地区土质肥沃，一半以上的国土适于耕种。印度地处低纬、日照充足、热量丰富、全年气温变化小、年降水量丰富、水热同期，宜于农业生产。但这种以季风为主的降水具有突发性强、变率大、地区差异显著等特征，导致印度洪涝和干旱并存、自然灾害频发。印度境内河流众多，水系发达，流域广阔，水资源丰富；大部分地区地层古老，矿产资源种类丰富。

第一节　自然地理环境

印度自然地理环境优越。地形条件较好，境内广泛分布着平原、低丘和海拔较低的台地；气候条件较佳，全境属热带和亚热带，大部分地区热量充足、雨量丰沛，农作物一年三熟，但由于气温高且降雨过于集中导致多旱涝灾害；河流水系较发达，拥有三大国际河流，流经大部分平原，易于农业灌溉。

一、地势低平，易于开发

印度位于印度板块中心部位，地质构造简单、框架清晰。境内北部为喜马拉雅褶皱带，中部和南部为印度半岛克拉通（古陆核），二者之间为山前坳陷区，各部分占印度陆地面积的比重分别为10%、20%和70%。喜马拉雅山褶皱带位于中印边界附近，地质构造活跃，地震灾害频发；印度半岛克拉通地质构造稳定，鲜见地震灾害；坳陷区位于印度中北部，沿近东西向展布（杜德斌，2024）。

受地质构造影响，印度地貌十分显著。印度地貌类型多样，低矮的平原、缓丘和台地约占全国面积的70%，山地占27%。印度国土的地表结构主要由三部分组成，即北部的喜马拉雅山脉地区、南部半岛的德干高原区及介于其间的印度河-恒河平原区（图2-1）。

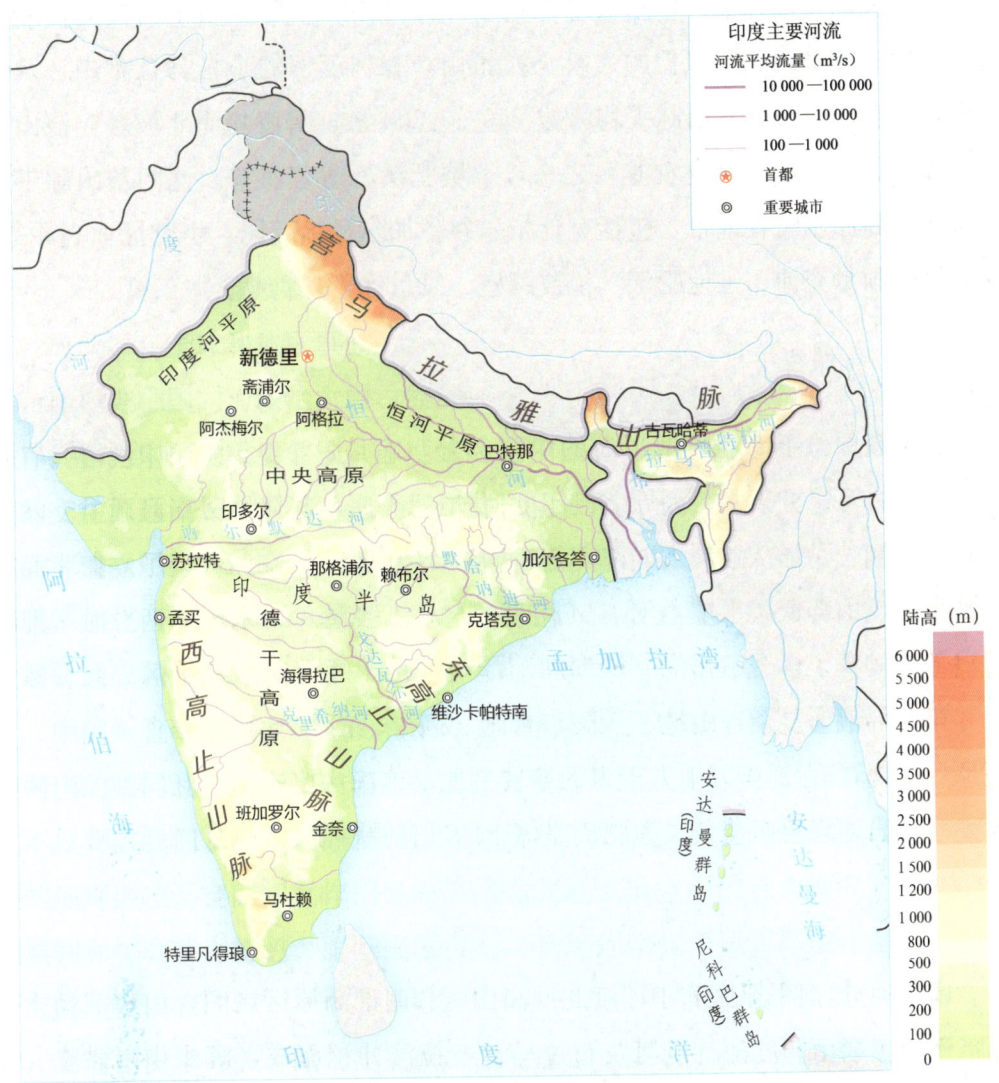

图 2-1 印度地形图

资料来源：https://www.gscloud.cn/sources/accessdata/310?pid=302.

(一) 北部喜马拉雅山脉地区

喜马拉雅山脉东西横亘，大部分位于中印边境线。它西起帕尔米高原，东至印度阿萨姆邦以北，形成一列巨大的弧形山系。全长 2 400 千米，宽 200—400 千米，平均海拔高度在 5 000 米以上（陈桥驿，1996）。喜马拉雅山脉南坡面向印度，山势隆升强烈且陡峭、河流深切、峡谷幽深。整个喜马拉雅山脉自北向南分成四个平行带，包括大部分位于印度境内、主要分布于西段的横断喜马拉雅山，及多为冰雪覆盖的大喜马拉雅山，森林茂密的小喜马拉雅山，及锡伐利克山脉。锡伐利克山脉平均海拔 750—1 200 米，南坡陡而北坡缓，该山脉的山麓地带是印度的重要农业区之一，土壤肥沃，适宜农耕。这四条山脉中分布着多个高原和河谷地带，包括克什米尔谷、加尔瓦尔高原、坦赞尼亚高原等。河谷地带雨量充沛、土地肥沃、植被茂盛、风景优美，农业资源丰富。

(二) 南部德干高原区

德干高原位于南亚印度半岛的内陆部分，它是一个久经侵蚀的台状高原，面积达 160 万平方千米。高原北接印度河-恒河平原，整体地势西高东低、北宽南窄，呈倒三角形从亚洲大陆南部伸入印度洋（任佳、李丽，2016）。德干高原多平顶山，山势低矮平缓，河谷宽浅曲折，水流缓慢。高原东部，沿海平原的河口部分发育了多个三角洲、沙洲和沼泽地，是印度重要的农垦区。高原的西北和东北部地形复杂，山地、丘陵、台地、高原、河谷与盆地等交错分布。在高原西北部，有 40 多万平方千米的熔岩台地，这些台地被厚达 500—1 000 米的大规模火山熔岩溢出覆盖，为肥沃黑棉土的发育提供了良好的母质条件。

(三) 印度河-恒河平原区

印度河-恒河平原区介于印度北部高山区和南部高原区之间，也称北部大平原。平原主要由印度河、恒河及布拉马普特拉河冲积而成，沉积物以黏土、壤土和粉沙土为主。平原沿东西向延伸，长约 3 000 千米，南北宽 250—300 千米，总面积达 75 万平方千米。平原以长约 240 千米的起伏丘陵为分水岭，分为东、西两部分。东部属恒河-布拉马普特拉河冲积平原，面积约 45 万平方千米，大部位于印度境内，地面平坦，下游三角洲多沼泽且河网密布，雨季易发洪涝；西部为印度河及其支流冲积而成的印度河平原，小部分位于印度，土壤肥沃但气候干燥。印度河-恒河平原区西南面为广袤的塔尔沙漠，气候干燥，面临荒漠化的挑战。

二、雨热同期，旱涝频发

印度位于北纬 8°—北纬 33°，北部的喜马拉雅山脉构成了天然屏障，北回归线穿过领土中部，因而大部分地区属典型的热带季风气候；北部山区随着海拔升高，逐步由热带湿润季风气候过渡到亚热带湿润季风气候和高原温带气候；西部塔尔沙漠一带为热带沙漠气候。与同纬度其他地区相比，印度拥有更多的雨热资源。

（一）气温较高

印度日照充足，境内绝大部分地区全年日照在 2 500—3 200 小时，日照率达 60%—70%，但日照在不同区域和年内各月分布不均，对作物产量有一定影响（陈桥驿，1996）。印度的年平均气温在 24—27℃ 之间（图 2-2），高于世界上同纬度地区 3—5℃。除高山区外，全国四分之三的地区最低温度在 0℃ 以上。印度全年的最高气温出现在 5 月份，全境 5 月中旬的平均气温可达 30℃（图 2-2）；最冷的 1 月份气温也普遍较高，各地气温温和，南北温差较小。

印度气候分为凉季（11 月—次年 2 月）、干热季（3—5 月）和雨季（6—10 月）。凉季多凉爽干燥；干热季则炎热少雨，部分地区气温高达 40—50℃；雨季盛行西南季风，降水集中。印度超过 80% 的地区年降水量的 90% 集中在 6—9 月的季风期（Basu，2005）。

（二）降水时空波动显著

印度大部分地区受季风环流影响，年平均降水量达 1 170 毫米，降水量大于 1 250 毫米的多雨区和 750—1 250 毫米的湿润区各占全国总面积的三分之一左右。由于印度以季风型降水为主，其降水具有如下三个特征：

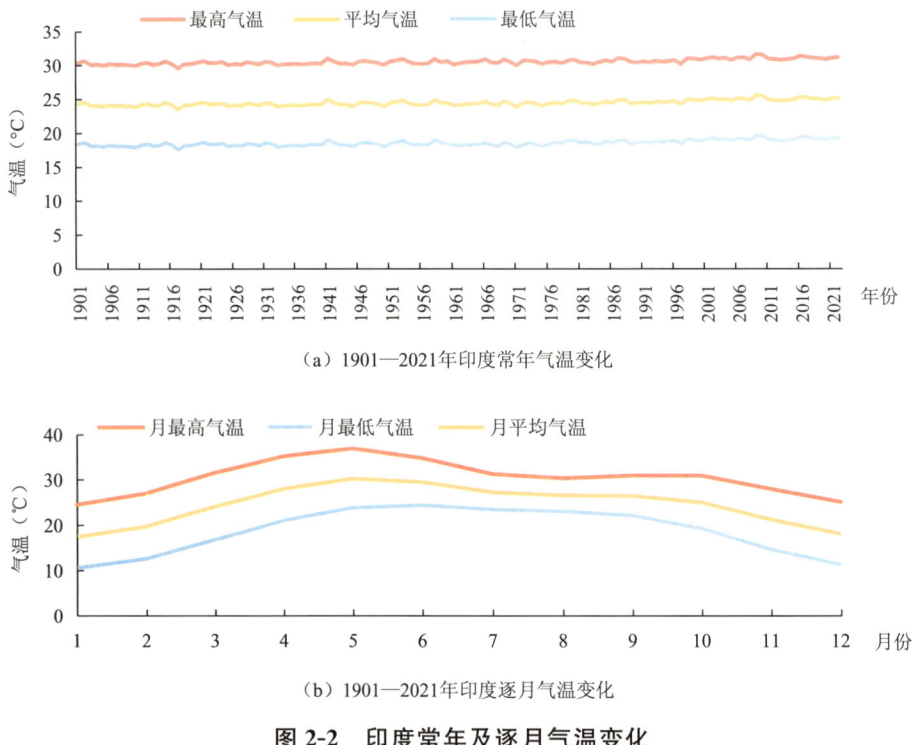

(a) 1901—2021年印度常年气温变化

(b) 1901—2021年印度逐月气温变化

图 2-2　印度常年及逐月气温变化

资料来源：世界银行气候变化知识网站，climateknowledgeportal.worldbank.org。

1. 降水变率大

西南季风的强度和到达时间的不确定性，导致印度各年间降水量波动明显（图 2-3），各地区降水量的时空变率较大。不同地区进入雨季的时间往往自南往北相隔一个半月，自东向西相差数周；同地区不同的年份进入雨季的时间也常常相差半个至一个月。印度各地降水变率普遍为 20%—50%，且往往越是少雨的地区降水变率越高。西部沿海地区、西高止山脉、东北半岛、恒河东部平原、印度东北部、北阿肯德邦、喜马偕尔邦的年均降水量超过 1 000 毫米，其降水变率低于 25%；拉贾斯坦邦西部和德干高原内陆地区的年降水量不足 500 毫米，但降水量变率超过 50%。印度其他地区的降水量变率为 25%—50%，其年降水量在 500—1 000 毫米①。

---

① 统计数据来自 *India: Physical Environment*, *Textbook in Geography for Class* XI。

2. 降水时间集中

季风具有突发性，来势迅急的季风往往伴随着强烈的阵雨。季风来临前后的两个月，印度降水量常波动显著。每年的5月底或6月初，西南季风如期登陆印度南部，接着向西部和北部前行，于7月初抵达印度北部。因途经暖湿的印度洋洋面，西南季风带来大量水汽，产生的降水占整个次大陆降水的75%—80%（图2-3）。东北季风于每年的10月20日左右到达，带来孟加拉湾的水汽，降水通常持续50天左右。因此每年10—11月期间，印度东南沿海地区的降水量相当可观（王野田等，2019）。

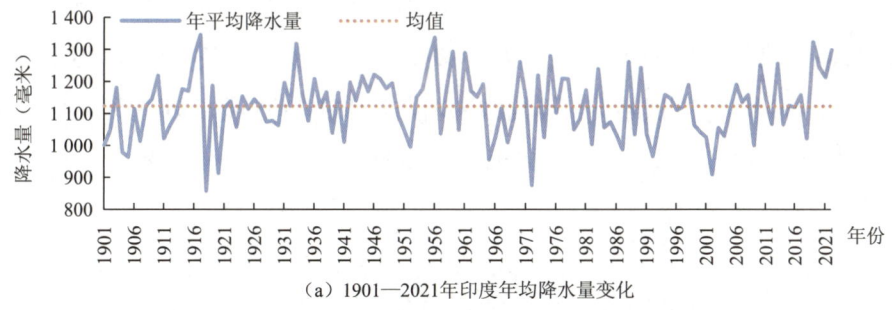

(a) 1901—2021年印度年均降水量变化

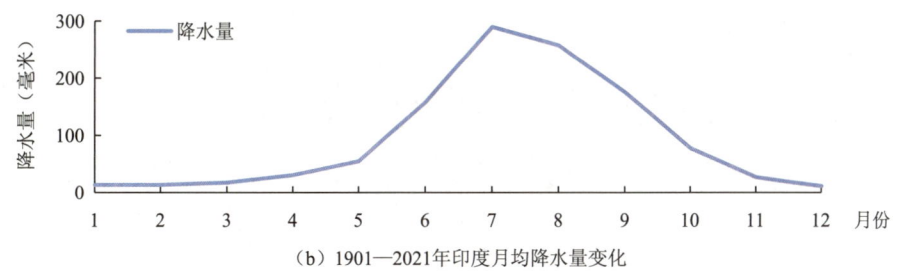

(b) 1901—2021年印度月均降水量变化

图 2-3　印度 1901—2021 年年均及月均降水量变化

资料来源：世界银行气候变化知识网站，climateknowledgeportal.worldbank.org。

3. 降水地区差异显著

受季风气候和地形影响，印度降水量地区分布极不均衡。降水分布的一般规律为：北部地区降水从东向西、西北递减；半岛部分，西海岸降水最多，向东逐渐减少，至东部沿海又有所增加。降水量分布呈现出东部高于西部、南部高于北部、高地高于低地等梯度分布特征（陈桥驿，1996）。印度全国平均年降水量为1 170毫米，约三分之二的地区年降水量超过750毫米。印度降水量最高的地区是位于梅加拉亚（Meghalaya）高原南侧的乞拉朋齐（Cherrapunji），年降水量达 11 430 毫米，被誉为世界"雨极"；西部拉贾斯坦邦等地区年均降水量却只有 100 毫米（李香云，2010）。以 800 毫米等降水量线为界，该线以东、以南属于热带和亚热带湿润地区，降水量高；以西、以北地区降水量低，西部沙漠地区年降水量甚至小于 200 毫米。

（三）旱涝频发

印度变化无常的季风雨和过于集中的降水，导致洪涝和干旱灾害频发（黄玉桃等，2019）。印度是全球 75 个自然灾害最为频发的国家之一（Ray-Bennett，2009）。据印度政府灾害管理局统计，印度有 4 000 多万公顷的土地易受洪水影响，高达 68%的国土面积易受干旱影响。洪水往往与飓风、风暴等灾害密切关联；高温除易致干旱，还会带来冰雪融化、滑坡、雪崩等问题（图 2-4，表 2-1）。

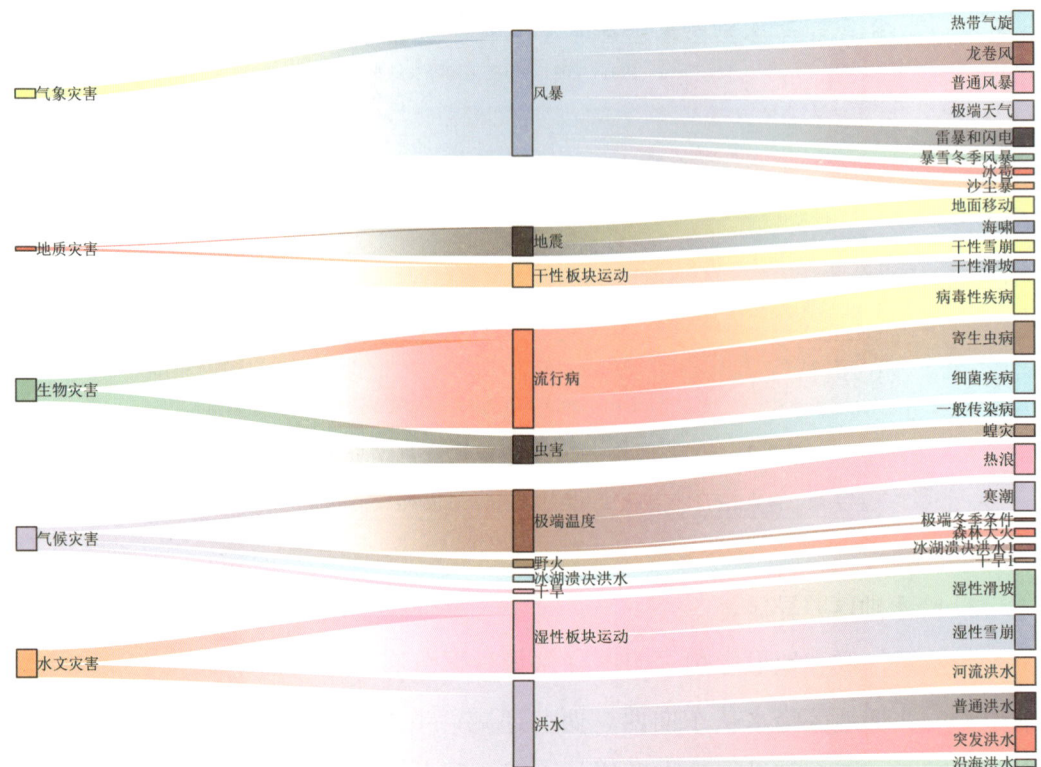

图 2-4　2000—2020 年印度自然灾害类别统计

资料来源：国际灾难数据库（EM-DAT-The international disaster database），https://www.emdat.be/。

表 2-1　2000—2020 年印度灾害统计

灾害类型	灾害亚类	发生次数	死亡人数（人）	受影响人数（人）	经济损失（千美元）
洪水	河水泛滥	108	19 908	258 864 779	38 553 347
	山洪	25	3 036	41 121 588	3 810 480
	沿海洪水	1	80	7 200 000	275 000
	其他	44	6 988	56 305 923	25 649 500
风暴	对流风暴	45	1 616	763 771	
	热带气旋	34	2 132	59 337 224	27 469 512
	其他	6	116	68 794	0
干旱	干旱	5	20	688 200 000	5 598 722
滑坡	滑坡	17	712	172 213	0
	雪崩	5	330	5 000	50 000
极端天气	寒潮	16	2 591	25	0
	热浪	13	6 539	475	0
	严冬	2	320	0	0
流行病	细菌性疾病	6	190	34 837	0
	寄生虫病	2	62	29 636	0
	病毒性疾病	15	1 274	162 215	0
地震	海啸	1	16 389	654 512	1 022 800
	地面活动	9	22 846	7 124 562	3 818 000
野火	森林火灾	2	24	0	0

资料来源：国际灾难数据库（EM-DAT-The international disaster database），https://www.emdat.be/。

（四）类型区多样

印度的气候类型复杂多样，根据气温和降水情况等，可将其划分为十大自然条件地域组合类型区（Singh，1971）。

1. 东北湿润类型区

包括整个印度东北部（特里普拉邦除外）、锡金邦和西孟加拉邦西北部。本区属热带多雨气候，全年较为湿热，没有干季。该气候区的年平均降水量在 2 000 毫米以上。1 月均温为 10—25℃，7 月均温为 25—33℃。

2. 西南沿海湿润类型区

从达布蒂（Tapi）河口到甘尼亚古马里（Kanyakumari）的康坎（Konkan）和马拉巴尔（Malabar）沿海地区。该气候区的年均降水量约为 2 000 毫米。1 月均温为 18—28℃，7 月均温为 25—30℃。

3. 东南湿润类型区

包括西孟加拉邦、恰尔肯德邦（Jharkhand）、切蒂斯格尔邦（Chhattisgarh）、奥里萨邦（Odisha）和安得拉邦（Andhra）的大部分地区。该气候区的年均降水量为 1 000—2 000 毫米。1 月均温为 12—27℃，7 月均温为 25—35℃。

4. 湿润/半湿润类型区

包括恒河平原部分地区，该气候区的年均降水量为 1 000—2 000 毫米，1 月均温为 10—25℃，7 月均温为 25—40℃。

5. 沿海半湿润类型区

主要为科罗曼达尔（Coromanda）海岸地区。该气候区的年均降水量为 750—1 500 毫米。1 月均温为 20—30℃，5 月均温为 28—38℃。

6. 半湿润大陆性气候类型区

主要为恒河上游平原（Upper Ganga Plain）地区。该区域的年均降水量为 750—1 500 毫米，1 月均温为 17—25℃，7 月均温为 25—40℃。

7. 亚热带半干旱类型区

分布在拉贾斯坦邦（Rajasthan）东部、哈里亚纳邦（Haryana）和旁遮普邦（Punjab）。年均降水量为 250—750 毫米。1 月均温为 15—25℃，7 月均温为 25—28℃。

8. 热带半干旱类型区

包括半岛（Peninsula）中部和西部最大的区域，即古吉拉特邦（Gujarat）、马哈拉施特拉邦（Maharashtra）、中央邦（Madhya）、卡纳塔克邦（Karnataka）、特伦甘纳邦（Telangana）和安得拉邦（Andhra）西部。该地区的年均降水量为 500—1 000 毫米，1 月均温为 15—28℃，7 月均温为 26—40℃。

9. 干旱类型区

包括库奇（Kutch）大部分地区、拉贾斯坦邦（Rajasthan）西部和哈里亚纳邦（Haryana）西南部，降水量低于 250 毫米。印度的塔尔（Thar）沙漠也属于这种气候。1 月均温为 10—15℃，6 月均温为 30—40℃。该区是印度受干旱影响最严重的地区，每隔三年左右就会经历一次干旱。

10. 喜马拉雅西部类型区

包括喜马偕尔邦（Himachal）和北阿肯德邦（Uttarakhand）。年均降水量高达 1 500 毫米，降水量从东向西、从南向北递减。冬季来自西部扰动的降雨也是该气候区的一个显著特征。1 月均温为 0—5℃，7 月均温为 5—30℃。

三、水系发达，以国际河流为主

印度境内大小河流众多，但地区间分布很不均衡，印度河、恒河和布拉马普特拉河三大流域内的河流约占总径流量的 57%。

（一）三大来源

印度河流的水源主要有三类。一是来自高山上的积雪和冰川融化，例如恒河、布拉马普特拉河和亚穆纳河。因高山积雪丰富，水流持续不断。每当夏季和季风时期，气温升高将导致冰雪融化加速，河流流量增大。二是来自地下水，此类河流往往水质较好，常用于农业灌溉，但河流的季节性明显，夏季时因天气炎热和水分蒸散，河流排放量往往较低，而季风期时相反。三是来自降水，此类河流受季风性气候影响显著，多属季节性河流。

（二）四大水系

根据河流发源和流域的地理分布，可将印度河流划分为四个主要水系（表2-2），即喜马拉雅水系、南部半岛水系、沿海地区水系和内陆河水系（任佳、李丽，2016）。

表 2-2 印度四大水系及特征

水系名称	来源	特征	主要河流
喜马拉雅水系	发源于喜马拉雅山脉，以高山融雪补给为主	径流稳定，终年有水，雨季来临时易发洪灾	恒河、布拉马普特拉河、印度河
南部半岛水系	多发源于西高止山脉和温迪亚山脉，以雨水补给为主	水位时涨时落，旱季干涸河流较多	克里希纳河、戈达瓦尔河、默哈讷迪河等
沿海地区水系	沿海	流程短、汇水面积小	主要为印度西海岸的河流，如默哈讷迪河、康科纳姆河等
内陆河水系	未直接流入海洋的河流，流入内陆湖泊或消失在沙漠地带	河流数量少，水流时间短	主要位于拉贾斯坦邦西部，如卢尼河、苏卢河等

1. 喜马拉雅水系

印度喜马拉雅水系是印度次大陆水资源的主要供应源之一，河流源自世界最高山脉——喜马拉雅山。该水系包括了恒河、布拉马普特拉河和印度河等重要河流。受季节性降雨和融雪的影响，喜马拉雅水系的水量波动显著，雨季时水流较大，旱季时则减少。喜马拉雅水系的河流将带有丰富沉积物的水流输送至印度北部平原地区，形成了肥沃的农业区。由于喜马拉雅山脉地处地震活跃区，地震引致的泥石流和次生灾害，也容易对水系产生影响。

2. 南部半岛水系

印度南部半岛水系包括流经西高止山脉和温迪亚山脉的河流。南部半岛水系多呈东西流向，且多为独立排水，大多流入印度半岛内的内陆湖泊或印度洋。受季风影响，该水系的河流雨季时水位上升，旱季时易干涸。南部半岛水系对于维持流经处的生态系统平衡至关重要。

3. 沿海地区水系

印度沿海地区水系主要指印度西海岸的河流，水系流经处形成了广阔的沿海平原。与喜马拉雅水系相比，沿海地区水系内河流流程通常相对短小，汇水面积相对有限。沿海地区河流为印度沿海平原的农业灌溉和渔业发展提供了重要的水源，通常也成为水域交通干道。

4. 内陆河水系

印度内陆河水系主要指印度中部和西部的少数河流。河流流经半干旱或干旱地区，水流短暂，旱季水量骤减。内陆河水系流经地区土地易受侵蚀，甚至出现盐碱地。

（三）三大跨境河流

印度河流众多（表 2-3），水量主要集中于跨境河流。其中，印度河、恒河和布拉马普特拉河为印度三大跨境河流，它们均起源于中国的青藏高原。河流水量丰富、落差巨大，蕴藏丰富的水能资源（李香云，2010）。

表 2-3　印度主要河流及基本特征

河流名称	河流长度（千米）	流域面积（平方千米）	地表水资源量（亿立方米）	地表可用水量（亿立方米）	地下水资源量（亿立方米）
恒河	2 525	814 000	5 250	2 500	1 716
布拉马普特拉河	725	186 000	5 856*	240*	351*
印度河	1 114	321 289	733	460	265
戈达瓦尔河	1 465	312 812	1 105	763	406
克里希纳河	1 400	258 948	781	580	264
默哈讷迪河	851	141 589	669	500	165
讷尔默达河	1 312	98 796	456	345	108
高韦里河	800	87 900	214	190	123
达布蒂河	724	65 145	150	150	83
本内尔河	597	55 213	63	63	49
婆罗门河	799	39 033	285	183	41
白塔尔尼河	355	12 879			
萨巴尔马蒂河	371	21 674	38	19	32

*此数据为布拉马普特拉河和梅克纳河数值之和。
资料来源：钟华平等，2011。

布拉马普特拉河是印度最大的河流，其上游为中国境内的雅鲁藏布江，年径流量为 5 856 亿立方米，占印度总地表径流量的 31.3%（李香云，2010）。布拉马普特拉河在印度的河流联网开发计划中占有极为重要的地位。按照喜马拉雅水系开发规划，布拉马普特拉河河水将被调入严重缺水的南部地区。

恒河发源于喜马拉雅山区的甘戈特里冰川，恒河流域的面积占印度国土面积的四分之一（于媛媛，2012）。恒河上游流程较短、落差巨大，携带大量泥沙，流经印度恒河平原后流速缓慢，再进入孟加拉国，堆积形成世界上最大的河口三角洲——恒河三角洲。

印度河的上游为森格藏布江（狮泉河），印度境内的印度河流域占印度河流域总面积的39%。印度河流域农田肥沃，是古印度文明的发源地之一。印度、巴基斯坦国界切割了印度河流域和灌溉网，两国的跨境河流主要是印度河东侧支流及灌溉网（何志华，2011）。根据印度、巴基斯坦两国1960年签订的《印度河水条约》，印度河西侧五条支流中，靠近印度一侧的萨特累季河（Sutlej）、比斯河（Beas）和拉维河（Ravi）划归印度使用；另外两条支流杰赫勒姆河（Jhelum）、杰纳布河（Chenab）及印度河干流（Indus）划归巴基斯坦使用（邓伟等，2018）。

第二节　主要自然资源

印度耕地面积位居世界第一，土壤大部分为冲积土、黑土、红壤和砖红壤，土质较肥沃。大部分地区地层古老，矿产资源较多但种类不全，一些能源和有色金属矿产等依赖于国外进口，严重制约了经济发展。

一、耕地辽阔而集中，土壤较肥沃

印度耕地面积辽阔，2020年耕地总面积约187万平方千米，占国土总面积的62.75%，约占全球耕地总面积的9.6%[①]。印度耕地分布极不均匀，主要集中于恒河和布拉马普特拉河下游、印度河平原和恒河中上游平原及周围山地、德干高原和东南沿海平原、西高止山南段及其沿海平原等。在恒河平原或东部沿海三角洲等土地肥沃的地区，耕地占比超过90%。

印度土壤类型复杂多样，大致可分为冲积土、黑土、红壤、砖红壤、森林

---

① 资料来源：欧亚系统科学研究会（Eurasian System Science Research Association），https://www.essra.org.cn/view-1000-5646.aspx。

土、荒漠土、盐碱土、泥炭和沼泽土八种类型。冲积土、黑土、红壤、砖红壤的土壤面积约占印度土壤总面积的 80%，印度耕地也主要为这四类土壤。冲积土面积约 77 万平方千米，主要分布于印度大平原，印度半岛东、西沿海平原及河流三角洲地区，高原与山地间的河谷地带也有分布；黑土面积约 52 万平方千米，主要分布在印度半岛西部，多成片分布；红壤主要分布于印度半岛东、北和南部；砖红壤面积不足 10 万平方千米，分布于德干高原的丘陵顶部、中央邦、比哈尔邦的拉杰也哈尔丘陵（Rajgir Hills）等（陈桥驿，1996）。

二、矿产资源储量丰富，但种类不全

印度地质古老，矿产资源丰富。印度当前已开发了 89 种矿产资源，以非金属（52 种）和稀有金属（22 种）矿产为主（郭芳，2009）。印度全国运营中的矿山多达 3 200 座，大多是中小规模（李尚林等，2016）。印度的优势矿产资源有煤矿、铁矿、铝土矿、锰矿、铬铁矿、金矿等。云母是印度最具特色的矿物，印度集中了全球约四分之三的云母产量，但主要分布在安得拉邦和拉贾斯坦邦（占据了印度云母总储量的 69%）。印度铝（初级）和钢（粗钢/液态）的产量位居世界第二，锌（板材）和铬矿产量位居世界第三，铁矿、铝土矿和锰矿产量分别居世界第四、第五和第七位（表 2-4）。

表 2-4　印度主要矿产资源及加工品产量与世界排名

能源或产品类型	世界产量（万吨）	印度产量（万吨）	占比（%）	世界排名
金属矿产				
铝土矿	34 260	2 249.5	6.56	5
铬矿	3 510	378.5	10.78	3
铁矿	310 800	25 400	8.17	4
锰矿	5 620	234.7	4.17	7
工业矿物				
菱镁矿	3 430	11.3	0.32	17
磷灰石和磷矿石	22 200	139.5	0.62	19
金属				

续表

能源或产品类型	世界产量（万吨）	印度产量（万吨）	占比（%）	世界排名
铝（初级）	6 700	401.6	5.99	2
铜（精炼）	2 480	48.4	1.95	11
钢（粗钢/液态）	191 500	12 000.7	5.60	2
铅（精炼）	1 440	19.1	1.32	12
锌（板材）	1 400	775.0	5.53	3

注：排名依据《世界矿产生产（2017—2021年）》各矿产的产量；铅（精炼）相关数据为印度矿产部估算。

资料来源：世界矿产生产数据根据《世界矿产生产（2017—2021年）》和英国地质调查局数据编制而成。印度资料来源于2021—2022财年经济报告和印度矿产部统计。

印度矿产资源空间分布相对集中，主要集中在印度半岛太古代克拉通块体。金属矿产中铝土矿主要分布在奥里萨邦，占全国铝土矿资源的55%；铬铁矿分布于奥里萨邦（占96%）、曼尼普尔邦、那加兰邦、卡纳塔克邦、恰尔肯德邦、马哈拉施特拉邦和泰米尔纳德邦；锰矿集中分布于卡纳塔克邦，马哈拉施特拉邦、中央邦、奥里萨邦、果阿邦等也有少量分布。

印度的能源矿产以煤炭资源最为丰富，是全球探明煤炭储量较丰富的国家之一。截至2022年底，印度的煤炭总估计储量为3 614.1亿吨，其中探明储量约占52%。印度煤炭资源主要集中在奥里萨邦、恰尔肯德邦和切蒂斯格尔邦，占印度煤炭总储量的69%。印度褐煤的估计总储量为462亿吨，几乎全部储藏于泰米尔纳德邦、古吉拉特邦和拉贾斯坦邦（表2-5）。

表2-5 印度煤矿储量及主要分布（百万吨）

邦	已发现	探明	估计	总计
恰尔肯德邦	53 245.02	28 259.67	5 155.41	86 660.10
奥里萨邦	48 572.58	34 080.42	5 451.60	88 104.60
切蒂斯格尔邦	32 053.42	40 701.35	1 436.99	74 191.76
西孟加拉邦	17 233.88	12 858.84	3 778.53	3 3871.25
中央邦	1 4051.66	12 722.97	4 142.10	30 916.73
特伦甘纳邦	11 256.78	8 344.35	3 433.07	23 034.20
马哈拉施特拉邦	7 983.64	3 390.48	1 846.59	13 220.71
安得拉邦	920.96	2 442.74	778.17	4 141.87

续表

邦	已发现	探明	估计	总计
比哈尔邦	309.53	4 079.69	47.96	4 437.18
北方邦	884.04	177.76	0.00	1 061.80
梅加拉亚邦	89.04	16.51	470.93	576.48
阿萨姆邦	464.78	57.21	3.02	525.01
那加兰邦	8.76	21.83	447.72	478.31
锡金邦	0.00	58.25	42.98	101.23

资料来源：印度煤炭部（Ministry of Coal，Government of India），https://www.coal.nic.in/。

尽管印度矿产资源丰富，矿产品年产量较大，但矿产资源种类不全、结构不均衡。印度的能源资源中虽煤炭资源较丰富，但煤炭资源中又缺少钢铁生产所需的焦煤，且油气资源缺乏，导致二十余年来印度始终是原油进口十大国家之一，也是全球第四大液化天然气进口国（2021年），能源短缺正成为制约其经济发展的关键瓶颈（岳鹏，2017）。印度的金属资源中以黑色金属矿产较丰富，富铁矿、铬铁矿、锰矿以及铝土矿等产量位居世界前列，但有色金属矿产（如钨、锡、铜、钴、钼等）较短缺，焦炭、磷酸盐和硫黄等矿产依赖于进口。

参 考 文 献

[1] 陈桥驿：《印度农业地理》，商务印书馆，1996年。
[2] 邓伟、赵伟、刘斌涛等："基于'一带一路'的南亚水安全与对策"，《地球科学进展》，2018年第7期。
[3] 杜德斌：《世界地理》，高等教育出版社，2024年。
[4] 郭芳："代表性国家矿产资源状况、保障措施及其启示"，《中国矿业》，2009年第3期。
[5] 何志华："中印关系中的水资源问题研究"（硕士论文），兰州大学，2011年。
[6] 黄玉桃、张学珍、李侠祥等："1950—2016年印度洪涝灾害时空分异特征"，《世界地理研究》，2019年第1期。
[7] 李尚林、罗彦军、马中平等："印度区域地质矿产概况"，《地质评论》，2016年增刊。
[8] 李香云："从印度水政策看中印边界线中的水问题"，《水利发展研究》，2010年第3期。
[9] 任佳、李丽：《列国志（新版）：印度》，社会科学文献出版社，2016年。
[10] 王野田、李琼、单言等："印度农业再保险体系运行模式及其启示"，《保险研究》，2019年第1期。
[11] 于媛媛："观览印度恒河"，《中国地名》，2012年第4期。
[12] 岳鹏："印度能源战略通道建设及其地缘影响"，《南亚研究季刊》，2017年第1期。
[13] 钟华平、王建生、杜朝阳："印度水资源及其开发利用情况分析"，《南水北调与水利科技》，

2011 年第 1 期。
[14] Basu, B. K. 2005. Some characteristics of model-predicted precipitation during the summer monsoon over India. *Journal of Application Meteorology*, No. 44, pp. 324-39.
[15] Ray-Bennett, N. S. 2009. Multiple disasters and policy responses in pre-and post-independence Orissa, India. *Disasters*, Vol. 33, No. 2, pp. 274-290.
[16] Singh, R. L. 1971. *India: a regional geography*.

第三章　印度农业地理

印度以农业立国，农业是其国民经济的基础，决定了国民经济的发展速度和质量。农业、农村和农民问题，是印度这样的超级人口大国实现现代化目标的关键。印度农业产值长期居世界第二位。2023年，印度农业产值为5 595亿美元，约占GDP的15%，农产品出口约433亿美元，占全部商品出口的10%。印度高达44%的劳动力从事农业生产[①]，主要出口的产品为大米、茶叶、咖啡、橡胶和甘蔗。印度政府一直非常重视和支持农业的发展，为了摆脱长期殖民统治和传统封建生产关系的束缚，印度政府推行了"三色革命"和多种市场化改革，成功扭转了20世纪60年代的粮食短缺、严重依赖国际粮食援助的困境，基本实现了粮食自给自足。但印度农业发展依然面临着单位面积产量低、技术投资严重不足等挑战，解决"三农"问题任重道远。

第一节　农业发展概况

印度农业发展的自然条件比较优越，一半以上土地可供开垦，良好的水热条件使得多数地区作物可以一年两熟，部分地区可一年三熟。印度境内江河湖泊众多且水域辽阔，利于发展农业灌溉、淡水渔业等。受益于农业政策，印度农业现处于快速发展阶段，园艺和畜牧业是农业生产总值增长的主要来源。但由于独立前长期遭受英国的殖民统治，印度的经济结构中存在较为明显的殖民

[①] 资料来源：印度统计和计划执行部（Ministry of Statistics and Programme Implementation），https://www.mospi.gov.in/。

地特征，农业发展极其落后。加之农业生产方式比较传统，土地保护不善，水土流失及土地退化问题突出，印度农业发展仍面临挑战。

一、农业政策

印度是世界两大超级人口大国之一，农业不仅关乎其人民生存，也是其国家现代化的重要基础和保障，甚至牵动国家和地区安全。印度以平原、低丘和台地为主的地貌、温暖湿润的气候和较为肥沃的土壤，为其农业发展提供了优厚的先天条件。但由于长期受英国殖民、1943年的大饥荒和1947年"印巴分治"等因素影响，印度独立前的农业生产极其落后。1947年独立后，政府非常重视农业生产，对农业投入较多，但农业发展仍然相对滞后，这与印度长期受殖民统治、封建生产关系、种姓制度和土地制度等制约有关（范文亚，2015）。印度独立后继续推行土地私有制，耕地高度集中于少数上层阶级。印度农业生产的组织方式为个体和资本主义经济成分并存，23%的农户既是佃农，也是半自耕农；20%的大资本家和高种姓控制了全国78%的耕地；50%的贫困农户只拥有不到1%的土地；无地农民占全国人口的35%（杜德斌，2024）。广大小农和自耕农既无足够资本增加农业投入，也无力关心农业技术的改进，靠天种地、收成不稳定，进一步限制了他们对农业的投入。

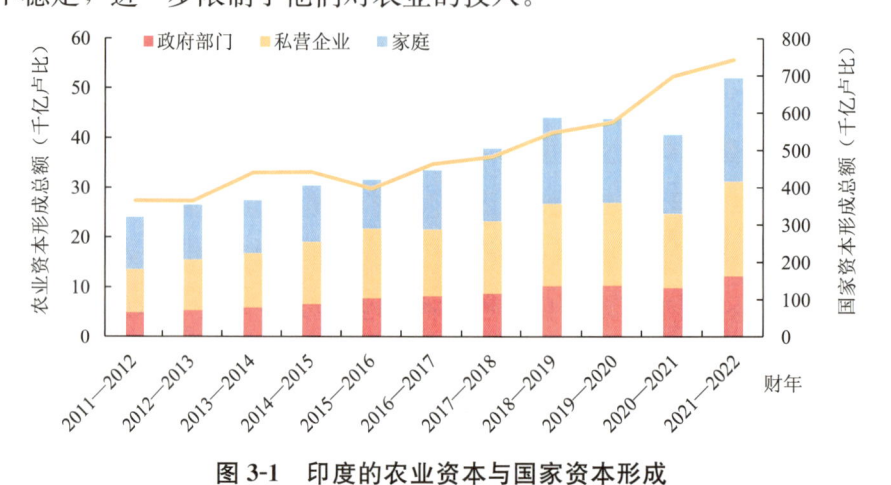

图 3-1 印度的农业资本与国家资本形成

资料来源：印度统计和计划执行部（Ministry of Statistics and Programme Implementation），https://www.mospi.gov.in/。

2011—2022 财年，印度政府部门对于农业的投入略有增长，各农业部门投入的稳定增加，促进了农业的不断发展（图 3-1）。尽管印度农业产值在国内生产总值中的比重从 20 世纪 50 年代初的 51% 降到 80 年代初的 32%，再进一步降至 2020 年的 20% 左右（表 3-1），但农业仍在印度国民经济中占据重要地位。因为它既是大部分印度人的主要生计，也为工业提供了重要的原材料。

表 3-1 印度各部门国内生产总值构成（%）

部门\年份	农业	采矿业	制造业	电力等	建筑业	贸易等	交通等	金融服务	固定资产	公共管理	其他
2011	18.53	3.22	17.39	2.30	9.59	10.90	6.53	5.92	12.96	6.06	6.60
2012	18.20	3.11	17.09	2.34	9.23	11.46	6.62	5.83	13.47	5.94	6.71
2013	18.59	2.85	16.53	2.51	8.89	11.43	6.66	5.78	14.19	5.81	6.75
2014	18.20	2.68	16.33	2.45	8.51	11.48	6.84	5.75	14.79	5.88	7.08
2015	17.71	2.34	17.07	2.66	7.88	11.40	6.84	5.78	15.11	5.82	7.38
2016	18.04	2.34	16.71	2.55	7.74	11.52	6.66	5.37	15.48	5.93	7.67
2017	18.25	2.17	16.55	2.75	7.74	12.13	6.43	5.46	14.71	6.10	7.71
2018	17.64	2.20	16.38	2.62	7.87	12.44	6.21	5.48	15.07	6.09	8.01
2019	18.33	1.94	14.72	2.74	7.50	12.66	6.27	5.59	15.52	6.27	8.47
2020	20.32	1.74	15.40	2.75	7.39	10.16	5.62	5.97	16.22	6.63	7.80
2021	18.97	2.00	15.84	2.59	8.10	10.48	6.37	5.48	16.03	6.23	7.89

资料来源：印度统计和计划执行部（Ministry of Statistics and Programme Implementation），https://www.mospi.gov.in/。

二、农产品进出口情况

尽管印度政府于 1951 年起制定和实施了发展经济的"五年计划"，但因当地传统农业对气候等自然条件的强依赖性、抵御自然灾害的脆弱性和技术条件的滞后性，导致农作物产量长期偏低，每年需进口大量粮食才能满足印度国内需要（宋志辉，2009）。尤其是 1965—1966 和 1966—1967 财年，印度爆发了严重旱灾，造成农作物大量减产，政府不得不快速进口 500 万吨粮食以缓解粮食饥荒。经过数十年的发展，到 20 世纪 70 年代中期，印度初步扭转了粮食不能自给的局面。1980 年，印度首次实现了农业净出口。自 1986 年起，印度一直是农业净出口国。

自 1995 年印度加入 WTO 后，印度农业出口额极速提升（表 3-2），虽然印度农业出口额在总出口额中的占比从 1965—1966 财年的 41.56% 下降到 2018—2019 财年的 11.90%，但其出口额绝对值却翻了 800 多倍，这与印度农产品生产大国和出口大国的地位相一致。与此同时，印度农产品的进口比重也迅速降低，由强烈依赖国外进口（38.45%）到基本自给自足（3.81%）。这反映出印度农业政策和农业改革的积极效果。

表 3-2 印度农业的进口与出口

贸易财年	农业出口 出口（亿卢比）	总出口（亿卢比）	出口占比（%）	农业进口 进口（亿卢比）	总进口（亿卢比）	进口占比（%）	总净出口（亿卢比）	农业净出口（亿卢比）
1965—1966	335	806	41.56	536	1 394	38.45	−589	−201
1970—1971	565	1 535	36.81	604	1 642	36.78	−107	−39
1975—1976	1 686	4 042	41.71	2 142	5 265	40.68	−1 223	−456
1980—1981	2 376	6 683	35.55	2 300	12 549	18.33	−5 866	76
1985—1986	3 271	10 895	30.02	3 889	19 657	19.78	−8 763	−618
1990—1991	6 013	32 527	18.49	1 206	43 171	2.79	−10 644	4 807
1995—1996	20 398	106 353	19.18	5 890	122 678	4.80	−16 325	14 508
2000—2001	28 657	201 356	14.23	12 086	228 307	5.29	−26 951	16 571
2005—2006	45 711	456 418	10.02	15 978	660 409	2.42	−203 991	29 733
2010—2011	113 047	1 136 964	9.94	51 074	1 683 467	3.03	−546 503	61 973
2015—2016	215 396	1 716 378	12.55	140 289	2 490 298	5.63	−773 920	75 107
2017—2018	251 563	1 956 514	12.86	152 095	3 001 033	5.07	−1 044 514	99 469
2018—2019	274 571	2 307 726	11.90	137 019	3 594 674	3.81	−1 286 948	137 552

资料来源：《农业统计概览》（*Agricultural Statistics at a Glance*），https://agriwelfare.gov.in/en/Agricultural_Statistics_at_a_Glance。

从农产品的进出口类型来看（表 3-3），印度是全球最大的杧果、香蕉、椰子、腰果、香料、木瓜、石榴、豆类、牛奶和黄麻（原料和黄麻产品）生产国，是全球第二大大米、小麦、花生和茶叶生产国，主要出口谷物、鱼类、糖、咖啡、茶叶和肉类等[1]。印度的牛奶产量占全球的 24%[2]，这些农产品的出口也较多。

表3-3　2022年印度农产品进出口状况（单位：万美元）

产品类别	产品名称	进口	出口
食物和畜产品	活畜	3 710.4	520.2
	肉类	805.8	325 347.9
	谷物	29 859.1	1 516 499.6
	油脂（动植物）	2 151 903.7	171 520.8
	糖	3 820.3	655 636.9
	奶、蛋	3 419.9	48 185.7
	水果、蔬菜	656 370.8	497 132.2
	饮料	83 041.2	27 522.6
	其他食物	23 9781.4	605 782.3
原料	天然橡胶	104 798.3	483.0
	纺织纤维	217 866.8	170 288.9
	粗制原料	42 740.6	174 454.9
	毛皮	3 678.9	121.6
	饲料	86 163.6	176 103.0
	非食用油脂	76 057.4	38 164.3
	烟草	8 904.5	121 585.6
农产品贸易总值		3 780 086.5	5 704 081.4

资料来源：印度农产品进出口状况（Food and Agriculture Data），https://www.fao.org/faostat/en/#data/TCL。

第二节　农业发展历程

印度自1947年独立以来，政府一直重视农业发展，在如何养活庞大的人口、如何为工业提供廉价的生产资料和生活物资等方面，进行了大量科技、政策与制度层面的探索。印度农业的发展经历了农业全面发展阶段、发展高产粮

---

[1] 中华人民共和国《对外投资合作国别（地区）指南（印度）》（2022年）。
[2] 商务部外贸发展局：《印度贸易指南（2023年）》。

食作物的第一次"绿色革命"阶段、发展乳业生产的"白色革命"与发展渔业的"蓝色革命"阶段、市场化改革阶段和第二次"绿色革命"阶段。这些改革使印度农业持续取得重要发展，不仅解决了粮食的自给自足问题，而且实现了从粮食进口国向粮食出口大国的转变。

一、农业全面发展阶段

1947 年，印度摆脱了英国的殖民统治，成为一个政治上独立的国家，经济上也开始从殖民地经济转变为民族经济。独立初期，印度农业生产衰落不堪，粮食产量大幅下降。为摆脱粮食和经济作物供需失衡的困境，印度实施了农业全面发展政策。在第一个五年计划（1951—1956 年）期间，政府对农业的投资达到 72.4 亿卢比（约 6.15 亿元人民币）[①]，占国家投资总额的 36.9%（陈桥驿，1996）。印度政府明令废除了阻碍农业生产力发展的"柴明达尔"土地所有制，立法以赎买方式废除中间人大地主，使大约两千万"永佃农"成为自耕农。在随后的"二五"（1956—1961 年）阶段，印度政府根据独立前所作的承诺，在农村实行土地改革并推广农业合作化，同时在美国援助下推行"乡村建设计划"。在"乡村建设计划"宣告失败后，又进行了"农业集约县计划"和"农业集约耕作地区计划"，但由于涉及面广和人力、资金的分散，加之农村传统封建势力的抵制，这些计划收效甚微。在"二五"后期和"三五"计划中，政府的重点转向了重工业化，农业受到忽视，导致印度的工农业发展比重失调、粮食产量减少。

二、第一次"绿色革命"阶段

1965—1967 年，印度遭受了极为罕见的旱灾，粮食产量从 1964—1965 财年的 8 940 万吨下降到 1965—1966 财年的 7 240 万吨（Gulati and Juneja，2018），印度陷入了独立以来最严重的粮食危机。在这种情况下，印度政府被迫依靠美国和世界银行的援助推行"绿色革命"。"绿色革命"最初以改良种子为

---

① 注：1 000 印度卢比约等于 84.9 元人民币。

核心，即引进墨西哥小麦和菲律宾大米品种，后来政府也开始重视农业技术改造，推广使用化肥、农药、灌溉、农业机械及其他现代技术。政府也调整了农业政策，通过增加农业投资、扩大农业信贷、提高农产品价格及注重农业科技人才培训等措施，提升农作物的单位产量。这场"绿色革命"使印度农作物大幅增产，如小麦在 1965—1979 年的产量增加了 2.5 倍，也初步扭转了印度粮食短缺的局面，缓解了粮食作物供需矛盾。

三、"白色革命"和"蓝色革命"阶段

在"绿色革命"取得一定成效后，印度政府实施了旨在发展乳业生产的"白色革命"和发展渔业的"蓝色革命"。早在 1960 年，印度政府就注意到乳业生产在改善公民体质、提高农业产业化水平方面的优势，并正式提出发展乳业的倡议，但政府出台的乳业发展计划并未达到预期效果。直到 1964 年，时任印度总理的夏斯特里参观了古吉拉特一个村庄的乳业合作社，决定在全国推行合作社经营模式。印度政府建立和注册了国家乳业发展委员会（NDDB），并实施了"洪流计划"乳业发展项目。"洪流计划"于 1970—1996 年分三步实施，最终在印度建立起一套完整的乳业管理机构和合作社网络。"白色革命"使饲养奶牛的农村贫困人口可以享受到牛乳出售的政府补贴，也较大幅度地增加了牛乳的总产量，提高了国民身体素质。

"蓝色革命"是印度推动的渔业现代化计划。印度三面临海，海岸线长达 5 560 余千米，拥有为数众多的海湾、海峡和海岛，具有发展海洋渔业和养殖业的良好条件；印度境内发达的水系也为发展淡水养鱼提供了基础。但印度人多素食，对鱼类需求不高。印度政府逐渐意识到印度海洋资源得天独厚的优势及经济价值，设立了渔业开发署、专门发展养鱼的国家合作开发公司、多家科研院所等，制订了出口导向的渔业行动计划，包括扩大海洋渔业规模，增加对海洋渔业和淡水养殖业的投入等措施。

四、市场化改革阶段

20 世纪 90 年代，印度处于内外交困的发展局面。内部面临高赤字、高通

胀等难题，经济危机迫在眉睫，以许可证制度为代表的政府管制限制了私营部门活力，严重阻碍了经济增长；外部面临美国主导的市场经济和全球贸易体系扩张等挑战。因此，自 20 世纪 90 年代初起，印度开始推行自由化、市场化、私有化和全球化经济改革，这一阶段持续至 2003 年。

1995 年印度加入世界贸易组织（WTO）后，在 WTO 规则下调整了农业政策，包括调整粮食保障政策、实行有限制的农产品自由贸易政策、推进农业市场化进程、加大对农业支持力度，以及加强和改善农业和农村基础设施水平等。这些政策有助于建立稳定而持续的粮食保障体系、构建符合本国国情的农业支持体系，最终实现促进印度农业发展和增加农民收入的目标。

五、第二次"绿色革命"阶段

在 21 世纪印度"强国梦"的激发下，印度政府总结了前几次改革的经验与教训，综合考虑国内外农业发展的现实环境，于 2006 年开始推行第二次"绿色革命"。其核心理念在于：农业发展既要依靠市场作用，也须接受政府计划和指导（例如"国家农业发展计划"和"国家粮食安全计划"）。印度第二次"绿色革命"战略囊括了引进和创新先进农业技术、培养优秀农业人才和农村农业技术队伍、改善农村和农业基础设施、改良农村生产生活条件、采取激励措施鼓励大公司和企业向农村投资、缩小农民贫富差距、加强计划生育宣传等举措。这些措施的实施，使得印度的农业发展步入新的发展时期，农业投资显著增加。但第二次"绿色革命"仍徘徊在农业市场的开放与农业利益的保护之间，也面临新能源发展和社会矛盾问题等多重挑战（徐振伟，2016）。

通过多次农业改革，印度改良了粮食品种和种植技术，有效提高了粮食生产效率，促进了农业产量增长。政府提高了农业补贴、建立了战略储备，改善了农民的收入，印度农业逐步呈现出多样化、机械化、创新化等特征，但整体生产水平仍然较低，主要体现在土地利用不合理、农业现代化水平不高、劳动生产率仍相对较低等。

第三节 农业基本结构

印度是一个农产品种类丰富的农业强国，其农作物多元化发展的农业模式提高了农业经济效益，而农业生产的现代化投入，也巩固了印度成为全球重要农业生产国和出口国的地位。

一、以种植业为主

印度农业以种植业为主体，约占农业总产值的四分之三。当粮食产量基本自给时，印度政府开始调整农业结构，注重畜牧业和水产业生产。从2011年至2021年，印度种植业生产增加值所占的比重逐年降低，从2011年的65%下降到2021年的54%；畜牧业生产增加值占比则从21%上涨到30%；林业生产增加值占比稳定在8%；水产业生产增加值则从4.5%缓慢上升到6.9%（表3-4）。

表3-4 农业各产业生产增加值（单位：亿卢比）

财年	种植业	畜牧业	林业	水产业	总值
2011—2012	98 215.1	32 733.4	12 443.6	6 802.7	150 194.7
2012—2013	98 380.9	34 437.5	12 474.3	7 136.2	152 428.8
2013—2014	103 706.0	36 355.8	13 209.3	7 648.7	160 919.8
2014—2015	99 842.5	39 044.9	13 460.9	8 223.2	160 571.5
2015—2016	96 934.4	41 963.7	13 696.0	9 020.5	161 614.6
2016—2017	102 025.8	46 157.2	14 454.7	9 962.7	172 600.4
2017—2018	107 511.1	49 783.0	15 235.1	11 473.0	184 002.3
2018—2019	104 921.1	54 097.0	16 394.9	124 468.0	187 859.8
2019—2020	110 860.3	58 171.4	17 397.2	13 003.7	199 432.6
2020—2021	113 944.7	61 785.2	18 401.5	13 501.3	207 632.7
2021—2022	115 825.0	65 493.7	18 841.6	14 751.9	214 912.2

资料来源：印度统计和计划执行部（Ministry of Statistics and Programme Implementation），https://www.mospi.gov.in/。

（一）种植业结构

印度种植业以粮食作物为主，其次为水果、蔬菜及经济作物。其中，粮食作物中又以谷类作物为主，主要是小麦和水稻，水稻种植面积占粮食种植面积的三分之一左右，产量位居世界第二。经济作物以油料作物为主，其次是纤维作物（如棉花、黄麻等）和糖类作物（如甘蔗），香料作物和烟草及饮料的产量也占有一定的比重。印度是仅次于中国的世界第二大水果及蔬菜生产国，约占世界产量的12%。印度出口的水果和蔬菜制品主要有脱水及腌制蔬菜、杧果泥、泡菜和酸辣酱（表3-5）。

表3-5 种植业作物类型及产值（单位：千亿卢比）

财年	粮食作物		经济作物					水果与蔬菜
	谷类作物	豆类作物	油料作物	糖类作物	烟草和饮料	纤维作物	香料作物	
2011—2012	3 363.6	521.5	1 066.5	760.5	384.8	819.4	464.0	2 874.3
2012—2013	3 820.4	623.9	1 139.6	836.7	503.1	729.9	463.1	3 393.0
2013—2014	4 221.3	681.3	1 325.1	936.8	581.3	878.5	577.4	4 148.1
2014—2015	4 140.8	729.7	1 267.7	968.6	585.1	763.0	732.6	4 784.1
2015—2016	4 319.7	947.9	1 234.1	961.4	594.0	708.4	822.5	4 814.1
2016—2017	4 847.9	1 371.3	1 375.5	949.8	623.1	904.0	901.4	5 104.1
2017—2018	5 238.1	1 247.6	1 484.8	1 174.2	636.1	883.9	977.1	5 880.8
2018—2019	5 869.3	1 083.0	1 520.9	1 219.4	539.3	838.8	1 210.5	6 077.5
2019—2020	6 322.5	1 172.9	1 751.8	1 172.6	578.2	1 011.7	1 469.3	7 075.9
2020—2021	6 586.5	1 435.8	2 144.0	1 212.4	655.1	1 011.5	1 792.1	7 582.1

资料来源：印度统计和计划执行部（Ministry of Statistics and Programme Implementation），https://www.mospi.gov.in/。

印度的粮食作物以水稻和小麦为主。自1950年以来，印度水稻和小麦产量稳步上升（图3-2），水稻产量始终略高于小麦，二者增速相似。"绿色革命"以后，高产品种的引入和耕种技术的提升，使得水稻和小麦产量快速增长。至2019—2020财年，印度的水稻和小麦的产量分别为1.175亿吨和1.062亿吨，印度已是世界第二大小麦和大米生产国。

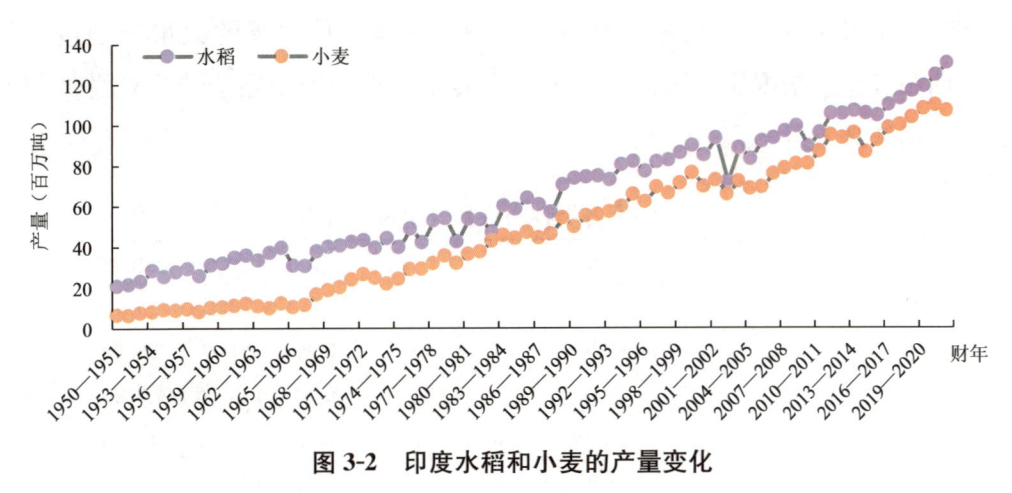

图 3-2　印度水稻和小麦的产量变化

资料来源：《农业统计概览》（*Agricultural Statistics at a Glance*），https://agriwelfare.gov.in/。

印度的棉花产量居世界首位。棉花产量的变化体现出技术进步对农业生产的深远影响。1960—1983 年，印度棉花产量保持稳定；随着技术的进步，新的棉花杂交品种被研发并推广；1984 年前后，棉花产量稳步提升；2000 年起，印度开始种植转基因作物 Bt 棉花，Bt 棉花种植面积和产量突飞猛进，通过技术投入已成为印度最富有生产效率和最有经济效益的作物（图 3-3）。

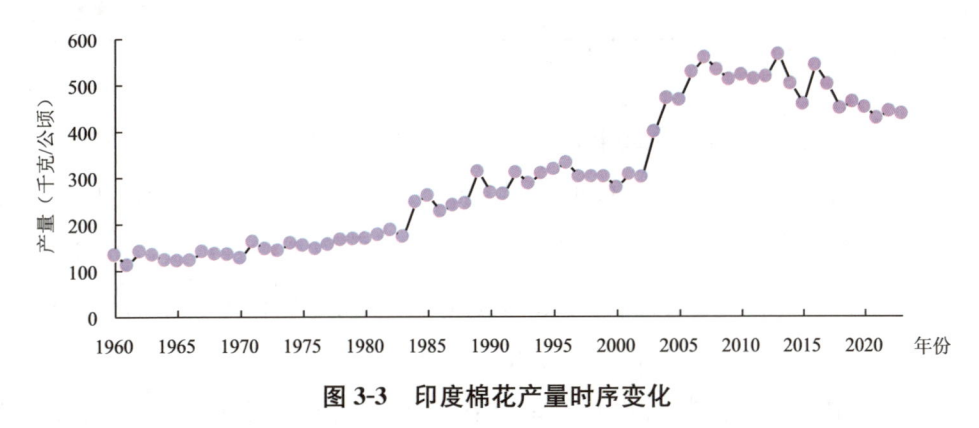

图 3-3　印度棉花产量时序变化

资料来源：《农业统计概览》（*Agricultural Statistics at a Glance*），https://agriwelfare.gov.in/。

（二）畜牧业、林业及水产业结构

印度畜牧资源丰富，以牛羊及家禽为主（表 3-6）。2022 年，印度的牛存栏总量超 3 亿，居世界首位。印度也是世界最大的牛奶生产国，占全球牛奶产量的22%。黄牛和山羊的数量居世界第二位，绵羊、鸭和鸡的数量分列世界第三、四和五位。根据相关统计，2010年印度畜牧业总产值占当年农业总产值的26%（司智陟、母锁森，2012）。

表3-6 印度各类牲畜头数（单位：百万头）

年份	黄牛	水牛	驴	骡	骆驼	马	猪	家禽	绵羊	山羊
1951	155.30	43.40	1.30	0.06	0.60	1.50	4.40	73.50	39.10	47.20
1956	158.70	44.90	1.10	0.04	0.80	1.50	4.90	94.80	39.30	55.40
1961	175.60	51.20	1.10	0.05	0.90	1.30	5.20	114.20	40.20	60.90
1966	176.20	53.00	1.10	0.08	1.00	1.10	5.00	115.40	42.40	64.60
1972	178.30	57.40	1.00	0.08	1.10	0.90	6.90	138.50	40.00	67.50
1977	180.00	62.00	1.00	0.09	1.10	0.90	7.60	159.20	41.00	75.60
1982	192.45	69.78	1.02	0.13	1.08	0.90	10.07	207.74	48.76	95.25
1987	199.69	75.97	0.96	0.17	1.00	0.80	10.63	275.32	45.70	110.21
1992	204.58	84.21	0.97	0.19	1.03	0.82	12.79	307.07	50.78	115.28
1997	198.88	89.92	0.88	0.22	0.91	0.83	13.29	347.61	57.49	122.72
2003	185.18	97.92	0.65	0.18	0.63	0.75	13.52	489.10	61.47	124.36
2007	199.08	105.34	0.44	0.14	0.52	0.61	11.13	648.88	71.56	140.54
2012	190.90	108.70	0.32	0.20	0.40	0.62	10.29	729.21	65.07	135.17
2019	193.46	109.85	0.12	0.08	0.25	0.34	9.06	851.81	74.26	148.89

资料来源：Livestock Census 2019，https://ahd.maharashtra.gov.in/。

印度是世界上森林资源最丰富的十大经济体之一[①]。据《印度2019年森林现状调查》显示，印度林地总面积为767 419平方千米，占总土地面积的23.4%，森林覆盖率约22%。印度约有一万余种乔灌木树种，以阔叶林为优势种群。森林类型的水平和垂直地带分异显著，地区分布极不均匀，森林资源主要集中在东北部地区、喜马拉雅和西瓦拉克地区、中部地区、安达曼-尼科巴群岛等。印度中央邦和拉贾斯坦邦的森林面积合计占全国森林总面积的23%以上。印度林木的生长量低，木材蓄积量少并以薪炭林为主（陈桥驿，1996）。印度的硬木伐木量居世界首位，总体上森林资源供需矛盾仍十分突出。

印度海岸线绵长、河流湖泊众多，拥有发展渔业的良好条件。印度是世界第三大鱼类生产国，占全球产量的7%以上，其海洋和淡水渔业的产量大致相

---

① 资料来源：https://www.apfnet.cn/index.php?s=news&c=show&m=index&id=4343。

当,捕捞渔业逐渐被水产养殖取代,已成为世界排名第二的水产养殖鱼类生产国,主要养殖淡水鲤科鱼和咸水虾。

二、农业劳动力结构

印度农业劳动力充足。尽管因工业发展,农业劳动力占总劳动力的比重逐渐下降,但其占比仍接近55%,依然是印度劳动力最为集中的经济部门(表3-7)。印度农业劳动力占总劳动力的比重逐年降低,从1951年的69.7%下滑到2011年的54.6%。尽管如此全国仍有超过三分之二的劳动力从事农业生产。自1951年以来,农业劳动力人数增加了近两倍,反映出农业在解决印度劳动力就业方面的巨大优势(莫秀蓉,2009)。

表3-7 印度农业人口及农业劳动力情况

年份	人口			劳动力		
	总人口(百万)	农业人口(百万)	农业人口占比(%)	总劳动力(百万)	农业劳动力(百万)	农业劳动力占比(%)
1951	361.1	298.7	82.7	139.5	97.2	69.7
1961	439.2	360.3	82.0	188.7	131.1	69.5
1971	548.2	439.0	80.1	180.4	125.7	69.7
1981	683.3	523.9	76.7	244.6	148	60.5
1991	846.4	628.7	74.3	314.1	185.3	59.0
2001	1 028.7	742.6	72.2	402.2	234.1	58.2
2011	1 210.9	833.7	68.8	481.9	263.1	54.6

资料来源:Registrar General of India,https://desagri.gov.in/。

印度政府重视农业科技人才的培养和农村技术的投入。自1961年以来,印度农业工人的占比逐渐提升(表3-8)。从1961年的仅占24.0%逐渐上升到2011年的54.8%,而其他农业劳动力占比逐年下降,从1961年的76.0%下降到2011年的45.2%。这一方面得益于印度持续的农业改革及对农业技术的重视,另一方面或许是因为印度小型种植农场的盈利能力较低,私营农场主或其他管理人员被迫转向其他行业或将农场出租给农业工人(Subramanian,2015)。

表 3-8　印度农业工人和其他农业从业人员情况

人口年份	总农村劳动力（万）	农业工人（万）	其他农业人员（万）	农业工人占比（%）	其他农业人员占比（%）
1951	9 720	2 730	6 990	28.1	71.9
1961	13 110	3 150	9 960	24.0	76.0
1971	12 570	4 750	7 820	37.8	62.2
1981	14 800	5 550	9 250	37.5	62.5
1991	18 530	7 460	11 070	40.3	59.7
2001	23 410	10 680	12 730	45.6	54.4
2011	26 310	14 430	11 880	54.8	45.2

资料来源：印度人口普查（Census of India），https://www.censusindia.gov.in。

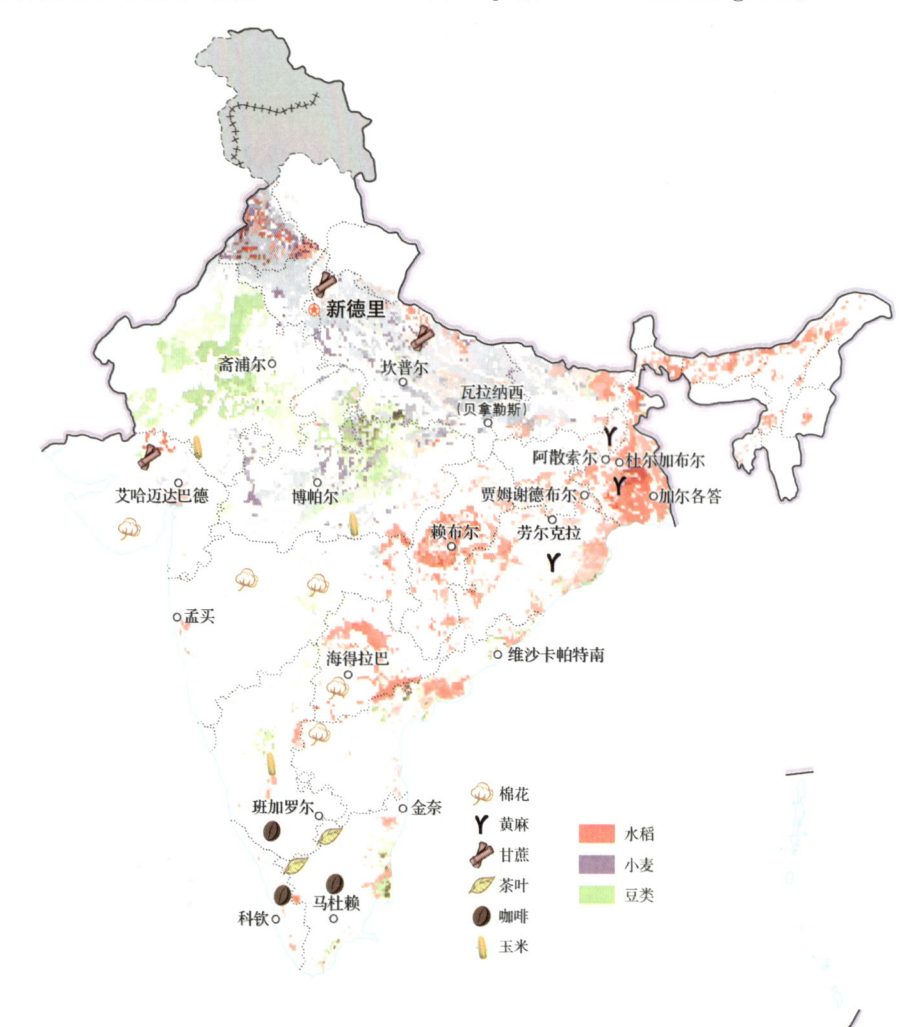

图 3-4　印度主要农作物分布图

三、农作物空间分布

受光照、降水和土壤等的影响，印度各类农作物种植面积地区间分异明显（表3-9）。受政策、技术和环境等因素的驱动，印度各区域作物面积分布不均且变化特征不一致。印度的粮食作物以水稻和小麦为主，主要集中在恒河上游旁遮普平原、亚穆纳河河间地、恒河三角洲、东海岸各大河三角洲及西海岸沿海平原（陈桥驿，1996）；而经济作物以棉花、黄麻、甘蔗等为主，主要集中于德干高原中部和西北部、恒河三角洲等地区（图3-4）。

（一）粮食作物的空间分布

印度以热带季风气候为主，主要的粮食作物是水稻和小麦。其中，水稻主要分布在年降水量1 200毫米以上的东北部和东西部沿海地区，小麦则主要分布在西北部干旱少雨地区。

1. 水稻

水稻是印度最重要的粮食作物。因水稻性喜高温潮湿，气温不低于21℃且年降雨量超过1 270毫米的地区均是印度的水稻宜种区。印度各区均种植水稻，以东部最多，占总种植面积的近一半。东部水热和劳动力充足，有利于水稻种植。印度的西孟加拉邦、北方邦和旁遮普邦的水稻产量排名前三。受益于水利条件的改善和新技术的应用，一些年降水量较少的区域也开始扩种水稻，并成为重要的粮食基地，如安得拉邦与泰米尔纳德邦的水稻也十分高产（表3-10）。

2. 小麦

小麦的种植面积仅次于水稻，是印度最重要的冬季粮食作物，也是印度北部和西北部的传统主粮。自20世纪60年代中期印度推行"绿色革命"以来，高产小麦因单产在所有谷物中最高而被迅速推广。小麦是温带作物，性喜温凉湿润。印度小麦种植集中于西北和中部地区，全国60%以上的小麦种植面积集中在瓦拉纳西以西的恒河中上游平原及喜马拉雅山山地。

表 3-9 印度各区主要作物种植面积

(单位：万公顷)

地区	年份	水稻	小麦	营养谷物	豆类	油菜	甘蔗	其他	合计
西北	1962—1965	515.2	672.4	779.5	705.9	411.5	153.9	100.4	3 338.8
	1980—1983	737.6	1 316.0	625.0	419.3	415.4	182.5	194.1	3 889.9
	1990—1993	799.1	1 345.9	451.2	340.3	240.9	198.8	458.8	3 835.0
	2003—2006	909.6	1 475.2	379.7	284.8	181.9	221.5	514.1	3 966.8
	2012—2014	968.0	1 529.1	331.9	241.9	165.9	225.2	474.1	3 936.1
东部	1962—1965	1 462.3	66.7	171.9	364.3	77.0	23.1	410.5	2 575.8
	1980—1983	1 582.8	201.8	204.6	338.2	156.3	22.7	341.0	2 847.4
	1990—1993	1 594.8	212.1	130.7	284.7	183.0	20.3	464.8	2 890.4
	2003—2006	1 488.5	219.3	101.4	170.0	123.4	60.3	575.7	2 738.6
	2012—2014	1 635.8	259.6	122.8	150.7	139.6	30.7	446.6	2 785.8
中部	1962—1965	593.4	540.0	2 142.1	937.5	676.5	23.7	1 008.7	5 921.9
	1980—1983	649.4	649.4	2 197.5	1 088.9	734.7	39.4	1 180.7	6 540.0
	1990—1993	682.2	640.9	1 957.1	1 130.1	1 212.8	55.1	1 240.4	6 918.6
	2003—2006	700.1	707.5	1 643.4	1 208.6	1 525.5	59.0	1 547.6	7 391.7
	2012—2014	749.5	991.8	976.7	1 188.7	1 794.4	121.1	1 741.4	7 563.6
南部	1962—1965	761.3	31.9	1 121.2	293.0	372.7	25.5	573.3	3 178.9
	1980—1983	737.1	31.4	890.8	338.8	414.0	50.2	658.7	3 121.0
	1990—1993	716.9	19.6	658.0	383.0	677.6	65.5	752.9	3 273.5
	2003—2006	661.3	25.0	577.1	421.1	574.0	65.5	779.8	3 103.8
	2012—2014	790.2	21.0	559.5	475.5	545.5	129.4	979.0	3 500.1
全印度	1962—1965	3 450.0	1 346.7	4 236.8	2 315.1	1 482.9	227.0	2 118.4	15 176.9
	1980—1983	3 777.9	2 154.1	3 960.2	2 187.2	1 723.3	298.3	2 485.5	16 586.5
	1990—1993	3 882.8	2 194.6	3 140	2 431.0	2 245.3	337.6	2 701.1	16 932.4
	2003—2006	3 891.3	2 414.7	2 692.6	2 084.6	2 397.3	364.8	3 474.4	17 319.7
	2012—2014	3 961.6	2 796.5	2 330.4	2 097.3	2 653.0	501.9	3 582.5	17 923.2

资料来源：Bhalla and Singh，2009；印度农作物产量信息系统（Indian Crop Production Statistics Information System），https://www.aps.dac.gov.in/。

表 3-10　2020—2021 财年印度水稻的种植面积和产量（按产量排序）

邦名	种植面积 规模（百万公顷）	种植面积 比重（%）	产量 规模（百万吨）	产量 比重（%）	单产（千克/公顷）
西孟加拉邦	5.59	12.20	16.52	13.29	2 958
北方邦	5.68	12.41	15.52	12.48	2 733
旁遮普邦	2.93	6.40	12.78	10.28	4 366
特伦甘纳邦	3.19	6.96	10.22	8.22	3 206
奥迪萨邦	4.04	8.82	8.81	7.08	2 182
安得拉邦	2.32	5.08	7.16	5.76	1 889
泰米尔纳德邦	2.04	4.45	6.88	5.53	3 393
比哈尔邦	2.96	6.47	6.61	5.32	2 232
阿萨姆邦	2.36	5.16	5.21	4.19	2 209
昌迪加尔	3.79	4.45	7.88	6.34	3 379
其他非主要生产地	10.88	23.77	26.76	21.52	2 460
全印度	45.77	100.00	124.37	100.00	2 717

资料来源：《农业统计概览》（*Agricultural Statistics at a Glance*），https://agriwelfare.gov.in/en/Agricultural_Statistics_at_a_Glance。

印度小麦种植主要集中于三个区域：一是包括旁遮普邦、北方邦、哈里亚纳邦和比哈尔邦的北部区，该地区是印度小麦的传统产区，大部分位于恒河中下游平原，这里地势平坦、土壤肥沃、冬季低温时间长，十分适宜小麦生长。其中，北方邦拥有近三分之一的全国小麦产量和种植面积，是全印度最大的小麦生产地；二是包括中央邦及马哈拉施特拉邦部分地区的中部平原，该地区雨量稀少，灌溉不足，冬季气温温和，小麦产量和种植面积各占全国的近 20%；三是包括拉贾斯坦邦和古吉拉特邦的新种植区，伴随灌溉条件的改善，该地区小麦种植面积扩张迅速（表 3-11）。

3. 高粱

不同于小麦和水稻，高粱对自然条件有很强的适应性，是印度半岛高原干旱区的主要作物。马哈拉施特拉邦是印度的高粱主产区，一年种秋作和春作两季，播种时间分别在夏季季风开始时和季风结束后不久。卡纳塔克邦是印度第二大的高粱生产区。在卡纳塔克邦、泰米尔纳德邦及安得拉邦，得益于冬季季风带来的少量降雨，同样播种两季。古吉拉特邦、北方邦等地的高粱主要用作饲料（表 3-12）。

表 3-11　2020—2021 财年印度小麦的种植面积和产量（按产量排序）

邦名	种植面积 规模（百万公顷）	种植面积 比重（%）	产量 规模（百万吨）	产量 比重（%）	单产（千克/公顷）
北方邦	9.85	31.65	35.51	32.40	3 604
中央邦	6.08	19.54	18.18	16.59	2 989
旁遮普邦	3.53	11.34	17.19	15.68	4 868
哈里亚纳邦	2.56	8.24	12.39	11.31	4 834
拉贾斯坦邦	3.00	9.64	11.04	10.07	3 676
比哈尔邦	2.22	7.14	6.15	5.61	2 767
古吉拉特邦	1.02	3.27	3.26	2.97	3 205
马哈拉施特拉邦	1.13	3.62	2.07	1.89	1 839
其他非主要生产地	1.73	5.55	3.80	3.47	2 200
全印度	31.13	100.00	109.59	100.00	3 521

资料来源：《农业统计概览》（Agricultural Statistics at a Glance），https://agriwelfare.gov.in/en/Agricultural_Statistics_at_a_Glance。

表 3-12　2020—2021 财年印度高粱的种植面积和产量（按产量排序）

邦名	种植面积 规模（百万公顷）	种植面积 比重（%）	产量 规模（百万吨）	产量 比重（%）	单产（千克/公顷）
马哈拉施特拉邦	2.08	47.49	1.75	36.30	840
卡纳塔克邦	0.75	17.13	0.90	18.78	1 205
拉贾斯坦邦	0.56	12.78	0.59	12.26	1 054
泰米尔纳德邦	0.41	9.26	0.43	8.88	1 054
安得拉邦	0.12	2.74	0.41	8.55	3 428
北方邦	0.17	3.97	0.27	5.71	1 578
中央邦	0.11	2.56	0.22	4.51	1 938
特伦甘纳邦	0.09	2.08	0.16	3.24	1 711

续表

邦名	种植面积 规模（百万公顷）	种植面积 比重（%）	产量 规模（百万吨）	产量 比重（%）	单产（千克/公顷）
古吉拉特邦	0.04	0.94	0.06	1.19	1 398
哈里亚纳邦	0.03	0.71	0.02	0.34	525
其他非主要生产地	0.01	0.33	0.01	0.26	848
全印度	4.38	100.00	4.81	100.00	1 099

资料来源：《农业统计概览》（*Agricultural Statistics at a Glance*），https://agriwelfare.gov.in/en/Agricultural_Statistics_at_a_Glance。

4. 非洲黍

非洲黍是一种生长期较短的夏秋作物，相比高粱更加耐旱、耐高温，常种植于年降水量400—500毫米、平均气温25—35℃的沙质土地区。拉贾斯坦邦是印度非洲黍的主要产区，产量占印度40%以上；其次为北方邦，种植面积和产量分别占全国的11.85%和18.55%。此外，哈里亚纳邦、古吉拉特邦、中央邦、卡纳塔克邦也有零星种植（表3-13）。马哈拉施特拉邦的非洲黍种植面积广，但单产最低，产量占比仅为6.05%。

表3-13　2020—2021财年印度非洲黍的种植面积和产量（按产量排序）

邦名	种植面积 规模（百万公顷）	种植面积 比重（%）	产量 规模（百万吨）	产量 比重（%）	单产（千克/公顷）
拉贾斯坦邦	4.35	56.83	4.56	42.00	1 049
北方邦	0.91	11.85	2.01	18.55	2 221
哈里亚纳邦	0.48	7.44	1.35	12.43	2 373
古吉拉特邦	0.46	6.01	1.01	9.29	2 192
中央邦	0.33	4.27	0.74	6.79	2 256
马哈拉施特拉邦	0.69	8.98	0.66	6.05	955
卡纳塔克邦	0.22	2.90	0.28	2.54	1 241
其他非主要生产地	0.13	1.71	0.26	2.35	1 950
全印度	7.65	100.00	10.86	100.00	1 419

资料来源：《农业统计概览》（*Agricultural Statistics at a Glance*），https://agriwelfare.gov.in/en/Agricultural_Statistics_at_a_Glance。

5. 玉米

玉米十分高产且秸秆可作饲料，经济价值很高。自印度独立以来，玉米逐步取代粟类作物，种植面积快速增长。印度的玉米分布十分广泛，卡纳塔克邦拥有最高的种植面积和产量，占比分别为17.45%和16.94%；其次为中央邦，种植面积和产量的占比分别为14.20%和12.27%；此外，马哈拉施特拉邦、拉贾斯坦邦等地也是玉米的主要产区；东北部玉米主要产区为西孟加拉邦和比哈尔邦，其产量占比分别为7.70%和6.59%（表3-14）。

表3-14　2020—2021财年印度玉米的种植面积和产量（按产量排序）

邦名	种植面积 规模（百万公顷）	种植面积 比重（%）	产量 规模（百万吨）	产量 比重（%）	单产（千克/公顷）
卡纳塔克邦	1.73	17.45	5.36	16.94	3 107
中央邦	1.41	14.20	3.88	12.27	2 763
马哈拉施特拉邦	1.18	11.95	3.52	11.12	2 978
西孟加拉邦	0.36	3.65	2.44	7.70	6 752
拉贾斯坦邦	0.99	10.04	2.27	7.17	2 285
比哈尔邦	0.65	6.56	2.08	6.59	3 211
安得拉邦	0.30	3.04	1.78	5.63	5 917
特伦甘纳邦	0.26	2.62	1.76	5.55	6 782
泰米尔纳德邦	0.40	4.05	0.56	1.78	1 411
其他非主要生产地	2.62	26.44	7.99	25.25	3 055
全印度	9.89	100.00	31.65	100.00	3 199

资料来源：《农业统计概览》（*Agricultural Statistics at a Glance*），https://agriwelfare.gov.in/en/Agricultural_Statistics_at_a_Glance。

6. 豆类

印度人以素食为主，豆类是居民主要的蛋白质来源，也有益于土壤肥力的保持。印度的豆类品种达30余种，分春豆和秋豆两大类。印度豆类主产区为中央邦、马哈拉施特拉邦和拉贾斯坦邦，面积合计占53.99%，产量合计占54.45%（表3-15）。

表 3-15　2020—2021 财年印度豆类的种植面积和产量（按产量排序）

邦名	种植面积 规模（百万公顷）	种植面积 比重（%）	产量 规模（百万吨）	产量 比重（%）	单产（千克/公顷）
中央邦	4.87	16.91	5.29	20.78	1 088
马哈拉施特拉邦	4.53	15.73	4.32	16.97	954
拉贾斯坦邦	6.15	21.35	4.25	16.70	692
北方邦	2.38	8.27	2.48	9.72	1 040
卡纳塔克邦	3.13	10.86	2.07	8.11	661
古吉拉特邦	1.40	4.86	1.81	7.11	1 295
安得拉邦	1.24	4.32	1.09	4.30	880
恰尔肯德邦	0.85	2.95	0.91	3.56	1 067
其他非主要生产地	4.25	14.75	3.25	12.74	764
全印度	28.78	100.00	25.46	100.00	885

资料来源：《农业统计概览》（*Agricultural Statistics at a Glance*），https://agriwelfare.gov.in/en/Agricultural_Statistics_at_a_Glance。

（二）经济作物的空间分布

印度主要的经济作物为棉花、黄麻、甘蔗和油料作物等。与粮食作物相比，印度的经济作物种植具有分布的集中性和明显的地域性（陈桥驿，1996）。

1. 棉花

棉花是一种喜温喜光的短日照作物。印度的气候适宜棉花生长，其棉花种植面积约为 1 300 万公顷，居世界首位，占世界棉花种植面积的 40%；棉花产量居世界第二，占世界棉花总产量的 22%。棉花产区相对集中，主要产区为印度半岛、马哈拉施特拉邦、古吉拉特邦和特伦甘纳邦。马哈拉施特拉邦的棉花种植面积和产量均最高，但却是棉花亩产低产区；类似的低产区还有中央邦；古吉拉特邦的棉花产量和面积分别居全国第二和第三（表 3-16）。

表 3-16　2020—2021 财年印度棉花的种植面积和产量（按产量排序）

邦名	种植面积 规模（百万公顷）	种植面积 比重（%）	产量 规模（百万吨）	产量 比重（%）	单产（千克/公顷）
马哈拉施特拉邦	4.54	34.20	10.11	28.67	378
古吉拉特邦	2.27	17.09	7.21	20.46	540
特伦甘纳邦	2.36	17.74	5.80	16.45	418
拉贾斯坦邦	0.81	6.08	3.21	9.10	675
卡纳塔克邦	0.82	6.17	2.32	6.58	481
哈里亚纳邦	0.55	4.17	1.84	5.17	419
安得拉邦	0.61	4.56	1.60	4.54	449
中央邦	0.59	4.42	1.34	3.80	387
其他非主要生产地	0.55	4.17	1.84	5.23	565
全印度	13.29	100.00	35.25	100.00	451

资料来源：《农业统计概览》（*Agricultural Statistics at a Glance*），https://agriwelfare.gov.in/en/Agricultural_Statistics_at_a_Glance。

2. 黄麻

黄麻是天然纤维的主要来源之一，在印度享有"软黄金"的美称，是印度东北部最重要的经济作物。黄麻是热带、亚热带作物，恒河-布拉马普特拉河三角洲地区的自然条件适宜黄麻生长，河网密集，利于加工和运输，是世界上最大的黄麻产区。其中，西孟加拉邦是全国最大的黄麻集中产区，其种植面积和产量均约占全国的八成；其次为阿萨姆邦和比哈尔邦；其他邦面积和产量均极低（表 3-17）。

表 3-17　2020—2021 财年印度黄麻的种植面积和产量（按产量排序）

邦名	种植面积 规模（百万公顷）	种植面积 比重（%）	产量 规模（百万吨）	产量 比重（%）	单产（千克/公顷）
西孟加拉邦	0.52	78.29	7.59	81.17	2 635
阿萨姆邦	0.07	9.96	0.79	8.49	2 166
比哈尔邦	0.06	8.35	0.79	8.42	2 561
其他非主要生产地	0.02	3.39	0.18	1.92	1 442
全印度	0.66	100.00	9.35	100.00	2 542

资料来源：《农业统计概览》（*Agricultural Statistics at a Glance*），https://agriwelfare.gov.in/en/Agricultural_Statistics_at_a_Glance。

3. 甘蔗

印度是世界第一食糖生产国，其糖料作物包括甘蔗和甜菜两类，以甘蔗为主。甘蔗是热带和亚热带作物，性喜高温、潮湿，具有生长期长的特性。印度的甘蔗主要产区为巴特纳以西、朱木拿河以北的恒河平原地区。北方邦是印度最大的甘蔗集中产区，其种植面积和产量分别占全印度的44.94%和43.99%，其次为马哈拉施特拉邦，其种植面积和产量分别占全印度的23.56%和25.93%（表3-18）。

表3-18　2020—2021财年印度甘蔗的种植面积和产量（按产量排序）

邦名	种植面积 规模（百万公顷）	种植面积 比重（%）	产量 规模（百万吨）	产量 比重（%）	单产（千克/公顷）
北方邦	2.18	44.94	178.34	43.99	81 807
马哈拉施特拉邦	1.14	23.56	105.14	25.93	91 999
卡纳塔克邦	0.44	9.13	42.53	10.49	96 000
古吉拉特邦	0.22	4.52	16.95	4.18	77 327
泰米尔纳德邦	0.13	2.63	13.28	3.28	104 030
比哈尔邦	0.22	4.56	12.11	2.99	54 766
哈里亚纳邦	0.10	2.04	8.53	2.10	86 179
旁遮普邦	0.09	1.84	7.49	1.85	83 841
中央邦	0.10	1.96	5.44	1.34	57 270
安得拉邦	0.06	1.13	4.14	1.02	75 248
北阿肯德邦	0.05	0.95	3.68	0.91	80 000
其他非主要生产地	0.13	2.74	7.77	1.92	58 379
全印度	4.85	100.00	405.40	100.00	83 566

资料来源：《农业统计概览》（*Agricultural Statistics at a Glance*），https://agriwelfare.gov.in/en/Agricultural_Statistics_at_a_Glance。

4. 油料作物

印度的油料作物有花生、油菜籽、芥菜籽、芝麻、油用亚麻、蓖麻等。植物油是印度重要的饮食用油，油料也是重要的工业原料。印度油料作物的种植区较集中，主要分布于中央邦、拉贾斯坦邦和马哈拉施特拉邦，种植面积和产量约占全国的六成（表3-19）。

表 3-19　2020—2021 财年印度油料的种植面积和产量（按产量排序）

邦名	种植面积 规模（百万公顷）	种植面积 比重（%）	产量 规模（百万吨）	产量 比重（%）	单产（千克/公顷）
拉贾斯坦邦	5.19	18.01	7.98	22.21	1 538
马哈拉施特拉邦	4.72	16.39	6.72	18.69	1 422
中央邦	8.20	28.45	6.33	17.62	772
古吉拉特邦	3.36	11.64	6.19	17.22	1 844
哈里亚纳邦	0.67	2.33	1.35	3.75	2 008
北方邦	1.20	4.15	1.28	3.55	1 066
卡纳塔克邦	1.21	4.19	1.25	3.48	1 033
西孟加拉邦	0.94	3.24	1.11	3.09	1 189
泰米尔纳德邦	0.47	1.64	1.06	2.96	2 244
其他非主要生产地	2.87	9.95	2.67	7.43	931
全印度	28.83	100.00	35.95	100.00	1 247

资料来源：《农业统计概览》（Agricultural Statistics at a Glance），https://agriwelfare.gov.in/en/Agricultural_Statistics_at_a_Glance。

第四节　农业地理区划

印度地域辽阔，考虑到各地自然和社会经济的条件差异和农业生产特点，通常可划分为四大农业区（杜德斌，2024）。

一、东北部稻谷、黄麻、茶叶区

本区位于恒河和布拉马普特拉河下游，包括阿萨姆邦、西孟加拉邦、比哈尔邦和奥里萨邦四个邦，总面积 57 万平方千米，耕地面积约 2 400 万公顷，占全国面积和耕地面积的比例分别为 19% 和 17%。地形以平原为主，年降水量高于 1 250 毫米，气候湿润。该地区人均占有的耕地仅为全国平均值的 60%，但因人口稠密，农业劳动力富足，其复种指数为本国之最。该地区粮食作物占总种植面积的 90%，以水稻为主导粮食作物，占粮食作物的五分之四，也是印度最大的稻谷产区。该地区的主要经济作物为黄麻和茶叶，产量分别占全国的 98% 和 80%。

二、西北部小麦、杂豆、油菜区

本区由印度河平原和恒河中上游平原及周围山地组成，包括北方邦、中央邦、拉贾斯坦邦、哈里亚纳邦和旁遮普邦五个邦，总面积 123 万平方千米，耕地约 6 000 万公顷，在印度面积及总耕地面积中的占比均达 40% 以上。该地区地形以平原和山地为主，气候自东向西由湿润转为干燥。本区为"绿色革命"的重点实施地区，灌溉面积占本国的一半。粮食作物占总种植面积的三分之二，主导作物为小麦，产量占全国的五分之四，是国内最大的商品粮基地；经济作物以油菜、芝麻和甘蔗为主，产量分别占全国的 90%、75% 和 50%。

三、半岛杂粮、棉花、花生区

本区由德干高原的大部分和东南沿海平原组成，包括古吉拉特邦、马哈拉施特拉邦、卡纳塔克邦、安得拉邦，以及泰米尔纳德邦的大部分。总面积 108 万平方千米，耕地约 5 500 万公顷，占印度面积和耕地面积的比重均达 40%。除南部属湿润区外，本区大部分地区属半湿润半干燥气候，地形起伏大、水土流失严重。粮食作物占播种面积的 60%。主要粮食作物为谷子和豆类，复种指数和单产水平领先全国，沿海平原水稻种植比重大、单产高。经济作物以棉花地位最突出，广泛分布于高原之上的黑棉土地带，产量占印度的 60% 以上。本区还是印度花生和烟草的主产区，在印度的占比均超过 80%。

四、西南稻谷、热带作物区

本区位于西高止山南段及其沿海平原，包括喀拉拉邦及其毗邻地区，面积 8 万平方千米，耕地 400 余万公顷，不到印度面积和耕地面积的 3%。本区多为丘陵地带，气候十分湿热，年降水量超过 2 000 毫米，是印度唯一的热带雨林气候区。因区内人口十分稠密，人均占有的耕地仅为全国平均值的四分之一，普遍实施精耕细作，农业生产集约化程度高。热带经济作物是本区的优势作物，包括橡胶、咖啡、腰果、胡椒、生姜、木薯、椰子、豆蔻等，茶叶产量占印度的五分之一。主导粮食作物为稻谷，杂粮作物多见于山区。

参 考 文 献

[1] 陈桥驿：《印度农业地理》，商务印书馆，1996 年。
[2] 杜德斌：《世界地理》，高等教育出版社，2024 年。
[3] 范文亚："印度农地金融制度及其启示"，《世界农业》，2015 年第 6 期。
[4] 莫秀蓉："印度农村劳动力转移模式探析"，《南亚研究季刊》，2009 年第 4 期。
[5] 司智陟、母锁森："印度畜牧业生产和贸易分析"，《世界农业》，2012 年第 10 期。
[6] 宋志辉："印度农业发展对经济的贡献及其启示"，《四川大学学报（哲学社会科学版）》，2009 年第 4 期。
[7] 徐振伟："印度第二次'绿色革命'与印度的粮食安全"，《天津师范大学学报（社会科学版）》，2016 年第 2 期。
[8] Bhalla, G. S. and Singh, G. 2009. Economic liberalisation and Indian agriculture: a statewise analysis. *Economic and Political Weekly*, Vol. 44, No. 52, pp. 34-44.
[9] Gulati, A. and Juneja, R. 2018. Innovations and revolutions in Indian agriculture: A review. *Journal of Agricultural Science and Technology*, Vol. 8, pp. 473-482.
[10] Subramanian, A. 2015. Towards a Pareto efficient Indian agricultural market — with specific focus on rice and wheat markets. No. id: 6625.

第四章　印度工业地理

印度是全球制造业十大强国之一，2020—2021财年，印度工业产值占GDP的比重为26%，其中制造业占GDP的比重为18.3%。印度的工业体系已初具规模，除轻工业和基础工业外，在汽车、电子产品制造、航空和空间等新兴工业领域发展迅速，具备生产各种机床、精密仪器、汽车、飞机和电子产品的能力；在原子能发电、地球卫星、通信系统、某些军事工业领域和仿制药工业等新兴产业领域颇具优势。印度大多数工业产品能满足本国需求，同时还向外输出多种轻重工业产品，是输出工业技术较多的发展中国家。依托"黄金四边形"公路网和"钻石四边形"铁路网项目，目前印度已形成五大工业区。

第一节　工业发展概况

在独立前，印度是英国的纺织品生产基地，轻纺工业有较好的基础。独立后，在继承英国殖民时期的大量铁路、公路、港口、电力、大学和医院设施的基础上，印度形成了初具规模的工业体系，已发展成为世界第六大工业国。印度的工业部门体系比较完善，医药、汽车零配件、钢铁、化工等产业的发展水平较高，竞争力较强（杜德斌，2024）。近年来，印度的汽车、电子产品制造、航空航天等新兴工业发展迅速。

一、工业基础

在殖民统治时期，印度的民族资本主义工业开始发展，但发展有限。19世纪中期，约55%的印度人口靠农业为生，只有不到10%的人口从事采矿业、制造业和建筑业。1947年印度独立后，政府实行"公私合营"的混合经济体制，且公营部门在国家经济关键部门占支配地位。印度政府通过颁发工业许可证、限制行业准入等方式扩大了公营部门规模，先后重点发展农业、重工业和基础工业。因此，自1950年起，印度第二产业产值在GDP中的占比缓慢而稳定地提升（图4-1）。在20世纪70年代以前，印度第一产业占GDP的比重最高，第二产业基础薄弱；大约从20世纪70年代末开始，印度的第三产业增加值占比超过第一产业，在国民经济中占主导。印度在20世纪90年代开启了市场化改革，以计算机、软件服务和信息技术为代表的第三产业高速增长，在2020—2021财年占GDP的比重达到54%；第一产业在GDP中的占比持续而快速地下降，但其占比仍高于第二产业。进入21世纪以来，印度第二产业的GDP占比继续缓慢增加，最终超过了第一产业，但仍远低于第三产业。印度三大产业的发展历程与国内外政治环境、自身国家政策密切相关（Baru，2022，高熙睿，2023）。

从各产业就业人口比重来看（图4-1），1991年，印度从事第一、第二和第三产业的人数占比分别为63%、22%和15%，体现了印度第一产业在提供就业

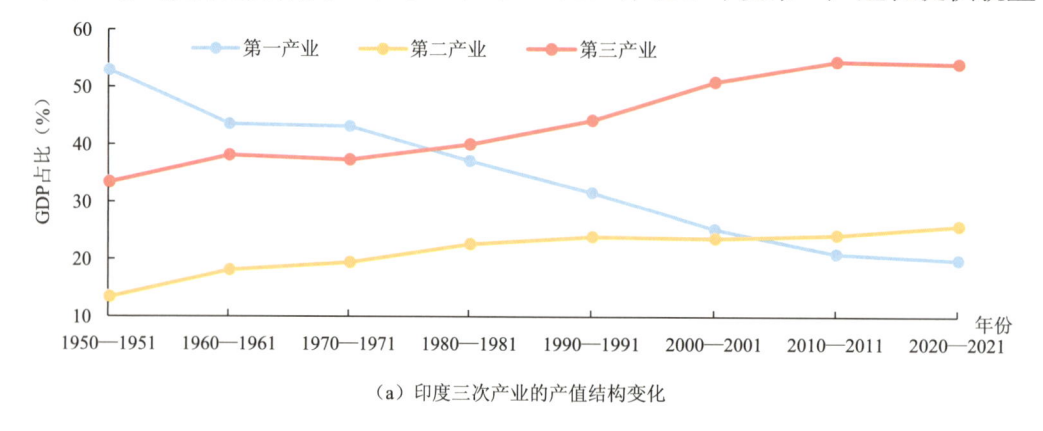

(a) 印度三次产业的产值结构变化

资料来源：印度经济普查（Economic Survey of India），https://www.indiabudget.gov.in/economicsurvey/。

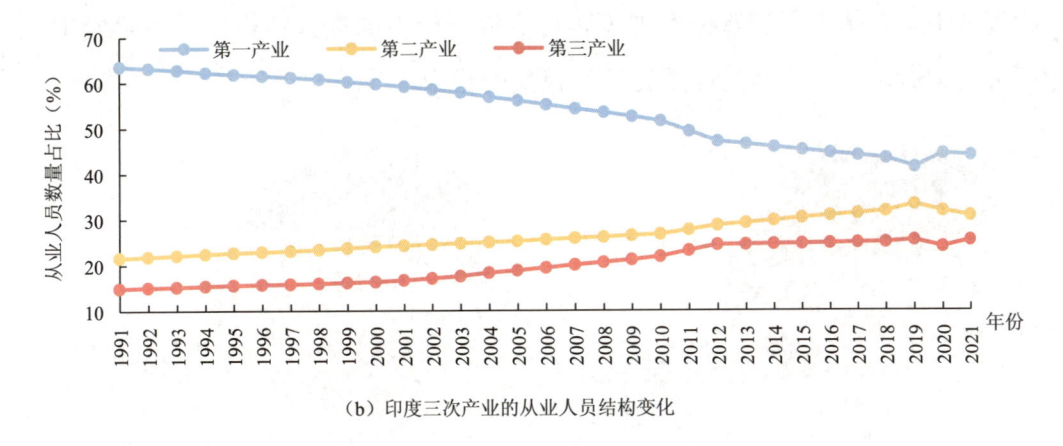

(b)印度三次产业的从业人员结构变化

资料来源：国际劳工组织（International Labour Organization），https://rshiny.ilo.org/dataexplorer28/。

图 4-1　印度三次产业的产值及从业人员结构变化

机会方面的绝对优势。随后，第一产业占比稳定回落，第二和第三产业则缓慢增长，第二产业的从业人员数量占比始终高于第三产业，但差距均低于8%。截至2021年，印度第一、第二和第三产业的从业人员占比分别为44%、31%和25%。

印度第三产业产值占比过半，但就业近一半集中于第一产业。作为一个发展中的经济体，印度呈现出制造业"落后"、服务业"超前"的产业"失常"结构。印度突破了农业—工业—服务业的传统路径，跳过了深度工业化阶段，实现了经济体系从第一产业为主导直接转向第三产业为主导的跃升。这种绕过制造业、直奔服务业的发展方式也带来了一系列的就业和收入结构等问题（张立、曾春媛，2020）。

二、工业结构

（一）工业产业的组成

印度工业以石油加工、炼焦和核燃料加工业，食品饮料加工制造业，基本金属制造业和化学原料及化学制品制造业等为主，产值占比合计达到50%左右（图4-2）。2001—2019年，印度的炼焦和核燃料加工业规模扩张迅速，机械设备制造和机动车辆生产规模也略有上升，这与印度工业化和贸易政策等密切相关；这一时期印度纺织业、食品制造和化学制造业等传统制造业规模均有不同程度的下降，体现了随着技术进步和自主创新能力的提升，机器设备逐渐取代部分人力劳动，传统制造向智能生产转变的趋势。

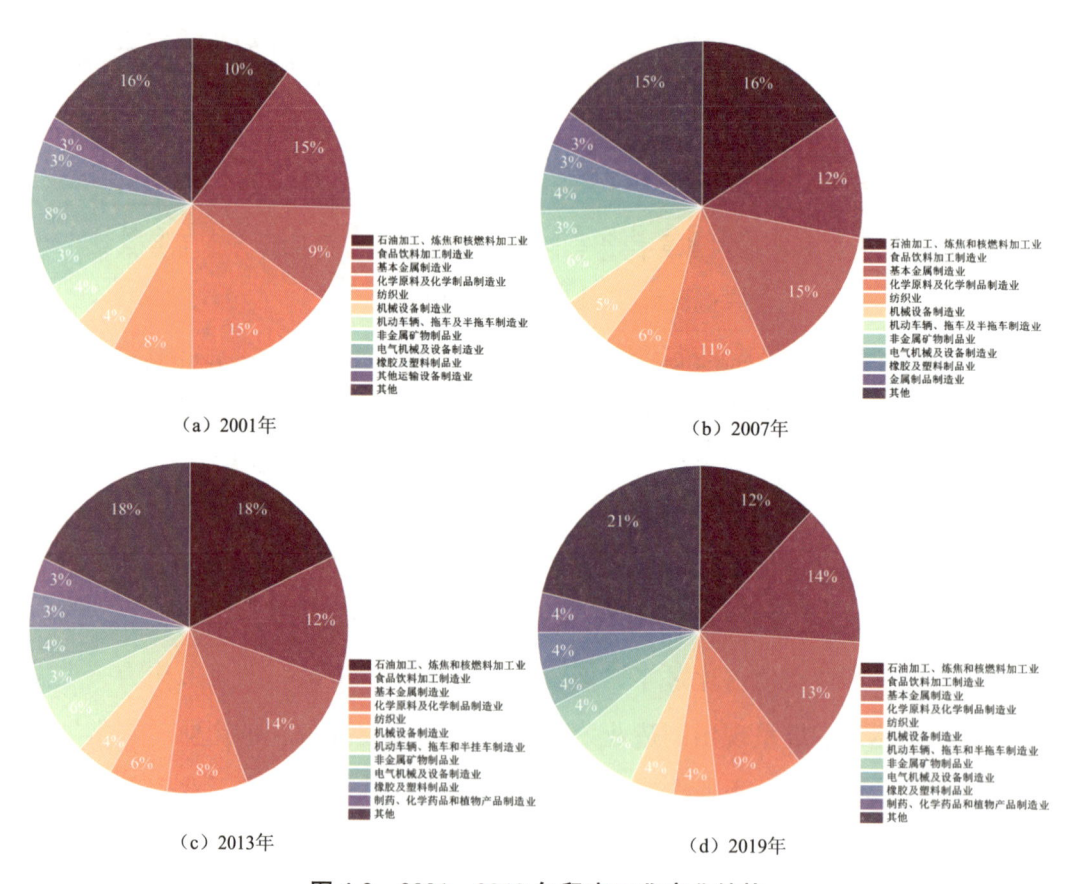

图 4-2 2001—2019 年印度工业产业结构

资料来源：印度年度工业调查（Annual Survey of Industries），https://www.mospi.gov.in/asi-summary-results.

（二）主要制造业部门

印度的主要制造业部门有纺织业、燃料动力工业、基础金属制造业、机械工业、制药业等。在"印度制造"政策的驱动下，印度制造业的国际影响力不断提升（陈凤兰、黄梅波，2018）。

1. 纺织业

印度纺织业以棉花、化纤、丝绸和黄麻等为主，产业链完整，产业多元化。但棉、麻纺织品加工程度不高，产品多以棉纱、坯布为主，产品附加值低

(Gautam and Lal，2020)，纺织业布局的材料地倾向和交通倾向特征显著。

印度的棉纺织业主要分布于以德干高原为主体的棉花产区，仅马哈拉施特拉邦和古吉拉特邦就拥有全国纱锭总数的五分之二和织布机的三分之二，大部分又集中于孟买和艾哈迈达巴德两市。印度以黄麻为原料的麻纺织业规模居世界前二，90%以上的产能集中于加尔各答附近的胡格利河（恒河支流）两岸，此处黄麻产量高且水陆交通方便，产品可就近由加尔各答港出口。印度是世界第二大丝绸生产国，年产量约3.4万吨，蚕丝生产高度集中于卡纳塔克邦、安得拉邦、泰米尔纳德邦、西孟加拉邦等。印度的化纤生产也位列世界第二，主要为涤纶、锦纶、粘胶产品等，集中在少数企业，主要产能分布于古吉拉特邦拉瓦尔、中央邦纳格达及卡纳塔克邦哈里哈尔等地。

2. 燃料动力工业

燃料动力工业的发展与能源资源禀赋密切相关。印度是全球探明煤炭储量较大的国家，其煤炭开采加工业主要分布于半岛东北部的腹地，比哈尔邦、中央邦、西孟加拉邦产量合计占全国80%以上，其中大部分又集中产于比、西二邦的达莫德尔河谷地。由于分布过于集中，又无水运之利，给当地的铁路运输带来很大压力。印度煤炭产量以动力煤为主（产量占比93%），炼焦煤（产量占比7%）资源匮乏（图4-3）。印度煤炭部以增产为目标，煤炭供给的集中度极高，产量主要来自印度煤炭公司和印度辛加瑞尼公司，两家公司产量约占印度的90%左右（殷文韬，2021）。

印度的石油生产主要来自陆上油田和海上油田（Husain，2020）。陆上石油生产主要分布于阿萨姆邦、古吉拉特邦和拉贾斯坦邦，此三邦的石油产量占印度陆上产量的96%以上；海上油田主要为孟买的近海高地油田，占印度原油产量的近一半。印度的石油产品主要为柴油和汽油，占比超石油产品的一半。印度精加工汽油产品的产量稳步增长，目前处于净出口阶段。印度可采常规天然气储量为1 340亿立方米（图4-3），超过三分之二的天然气生产来自海上油田，大部分产自孟买盆地。

印度独立后，电力工业发展比较迅速，1947—1994年发电量增长了80倍，达到3 500余亿千瓦时，其中以水电为主（图4-3）。印度在孟买、德里、艾哈迈达巴德、马德拉斯等大负荷中心还建有核电站。

（a）1980—2019财年印度煤炭产量

资料来源：印度经济概览（Economic Survey of India），https://www.indiabudget.gov.in/economicsurvey/。

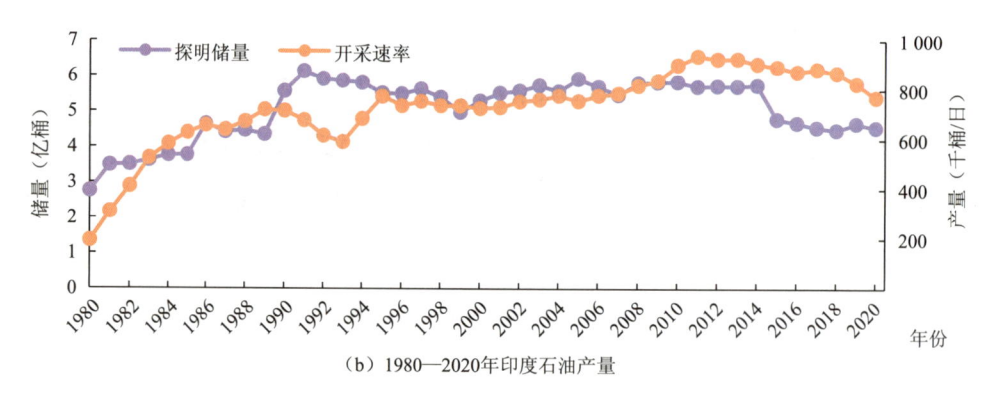

（b）1980—2020年印度石油产量

资料来源：能源研究所（Energy Institution），www.energyinst.org。

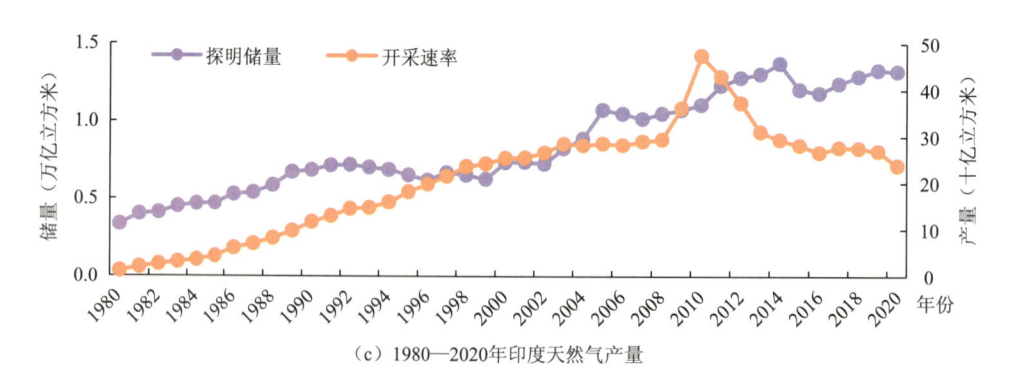

（c）1980—2020年印度天然气产量

资料来源：能源研究所（Energy Institution），www.energyinst.org。

(d) 1965—2021年印度能源产量

资料来源：国际能源署（International Energy Agency），https://www.iea.org/data-and-statistics。

图 4-3　印度各类资源的产量

3. 基础金属制造业

印度具有良好的钢铁工业发展所需资源条件，铁矿、锰矿和铬矿不仅储量大、质量好，且相互毗邻，一般距煤产区也不远；其开采量除满足本国消费外，半数以上可供出口。印度的粗钢产能主要分布于铁矿石丰富的地区，以大型钢铁联合企业为主。比莱、贾姆谢德布尔、博卡罗、劳尔克拉、杜尔加布尔五大企业的钢铁产量合计占印度的80%。除比莱钢厂外，其他四家钢厂均位于焦达讷格布尔高原及北侧的达英德尔河谷地，是本国首屈一指的钢铁工业基地。

4. 机械工业

机械工业是印度发展最迅速的工业部门之一。印度机械工业的分布集中于孟买、加尔各答和班加罗尔三大城市。挖掘机、起重机等生产主要集中在哈里亚纳邦，产量超过印度重型机械产量的一半。汽车工业主要分布于西孟加拉邦的加尔各答，马哈拉斯特拉邦的孟买、浦那，卡纳塔克邦的班加罗尔和泰米尔纳德邦的金奈。

5. 制药业

印度是全球最大的药品供应国。据印度医药联盟（Indian Pharmaceutical Alliance，IPA）2019年的数据显示，印度约有3 000家本土制药企业及10 500个制药工厂，仿制药供应量占全球份额的20%，高达169亿美元，主要输往美国（30%）、欧盟（16%）、非洲（18%）和东盟（7%）等。印度制药业的行业集中度较高，排名前十的大型制药公司占据约80%的市场份额（Ray and Ray，

2021)。印度制药业主要包括原料药生产、医药外包、制剂出口和仿制药生产四部分。齐拉克布尔是主要的分发与物流中心，旁遮普邦、哈里亚纳邦、喜马偕尔邦提供药品。巴迪、达曼和西尔瓦萨也是重要的药品生产中心。

三、印度的工业竞争力

工业竞争力绩效（Competitive Industrial Performance，CIP）指数是由联合国工业发展组织提出的评估一国制造业在国内外市场上生产和销售商品，以及技术发展相对成功程度的指标。CIP 指数由生产和出口制成品的能力、技术的优化升级以及产业的全球影响三方面统计指标构成。

1990—2021 年，印度的工业竞争力绩效指数经历持续增长后处于相对稳定状态，整体可划分为缓慢增长期（1990—2000 年）、快速提升期（2000—2009 年）和相对稳定期（2009—2021 年）三个阶段（图 4-4）。经过二十余年的发展，印度与不发达国家的 CIP 差距不断扩大，与发达国家间的差距不断缩小，表明印度在工业制造和技术升级方面取得积极成效。

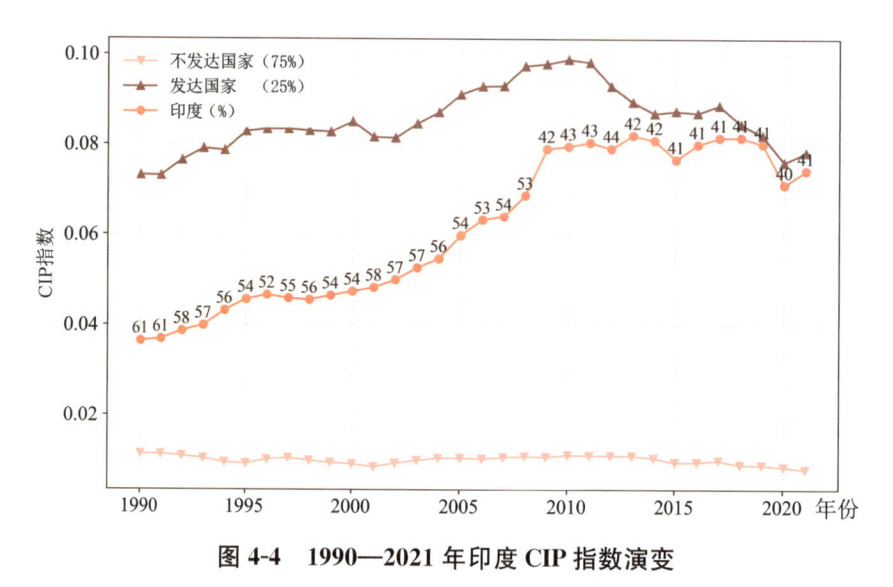

图 4-4　1990—2021 年印度 CIP 指数演变

资料来源：联合国工业发展组织（United Nations Industrial Development Organization），https://stat.unido.org/cip/。

1. 制造业的全球影响力逐渐提升

自 2000 年起,特别是在 2014 年实施"印度制造"计划后,印度制造业增加值占全球的比重提升迅速(图 4-5)。近几年,在美国"友岸外包"策略推动下,印度制造业受到国际资本青睐。花旗集团、亚马逊、微软、Facebook、IBM 等美国科技巨头先后在印度设立工厂或投资入股,苹果、三星、惠普等电子产品企业也在印度建立了装配线。

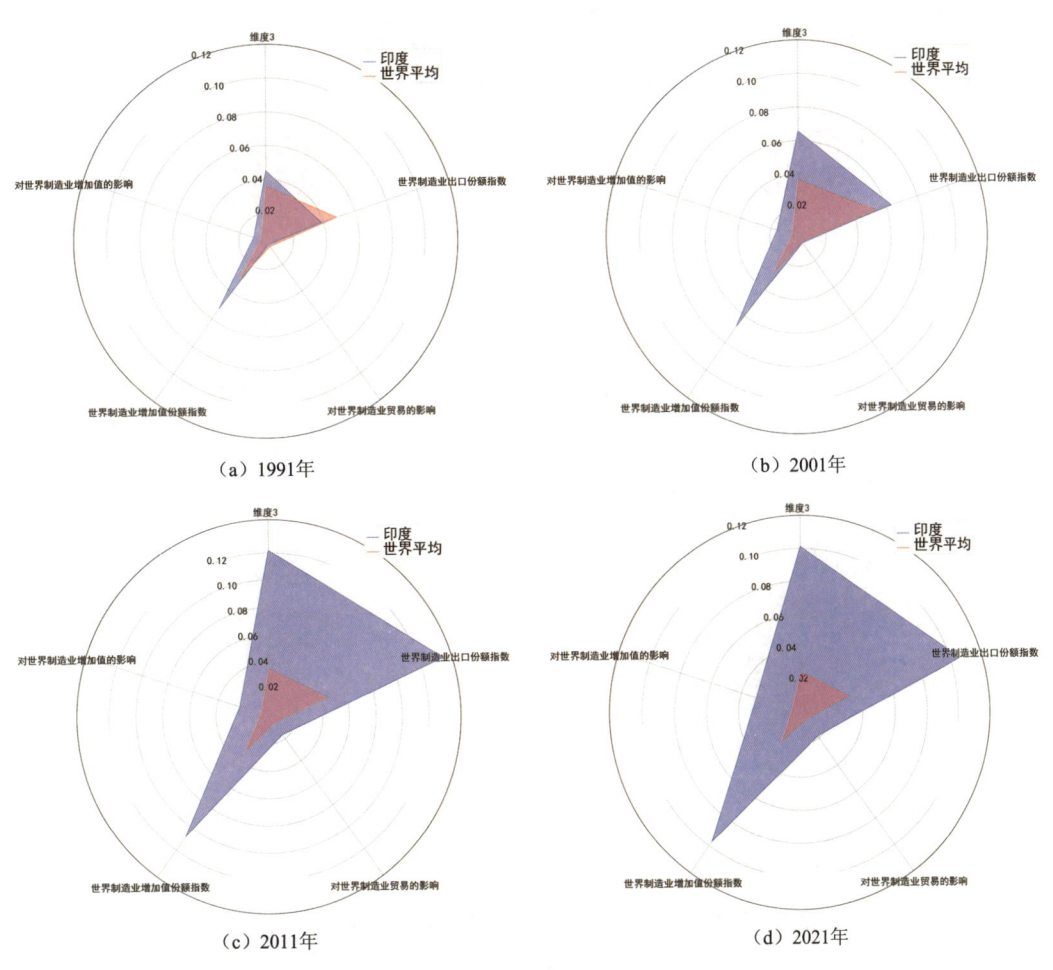

图 4-5 1991—2021 年印度工业全球影响力指数

2. 生产和出口制成品能力较低

在经历了全面改革后,印度生产和出口制成品的能力显著提升(图 4-6)。这主要得益于印度在 20 世纪 90 年代末以来融入全球价值链布局。借助来自

"亚洲四小龙"和中国的转移产业，凭借本国人口优势，印度实现了经济的快速追赶（文富德，2010），但印度制造业产品出口仅占全球的1.6%，仅为中国的十三分之一，又因印度人口基数十分庞大，人均制成品出口额仍较低；印度出口产品中制造业仅占61.3%，远低于中国的94.5%（表4-1）。

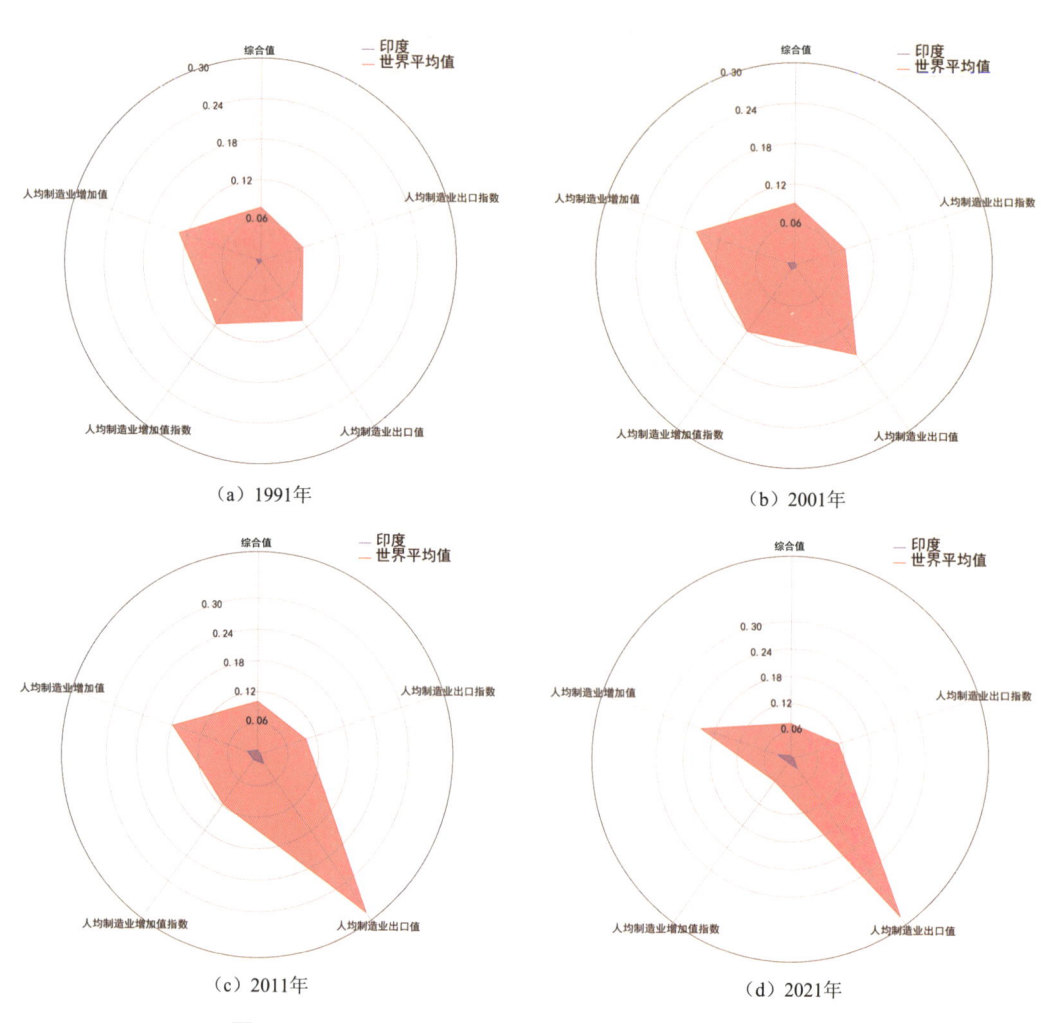

(a) 1991年

(b) 2001年

(c) 2011年

(d) 2021年

图4-6　1991—2021年印度生产和出口制成品的能力

3. 中高技术产品占比有限，技术深化潜力不足

印度制造业不仅出口体量小，其产品结构差别也十分显著。印度的主要出口产品是精炼石油、药品、钻石珠宝和大米，中高技术产品占比不到37%（表4-1），低于中国（66%）。这反映出尽管印度制造业经济呈现扩张趋势，但扩张

动力有限。印度电子制造业蓬勃发展，但仍主要是以手机制造为代表的劳动密集型电子行业（Thakur and Jain，2008）。此外，在2020年新冠疫情暴发时，印度制造业的第二维度指数一度低于30%，制造业萧条，直至2021年才重新出现增长信号，表明印度制造业的韧性仍需提升（图4-7）。

表4-1 2021年印度和中国制造业产品出口结构和贸易比例

	世界	印度		中国	
	出口 (亿美元,%)	出口 (亿美元,%)	占全球 比例（%）	出口 (亿美元,%)	占全球 比例（%）
总出口	215 650 (100)	3 947 (100)	1.8	33 250 (100)	15.4
制造业产品	150 890 (70.0)	2 420 (61.3)	1.6	31 424 (94.5)	20.8
劳动资源 密集型产品	19 063 (8.8)	544 (13.8)	2.8	5 926 (17.8)	31.1
低技术产品	15 264 (7.1)	437 (11.1)	2.9	3 567 (10.7)	23.4
中技术产品	50 248 (23.3)	567 (14.4)	1.1	9 604 (28.9)	19.1
高技术产品	66 316 (30.8)	872 (22.1)	1.3	12 326 (37.1)	18.6

资料来源：联合国贸发会议数据库（UNCTADstat），https://unctadstat.unctad.org/EN/。

四、以纺织业为龙头

印度纺织业原材料丰富，劳动力充足，发展历史悠久，产业体系较为完整，是印度国民经济的传统支柱产业，也是印度第一大工业部门，其出口创汇贡献仅次于信息技术产业。印度纺织业直接就业人数超过4 500万，纺织厂超过3 400家。印度是仅次于中国的世界第二大纺织品生产国，也是全球第七大纺织品贸易国和第五大成衣贸易国。2021—2022财年，印度纺织品和服装的出口总额为413亿美元，占商品出口总额的9.79%。在2009—2023年，印度纺织品市

(a) 1991年　　(b) 2001年

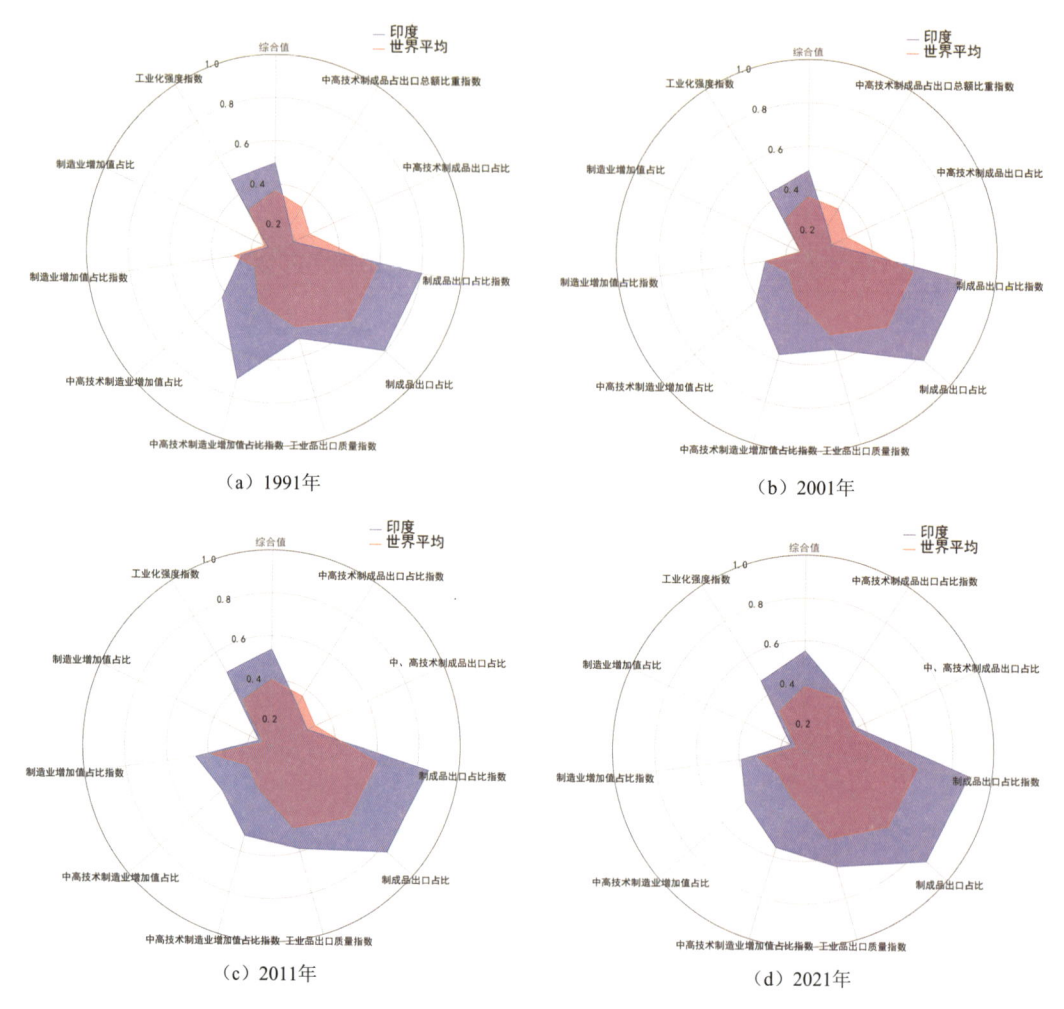

(c) 2011年　　(d) 2021年

图 4-7　1991—2021 年印度工业技术深化指数

场的年均复合增长率达到 8.7%。印度纺织业主要出口国包括美国（28%）、孟加拉国（9%）、阿联酋（6%），以及英国、德国等西欧国家；主要出口产品为服装，占比为 43.5%，其次为棉花、棉纱及棉机织物，占比 18.3%。此外，印度也是世界重要的纺织品进口国家。2022 年印度纺织品服装进口额为 106.1 亿美元，主要来自中国（38%）、孟加拉国（11%）和美国（7%）；主要进口产品以棉花、棉纱及棉机织物（16.3%）、化纤长丝及织物（15.8%）、化纤短纤及织物（11.7%）和梭织服装（8.5%）为主。

第二节 工业化发展历程

印度的工业化道路坎坷曲折（毛克疾，2019）。它继承了英国殖民地的工业建设基础，先后经历了独立前的工业化萌芽、独立后的国家主导工业化、改革时代的工业化发展三大阶段，目前正处于"印度制造"阶段。

一、独立前的工业化萌芽（1858—1947年）

1858—1947年，印度一直是英国的"独占殖民地"。在此期间，印度既是英国的廉价原料输入地，也是英国资本家的资本输出地。为方便殖民统治和输送原料等，英国开始向印度输出资本并兴建铁路、发展内河航运。截至20世纪初，英国已在印度建成遍及整个次大陆、全球第四大的铁路网。为了便于后续道路维护，英国人发展高等教育，为印度培养了一大批本土工程师、测量师和监督员。这些都为印度的工业化奠定了较好的基础。

依靠战略突出的地理位置和丰富的自然资源，殖民时期的印度成为了英国重要的战略工业中心之一。为了避免印度与宗主国围绕商品销路和原材料供应产生竞争。一方面，英国资本控制着印度的金融、铁路、邮电等关键部门；另一方面，英国严厉打击印度本土工业，通过各种方式将印度定位为原材料供应地和制成品倾销地（任佳，2007）。此外，为缓解英国在第一次世界大战期间的本土封锁和战争压力，印度发展了较强的钢铁和冶金部门；在第二次世界大战期间，印度又发展了汽车、化工和机械等部门，跃升为世界前十的工业国。到1947年独立前，印度的工业化基础和生产力水平已远超一般殖民地和半殖民地，培育出了较为完善的国内市场、基础设施和工业基础，已能规模生产原煤、电力、粗钢、生铁、水泥、硫酸等重要工业品。

二、独立后的国家主导工业化（1947—1991年）

1947年印度独立后，为打破不利的贸易环境和外国产业从属国状态，印度首任总理尼赫鲁推行发展民族工业和进口替代策略，将基础性、战略地位重要的行业由国家经营，通过建立一种公共部门占主导的混合式经济模式，大力推动印度的工业化（洪共福，2009）。印度实行了工业许可证制度，以限制私营企业的投资和经营行为。从1956年开始，印度全面实施上述战略，加大了对基础工业和重工业的投资规模。截至20世纪60年代末，钢铁、机械、化工和石油四个行业的投资占到国营企业总投资的79%。这种公共部门主导的混合经济一直持续到20世纪80年代末。1990年年底，印度的工业增加值占GDP的比重已由1951年的16%上升到1990年的30%。这期间印度建立起了包括采矿、冶金、重型机器设备、机器制造、化工、石油开采和提炼、石油化工、化肥、电力等产业在内的完整工业体系，机器设备自给率达到90%以上，自我装备能力显著增强，常规武器也实现了基本自给。

重工业的发展一定程度上促进了农机具的改造和国防现代化，但过于强调重工业的发展模式，导致了印度经济结构失调，这一时期印度农业和轻工业发展严重滞后、粮荒不断、轻工业品紧缺、外贸发展受挫（周璞芬，2013）。公营部门的行业垄断和广泛推行的许可证制度，带来了行业腐败和生产效率低下等问题。外资流入限制过严也导致印度错过了以跨国公司的产品、零部件和装配线外包为特征的第一次经济全球化浪潮。印度这一时期的工业发展明显放缓，远落后于东亚新兴工业化国家和地区，制造业产品缺乏竞争力。

三、改革时代的工业化（1991—2014年）

1990年，连年举债使得印度面临巨大的还本付息压力，海湾战争导致的油价高企又使得印度经常性账户恶化，印度出现了严重的国际收支危机。因此，印度政府于1991年决定对其经济结构进行大幅度调整，印度进入经济改革时代。印度政府将原有的计划经济、国有经济和内向经济转变成自由化、私有化和开放化的经济体制，同时不再刻意强调工业制造的重要性（王传宝、孙辉，2001）。重新划分了战略性行业，减持国有股，不断缩小只允许国有企业经营的"战略性领域"的范围。同时，政府逐步放松外汇管制、促进出口。在工业政策方面，除15种工业产业外，其他基本不再需要生产许可证；除涉及国防、安全、铁路、原子能、矿产和高污染的6种工业外，全部向私营和外商开放。

尽管印度在这一时期经济增速较快，但工业化进程却出现了停滞甚至倒退。这是因为工业化领域的改革触及了某些群体的利益，且大量项目因土地征收问题而被迫搁置。由于改革推进缓慢，印度转而采取避开工业，走"跳跃式"发展模式，即直接从第一产业主导跨向第三产业主导。这一时期，印度的服务业而非制造业成为经济增长的主引擎，呈现通常是西方发达国家才有的"后工业化"产业结构特征，甚至还出现了"去工业化"现象（黄永春等，2012）。由于印度的经济发展不足以支持内生型的现代服务业发展，且服务业吸纳就业能力有限，导致其全面改革未能从根本上优化印度产业结构，激发经济新动能。

四、"印度制造"阶段（2014年至今）

印度政府意识到过于依赖服务业是必须解决的经济结构性问题，而制造业在吸纳就业和优化收入结构方面优势显著。2014年，印度推出"印度制造"（Make in India）计划，宣布将印度打造成全球制造业中心。"印度制造"以自由化和市场化为指导思想，以扩大对外开放、吸引外资为重点，旨在推动印度制造业增长，完善经济发展模式。印度政府通过鼓励外商直接投资、降低行业准入标准、优化国内营商环境等措施，吸纳印度丰富廉价的劳动力资源，激发印度巨大的市场潜力。在一系列政策的刺激下，长期停滞的印度制造业重又进入发展的快车道。

2019年，印度政府提出"印度制造2.0"计划，将高级化学电池、机电产品、汽车、制药等十大制造业作为重点发展产业。配合计划，印度政府还出台了"生产挂钩激励计划"（PLI），挑选印度具有比较优势的战略部门或重点行业集中打造，为参与PLI的企业提供高额补贴。PLI首期聚焦手机、电子零部件制造业。在政策激励下，2023年印度手机出口额超过110亿美元，印度苹果手机的全球产量占比由 2020 年的 1.3% 升至 2022 年的 4%。尽管印度经济快速增长，但"印度制造"在创造就业机会、优化产业结构方面仍待探索。

第三节　工业地理分布

独立前的印度工业，以孟买、加尔各答和艾哈迈达巴德所在的三个邦为产业中心。独立后的印度工业逐渐由沿海向内陆扩散，形成了五大工业区。印度政府正积极推进工业走廊建设，以加强对指定工业园区的规划和管理，吸引制造业投资（图4-8）。

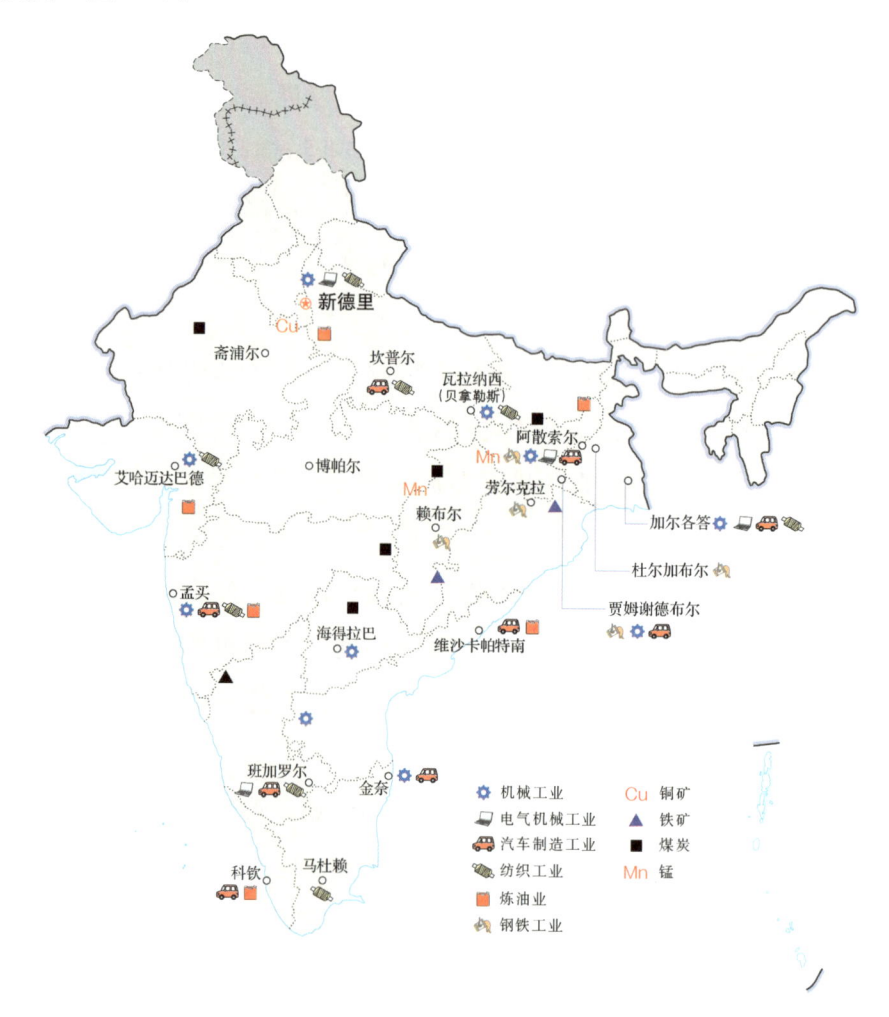

图 4-8　印度工业分布

一、五大工业区

近年，印度工业过分集中的状况已有所改善，但仍然相对集中于少数沿海地区，总体可分为五个比较重要的工业区域。

（一）胡格利河区

本区位于富庶的恒河下游平原中央，以加尔各答为中心，沿胡格利河分布着许多工业和城镇。这个地区是印度乃至世界最大的黄麻和茶叶产区之一，人口密集、水陆交通便捷。加尔各答在17世纪至20世纪初一直是英属印度的政治和经济中心，也是印度国内最重要的港口之一。因此，本区的发展历史可追溯至几个世纪以前，是印度最悠久的工业区之一。近几十年来，由于一系列因素，包括印巴分治、港口淤塞和能源匮乏等，本区的发展进程相对缓慢，其地位逐渐衰退，工业产值不到全国的10%。尽管如此，胡格利河区仍然在印度经济体系中扮演着重要角色。该地区的主要工业部门包括麻纺织和机械工业，同时也集聚了一些造纸、制革和橡胶等产业。

（二）孟买-浦那区

本区位于西海岸中部，是印度最重要的棉花产地。本区早期以棉纺织业为主，现已发展为包含机械、电子、炼油、化工、服装等多部门的综合性工业基地，工业产值居印度各工业区首位。孟买是印度最大的海港和重要的交通枢纽，素有印度"西部门户"之称。本区也是印度纺织业中心，棉纺业发达，闻名于世，纱锭和织机数量占全国三分之一。孟买的毛纺、皮革、化工、制药、机械、食品、电影等产业也占有一定比重，石油化学、化肥和核能发电发展迅速。20世纪70年代以来，在孟买以西100千米处发现了孟买高地等多个油田，采油、炼油工业和石化工业快速发展。浦那被称为"东方牛津"，是著名的工程研发中心，拥有成熟的洗车、耐用消费品、IT和工程中心，且有印度最发达的洗车生态系统。

(三) 艾哈迈达巴德-巴罗达区

本区位于西海岸北部的坎贝湾之北，盛产棉花和油料作物，棉纺织业和油脂工业均居全国之首，水泥、化工、地毯和珠宝手工业均较发达。地处古吉拉特平原产棉区的艾哈迈达巴德是本区最大的工业中心和重要的纺织工业中心。纺织机械、电工器材及传统手工业、珠宝等也闻名中外。

(四) 焦达讷格布尔高原区

本区位于印度半岛东北部，东邻胡格利河区，包括了北侧的达莫德尔河谷地在内，是印度近几十年来成长起来的重工业基地，重型机械、化工和金属产品产量突出。该区位于德干高原东北部的采矿带，拥有全印度33%的煤炭储量，铁、锰、铝土、云母等储量丰富。该区矿藏储量大且毗邻而存，矿冶工业条件优越，有"印度的鲁尔区"之称。煤炭和钢铁产量占全国70%，电力、重型机械、化工等地位也很突出。本区主要工业中心有兰契、博卡罗、贾姆谢德布尔、劳尔克拉等。

(五) 金奈-班加罗尔-哥印拜陀区

本区位于印度半岛南部，是印度国内后来居上的新兴工业区。区内人口稠密，原是重要的农业区和矿产区，仅有棉纺织业等轻工业部门、经济落后。自独立后，政府在本区配置了一系列新兴工业部门，迅速发展为一个后起的三角形工业区。班加罗尔是本区的重工业中心，以机械、电器、化工、飞机、钟表、金属加工等工业为主，还有传统的地毯编织业、棉纺织、丝纺织和现代化制革业。班加罗尔是印度信息科技的中心，被誉为"印度的硅谷"。金奈是印度南部第二大工业城市，也被称为"印度的底特律"，拥有强大的工业基础，是印度汽车工业的主要中心。近年，金奈的软件服务、硬件制造、金融服务、石化、纺织和服装等也蓬勃发展。哥印拜陀是印度南方的一座工业城市，位于泰米尔纳德邦、喀拉拉邦、卡纳塔克邦的三角地带，已发展为机动车部件、铸造和锻造件的采购中心。该市附近盛产棉花，是仅次于艾哈迈达巴德和孟买的第三大棉纺织工业中心，还有印染、水泥、农具、制茶、制糖、制革等工业，是手摇织布机的重要产地。

二、五大工业走廊

落后的基础设施是阻碍印度发展的重要因素。2014年推出的"印度制造"计划首先聚焦基础设施建设。印度计划以五大工业走廊，即德里—孟买工业走廊（Delhi-Mumbai Industrial Corridor，DMIC）、班加罗尔—孟买经济走廊（Bengaluru-Mumbai Economic Corridor，BMEC）、规划中的阿姆利泽—德里—加尔各答工业走廊（Amritsar-Delhi-Kolkata Industrial Corridor，ADKIC）、东海岸工业走廊（Eastern Coastal Economic Corridor，ECEC）与金奈—班加罗尔工业走廊（Chennai-Bengaluru Industrial Corridor，CBIC）为依托，将产业发展和基础设施建设相结合，培育形成一批有竞争力的工业城市、产业园区和产业集群，形成一个环绕印度的工业带和工业网格体系，成为"印度制造"未来发展主阵地。

印度的德里—孟买工业走廊曾是排名第二的"世界十大工程"之一（仅次于国际空间站计划），也是印度有史以来最大的工程。该项目提出于2004年，正式启动于2016年。该走廊从德里首都圈开始，穿越占印度GDP总量超过一半的六个邦（北方邦、哈里亚纳邦、拉贾斯坦邦、中央邦、古吉拉特邦和马哈拉施特拉邦）和一个直辖特区（德里），走廊上还将建设24个工业区、8个智慧城市、5个发电厂、2个国际机场与2个捷运系统，加上此前建成的"黄金四边形"高速公路网和规划建设中的"钻石四边形"高速铁路的西段，该走廊有望成为印度新的制造业中心和新的经济命脉。

参 考 文 献

[1] 陈凤兰、黄梅波："中印两国制造业国际竞争力比较分析"，《亚太经济》，2018年第3期。
[2] 杜德斌：《世界地理》，高等教育出版社，2024年。
[3] 高熙睿："印度制造业崛起的战略选择、政策制定及对中国的安全挑战"，《南亚东南亚研究》，2023年第6期。
[4] 洪共福："印度政府经济发展理念的变化与经济模式的转型"，《南亚研究》，2009年第2期。
[5] 黄永春、郑江淮、杨以文等："'跨工业化'经济增长模式分析——来自印度经济增长模式的启示"，《中国人口·资源与环境》，2012年第11期。

［6］毛克疾："'印度制造'的双重困境——印度工业化的曲折道路",《文化纵横》,2019 年第 3 期。
［7］任佳:《印度工业化进程中产业结构的演变——印度发展模式初探》,商务印书馆,2007 年。
［8］王传宝、孙辉:"20 世纪 90 年代的印度经济改革论析",《改革》,2001 年第 5 期。
［9］文富德:"金融危机后的印度经济发展前景",《南亚研究季刊》,2010 年第 1 期。
［10］殷文韬:"印度煤炭工业发展现状与趋势",《中国煤炭》,2021 年第 10 期。
［11］张立、曾春媛:"印度经济现代化战略的审视与前瞻",《南亚研究季刊》,2020 年第 1 期。
［12］周璞芬:"印度国防工业发展战略探析",《国际研究参考》,2013 年第 10 期。
［13］Baru, S. 2022. *Journey of A Nation: 75 Years of Indian Economy Re-emerge, Reinvest, Re-engage*. Rupa Publications India.
［14］Gautam, S., and Lal, M. 2020. Analysing competitiveness and trade performance: evidence from Indian textile industry and its select competitors. *Transnational Corporations Review*, Vol. 12, Issue 4.
［15］Husain, M. 2020. *Geography of India*. McGraw Hill Education.
［16］Ray, S., and Ray, P. K. 2021. Innovation strategy of latecomer firms under tight appropriability regimes: The Indian pharmaceuticals industry. *Journal of International Management*, Vol. 27, No. 1, 100820.
［17］Thakur, L. S., and Jain, V. K. 2008. Advanced manufacturing techniques and information technology adoption in India: A current perspective and some comparisons. *International Journal of Advanced Manufacturing Technology*, Vol. 36.

第五章　印度服务业地理

作为一个发展中的经济体，印度并未沿袭其他发展中国家的"先制造业后服务业"传统升级路径，而是直接跳过了工业化阶段，实现了经济体系从"农业为主导"向"服务业为主导"的跃升，呈现出"超前"的产业结构和外向型服务业驱动的特征。印度的服务业已成为全球增长最快的产业之一，占其经济总量的50%以上，服务业对印度经济同比的拉动率为5.6%。在第三产业中，信息产业和服务外包业发展尤为迅速。印度是世界软件服务外包的重要枢纽，享有"世界办公室"和"世界服务工厂"的美誉，已成为仅次于美国的世界第二大计算机软件出口国和世界第一大软件外包市场，分别占全球市场的20%和50%。印度培养了大批IT人才，在印度已经形成一批软件科技园区和高新技术产业基地。印度的科技中心——班加罗尔更是被称为"世界软件之都"和"印度硅谷"。

第一节　服务业发展概况

印度的服务外包业发展迅速，信息技术外包和商务流程外包齐头并进，已成为世界上最大的综合服务外包国。服务外包业极大推动了印度从以农业经济为基础的国家向以知识经济为主导的国家转变。印度服务业的迅速发展得益于技术进步、本国政策支持、人才与教育优势等。

一、服务业主导印度经济

服务业在印度经济中占主导地位，也是其经济的主要驱动力。印度服务业产值占GDP的一半，吸纳就业人口占全部劳动力的三分之一；且始终保持较高的增速，不仅常年保持贸易顺差，且贸易顺差额几乎相当于印度商品贸易额的一半，是推动印度经济增长的重要引擎。

大约从20世纪70年代末开始，印度的服务业增加值占比就已超过农业，在国民经济中占据主导地位（图5-1）。特别在20世纪90年代的市场化改革后，经济自由化激发了以计算机、软件服务和信息技术为代表的第三产业的增长潜力，服务业进入高速增长阶段。服务业占GDP的比重则由1990—1991年的39.91%大幅跃升至2022—2023年的52%。

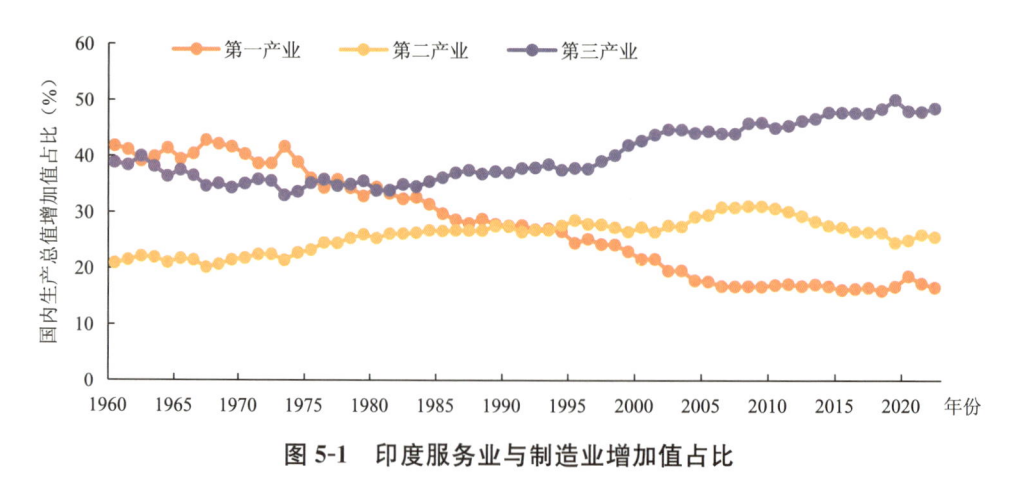

图5-1 印度服务业与制造业增加值占比

资料来源：世界银行，https://www.worldbank.org/。

服务业不仅占据GDP的比重高，而且一直保持较高的增速，是印度经济的主要驱动力（图5-1）。2023年二季度，印度GDP同比增长7.82%，其中服务业拉动达到5.4%。在新冠疫情暴发前（2018—2019年），印度服务业增长率达到7.5%，其中公共行政、国防和其他服务增长了8.6%，金融、房地产及专业服务业增长了7.4%，贸易、酒店、运输、仓储、通信及与广播相关服务业增长了6.9%，而农业和工业分别只增长了2.9%和6.9%；在新冠疫情后的恢复期（2021—2022年），印度服务业增长率达到了8.2%，其中贸易、酒店、运输、仓储、通信及与广播相关服务业增长高达11.9%，公共行政、国防和其他服务增长了10.7%，金融、房地产及专业服务增长了4.0%，而农业和工业分别增长了3.9%和4.4%[①]。

服务业在就业市场中的占比仅为30%，但它在总增加值（Gross Value Added，GVA）中的占比高达55%，也是印度外商直接投资流入最多的行业。在2000—2021年，服务业累计接受投资842.5亿美元（IBEF[②]，2021）。印度服务业出口占世界服务业出口的比重自1996年后快速提升（图5-2），由1991年的0.53%跃升至2021年的4.29%。

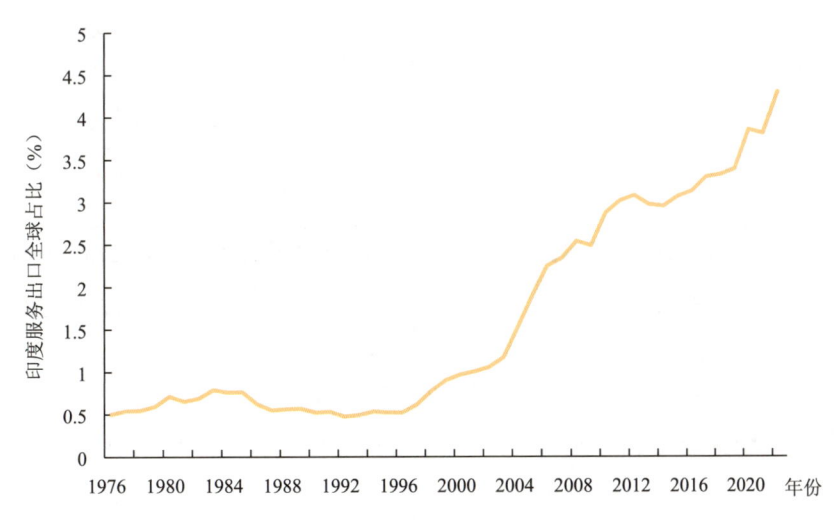

图5-2　1976—2020年印度服务业出口占全球总出口的占比

资料来源：世界银行，https://www.worldbank.org/。

印度的服务贸易在2004年就已经转为顺差（图5-3）。2023年，印度服务贸易额为5 092.45亿美元，服务贸易出口3 345.67亿美元，进口1 746.78亿美元，服务贸易顺差额为1 598.89亿美元。服务贸易差额的持续扩大（图5-3），主要得益于服务外包产业的强烈推动，特别是计算机软件开发约占到服务出口的一半（表5-1）。

---

① 资料来源：印度经济概览（Economic Survey of India），https://www.indiabudget.gov.in/economicsurvey。
② 印度品牌资产基金会（India Brand Equity Foundation，IBEF），https://www.ibef.org/industry/services。

(a）印度服务与商品贸易差额

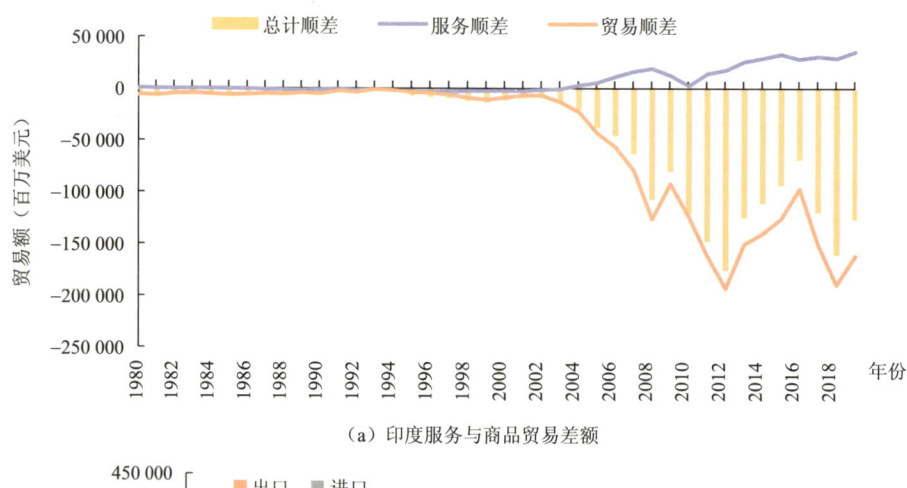

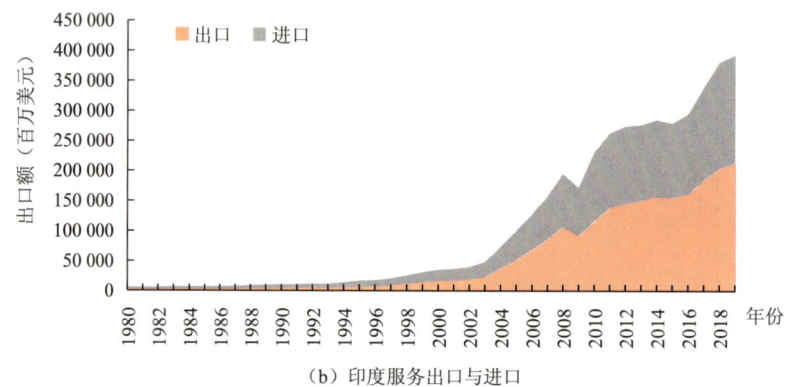

(b）印度服务出口与进口

图 5-3　印度进出口贸易情况

资料来源：联合国贸易数据库（UN Comtrade），https://comtradeplus.un.org/。

表 5-1　印度服务业进口与出口情况

贸易类型	分支行业	价值（十亿美元）				占比（%）	
		2019—2020年	2020—2021年	2020—2021年（4—9月）	2021—2022年（4—9月）	2010—2011年	2020—2021年
出口	软件服务	93.1	100.0	47.4	57.6	42.6	48.5
	商业服务	45.7	49.2	22.9	26.8	19.3	23.9
	运输	21.0	21.9	10.2	14.3	11.4	10.6
	旅游	30.0	8.5	4.0	3.7	12.7	4.1
	金融服务	4.7	4.3	2.0	2.5	5.2	2.1
	通信	2.7	2.8	1.4	1.6	1.3	1.4

续表

贸易类型	分支行业	价值（亿美元）				占比（%）	
		2019—2020年	2020—2021年	2020—2021年（4—9月）	2021—2022年（4—9月）	2010—2011年	2020—2021年
	保险	2.4	2.4	1.2	1.6	1.6	1.2
	其他	0.7	0.6	0.3	0.4	0.4	0.3
进口	软件服务	8.5	10.3	4.6	5.7	2.7	8.7
	商业服务	46.9	49.5	23.9	24.1	34.4	42.1
	运输	24.3	19.8	9.0	14.8	17.2	16.8
	旅游	22.0	11.5	5.5	6.8	13.7	9.8
	金融服务	2.9	4.8	2.2	2.6	9.3	4.1
	通信	1.3	1.4	0.7	0.6	1.4	1.2
	保险	1.7	2.1	0.9	1.0	1.7	1.8
	其他	1.1	1.0	0.5	0.4	1.0	0.9
合计	服务业总出口额	213.2	206.1	96.8	117.6	100.0	100.0
	服务业总进口额	128.3	117.5	54.9	66.2	100.0	100.0
	服务业贸易差额	84.9	88.6	41.8	51.4	100.0	100.0

资料来源：印度储备银行（Reserve Bank of India），https://www.rbi.org.in/；印度财政部（Ministry of Finance of India），https://www.indiabudget.gov.in/。

二、从软件外包迭代升级

印度软件和服务外包业起步于20世纪70年代中期的软件开发，主要采取员工海外派驻、现场交付服务的模式，服务内容主要是系统维护和编程。20世纪80年代，拉吉夫·甘地执政时提出"用信息化把印度带入21世纪"的口号，政府开始重视发展软件产业，并较好地抓住了20世纪80年代中后期美国软件企业寻找外包的市场机遇。20世纪80年代中期，得克萨斯仪器公司在印度建立研究中心，通用电气公司将部分研发和业务流程服务外包给印度公司，开启了离岸服务外包的先河（黄亮、邱枫，2016）。

1990年，为了解决印度面临的国际账户收支危机，印度政府开始慎重选择在国际分工中具有比较优势、且能促进出口的产业。由于工业尤其是制造业对基础设施的依赖程度较高，而印度独立后的交通基础设施基本继承自英国殖民时期的建设成果，交通基础薄弱、基础运力不足。此外，印度能源短缺严重，煤炭和油气能源供应不足，电力严重短缺，这些都限制了印度制造业的发展，迫使印度转向对基础设施、能源和原材料依赖程度不高且能耗较低的服务业。

印度发展服务业主要基于以下三方面优势：一是自由化的政策环境。20世纪90年代，印度经济改革以自由化、市场化、私有化和全球化为导向，政府重视给经济整体松绑，通过构建自由市场经济机制来推动经济增长，在政策、经济体制和法律方面出台了一系列有助于服务业发展的措施和政策。例如1991年，印度政府将金融、保险、电信等行业向私人投资者和外资开放，激起了人们的投资热情，从而使这些产业很快成为服务业中高增长的部门（Bhagwati and Panagariya, 2012）。二是发达的高等教育和充足的人才储备。印度奉行"精英教育"和"精英治国"的理念，大力发展高等教育。拥有出色的大学教育体系，每年可培养210万科学、技术和工程专业背景且善于英文沟通的毕业生，这些精英不仅精通计算机，而且对于艺术、哲学等都有所了解。印度长期的殖民历史，也使得精英群体在跟欧美企业沟通和联系时更容易互相理解和达成共识。大批通晓英语的国际化科技和管理人才，为印度发展知识密集型的高新技术服务业提供了人才保障（徐建伟等，2010）。三是法律法规的完善。印度于1994年彻底修订了版权法，使该法成为世界上最严格但也最接近国际惯例的版权法之一。此外，科技的进步，内部市场的需求和相关产业的支持等，共同促进了印度服务业的发展。

20世纪90年代中后期爆发的"千年虫"电脑病毒危机，客观促进了印度服务外包产业的规模化发展，印度软件产业海外业务迅速拓展，但仍以编程开发和系统维护等低附加值工作为主。进入21世纪以来，印度服务外包产业加速转型升级，创新和价值增值能力不断提高。印度也通过海外并购、向海外布设全球交付中心等方式积极融入全球服务业的生产贸易体系。

第二节 服务业基本结构

服务业是印度的支柱产业,涉及多个部门,如贸易、酒店和餐厅,交通、仓储和通信,融资、保险、房地产和商业服务等。印度服务业以现代服务业为发展核心,主要包括金融服务和IT服务等,就业则主要集中于传统服务业,如批发和零售贸易、运输储存、教育、公共行政和国防等。

一、以现代服务业为主

20世纪50—70年代,印度服务业平均增长率均较低,增长率最高的行业为银行业(7.2%),其次为保险业(7.1%),随后为通信(含邮政、电信)业(6.7%)、其他方式交通运输业(6.3%)及公共管理、国防(6.1%)。印度服务业在20世纪80年代后开始快速发展,服务业内部各部门增长速度并不均衡(表5-2)。在印度全面实行改革前,印度服务业平均增长率最快的为商业服务(含IT、流程外包等)(13.5%)、银行业(11.9%)、保险业(10.9%)、法律服务(8.6%)及房地产(7.7%)。20世纪90年代,印度实行全面经济改革后,印度服务业平均增长率最高的为商业服务(含IT、流程外包等)(19.8%)、通信(含邮政、电信)业(13.6%)、银行业(12.7%)、酒店和餐厅(9.3%)及社区服务(8.4%)(表5-2)。可见,在不同时期,商业服务、银行业和保险业都是印度非常重要的服务产业,也都是知识、技术和资本密集型的服务业。印度服务业中的金融、保险和电信等行业在改革前由国有企业主导,1991年开始,政府将这些领域向私人投资者和外资开放,得以迅速发展。

根据2004—2015年印度服务业经济活动净增值占比,印度服务业产业结构较稳定(图5-4)。2004—2010年贸易业和房地产、住宅所有权与业务服务两个部门保持净增值占比前两名,合计占现代服务业总净增值的近一半。贸易业在2010年后净增值占比由30%左右下降到21%,而房地产、住宅所有权与专业服务则由18%上升至27%。通信业的净增值占比也由3.8%飞速提升至10%。2006年以后，印度房地产业不断升温且利润快速上涨，在2010年的《福布斯》印度百人榜中，多数新入选者都来自房地产行业。

表5-2 印度服务部门中的平均增长率及其GDP占比 （%）

部门	所从事的主要活动	20世纪50—70年代平均增长率（占1980年的比重）	20世纪80年代平均增长率（占1990年的比重）	20世纪90年代平均增长率（占2000年的比重）
贸易、酒店和餐厅	贸易（流通服务）	4.8 (11.7)	5.9 (11.9)	7.3 (13.7)
	酒店和餐厅	4.8 (0.7)	6.5 (0.7)	9.3 (1.0)
交通、仓储和通信	铁路	4.2 (1.5)	4.5 (1.4)	3.6 (1.1)
	其他方式交通运输	6.3 (3.6)	6.3 (3.8)	6.9 (4.3)
	仓储	5.5 (0.1)	2.7 (0.1)	2 (0.1)
	通信（含邮政、电信）	6.7 (1.0)	6.1 (1.0)	13.6 (2.0)
融资、保险、房地产和商业服务	银行业	7.2 (1.9)	11.9 (3.4)	12.7 (6.3)
	保险	7.1 (0.5)	10.9 (0.8)	6.7 (0.7)
	房地产	2.6 (4.0)	7.7 (4.8)	5.0 (4.5)
	商业服务（含IT、流程外包等）	4.2 (0.2)	13.5 (0.3)	19.8 (1.1)
	法律服务	2.6 (0.0)	8.6 (0.0)	5.8 (0.0)
社区、社会和个人服务	公共管理、国防	6.1 (5.3)	7.0 (6.0)	6.0 (6.1)
	个人服务	1.7 (1.6)	2.4 (1.1)	5.0 (1.1)
	社区服务	4.8 (4.0)	6.5 (4.3)	8.4 (5.5)
	其他服务	3.4 (1.1)	5.3 (1.0)	7.1 (0.7)

资料来源：印度中央统计办公室（Central Statistical Office，CSO），https://www.mospi.gov.in/。

从服务业各部门收入和规模来看，印度主要的服务业部门有IT-BPM（Business Processing Management，业务流程管理）部门、交通运输业和旅游业等（表5-3，表5-4）。印度IT-BPM部门的收入持续增加，以服务出口为主。印度电信业增长速度也非常快，主要因为互联网用户快速增加。自2015年印度提出"数字印度"倡议后，政府积极引入多种数字服务，进而推动了互联网基

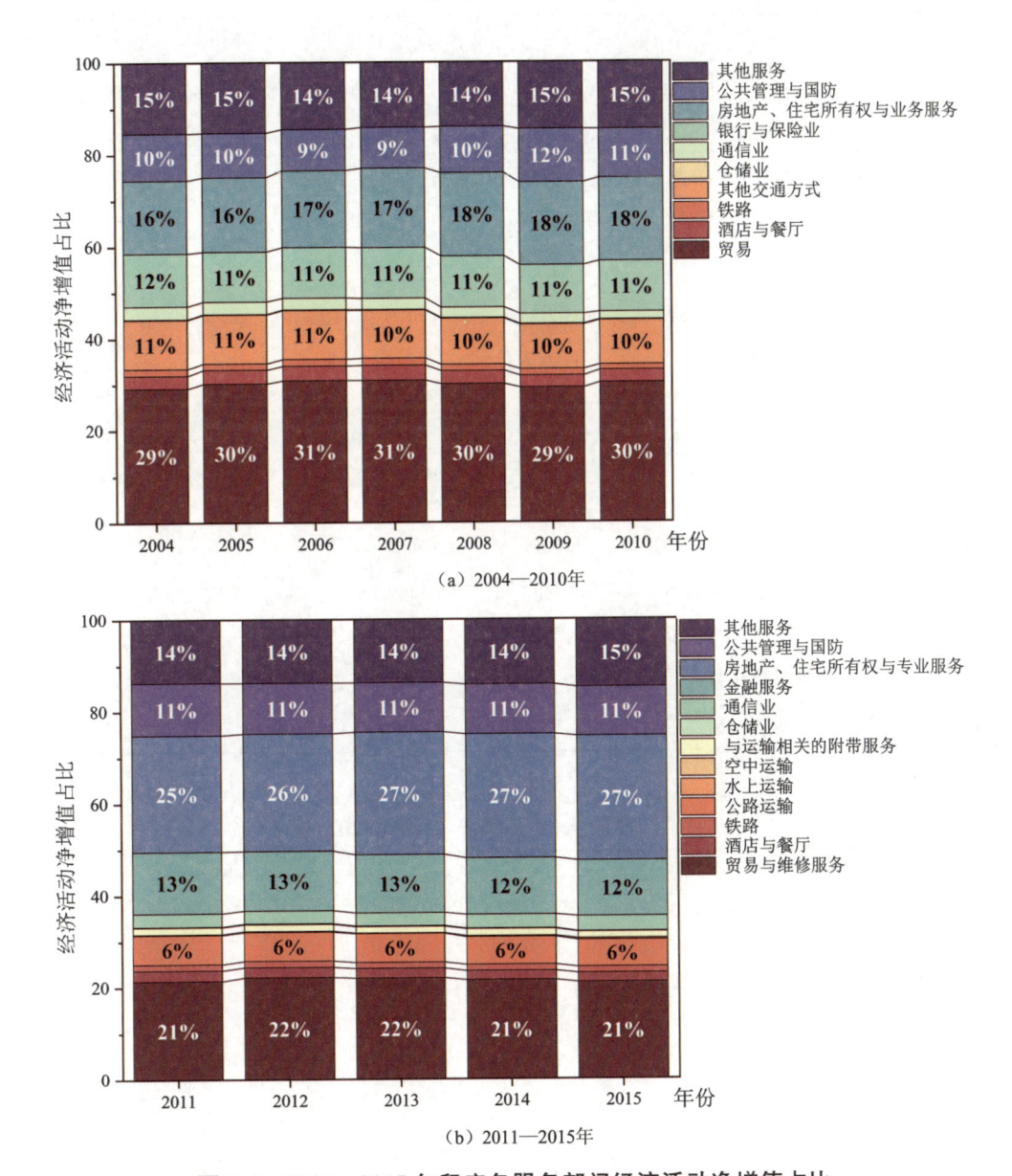

图 5-4　2004—2015 年印度各服务部门经济活动净增值占比

资料来源：印度国家统计年鉴（*Statistical Year Book*），https://mospi.gov.in/。

础设施的建设，促使印度成为仅次于中国的世界第二大互联网市场和世界人均使用移动数据最高的国家。

表 5-3 印度服务部门概况（2009—2016 年）

子部门	指标	单位	2009—2010	2013—2014	2014—2015	2015—2016	2016—2017
IT/软件服务业（IT-BPM，不包括电子商务和硬件）	IT/软件服务业收入	十亿美元	64	106	119	143	154
	出口	十亿美元	50	87	98	108	117
	国内	十亿美元	14	19	21	35	38
航空	航空公司乘客	百万人	77.4	103.8	115.8	135.0	158.4
	国内	百万人	45.3	60.7	70.1	85.2	103.7
	国际	百万人	32.1	43.1	45.7	49.8	54.7
电信	电信连接（固定线路和无线）	百万	621.3	933.0	996.1	1 058.9	1 194.6
旅游业	外国游客数量	百万	5.2	7.0	7.7	8.0	8.8
	旅游外汇收入	十亿美元	11.1	18.4	20.2	21.1	22.9
航运	航运总吨位	百万吨	9.7	10.5	10.5	10.5	12.0
	船只数量	艘	998	1 209	1 210	1 251	1 338
港口	港口交通	百万吨	850.0	972.5	1 052.5	1 072.5	1 135.6

表 5-4 印度服务部门概况（2017—2021 年）

子部门	指标	单位	2017—2018	2018—2019	2019—2020	2020—2021	2021—2022
IT/软件服务业（IT-BPM，不包括电子商务和硬件）	IT/软件服务业收入	十亿美元	151.4	161.8	174.3	177.9	194
	出口	十亿美元	125.1	135.5	146.6	149.1	—
	国内	十亿美元	26.3	26.3	28	28.9	—
航空	航空公司乘客	百万人	—	344.7	340.9	115.7	106.5
	国内	百万人	—	275.2	274.4	105.6	95.6
	国际	百万人	—	69.4	66.5	10.1	10.9
电信	无线电话订阅	百万	1 183.4	1 161.8	1 157.8	1 181	1 180.8
	无线互联网订阅	百万	472.7	582.8	720.8	799.3	810.14
旅游业	外国游客数量	百万	10.0	10.6	10.9	2.74	
	旅游外汇收入	十亿美元	27.3	28.6	30.1	6.96	

续表

子部门	指标	单位	2017—2018	2018—2019	2019—2020	2020—2021	2021—2022
航运	航运总吨位	百万吨	12.6	12.8	12.7	13	12.96
	船只数量	艘	1 382	1 405	1 431	1 463	1 488
港口	港口交通	百万吨	1 208.6	1 277.3	1 317.7	1 246.1	857.3
	货物吞吐能力（主要港口）	百万吨	1 451.2	1 514.1	1 514.9	1 510.6	

资料来源：https://www.indiabudget.gov.in/.

二、产业高度集聚

印度服务业发展程度的邦际分异显著（表5-5）。印度有12个邦的服务业占邦总增加值（Gross State Value Added，GSVA）的比重高于50%。服务业在GSVA占比中排名前三的邦或直辖区为昌迪加尔（74%）、德里（68.58%）、安达曼-尼科巴群岛（64.82%）、梅加拉亚邦（59.62%）。昌迪加尔是旁遮普邦、哈里亚纳邦和喜马偕尔邦的地理中心点，它拥有高质量的社会基础设施和城市服务水平，国际机场四通八达。德里的IT、电信、金融、媒体、旅游和餐饮业都十分发达，其服务业占比已达到发达国家标准。2014—2022年，随着对数字连接的大量投资，安达曼-尼科巴群岛游客数据增加了一倍。梅加拉亚邦与孟加拉国接壤，有10个边境贸易口岸，教育基础设施完善。绝大多数邦的服务业在GSVA中的占比保持相对稳定或略有提升，表明服务业在各邦经济中的重要性进一步增强。

服务业GSVA占比较低的邦有锡金邦（24.25%）、古吉拉特邦（25.73%）和北阿肯德邦（28.58%）。锡金邦农业发达，服务业发展受到抑制。随着2018年9月锡金邦首座机场帕永机场正式投入运行，世界第三高峰干城章嘉峰吸引了来自世界各地的大量游客，促进了该邦旅游业的快速发展，服务业在其总增加值中的份额从2018—2019年的18%增加到2020—2021年的24%以上。

作为印度经济的重要中心，拥有孟买和班加罗尔等大型城市，马哈拉施特拉邦和卡纳塔克邦的服务业总增加值长期位居前两名，2020—2021年服务业总增加值分别为15.1万亿卢比和9.71万亿卢比。有13个邦的服务业受到新冠疫情的影响，服务业GSVA占比下降。拉贾斯坦邦、恰尔肯德邦和旁遮普邦下降最多，而锡金邦上涨最多（高达11.71%）。

表5-5　2018—2021年印度各邦服务业GSVA占比及年同比增长率

行政区	服务业在GSVA中的占比（%）			服务业在GSVA中的年同比增长率（%）		
	2018—2019	2019—2020	2020—2021	2018—2019	2019—2020	2020—2020
安得拉邦	42.25	41.86	41.64	8.24	6.20	−6.71
阿萨姆邦	39.20	42.37	—	−1.64	8.08	—
比哈尔邦	54.78	56.20	57.14	13.94	7.30	−0.11
切蒂斯格尔邦	30.02	30.64	31.18	8.32	7.71	0.75
果阿邦	26.54	28.69	—	2.15	6.43	—
古吉拉特邦	25.18	25.73	—	11.03	8.01	—
哈里亚纳邦	40.74	41.98	42.83	7.36	9.02	−5.67
喜马偕尔邦	30.68	32.62	35.45	5.68	7.75	0.50
恰尔肯德邦	34.50	37.28	36.19	9.51	8.23	−9.99
卡纳塔克邦	52.83	54.83	56.08	8.72	6.73	−3.05
喀拉拉邦	52.24	53.29	—	7.78	4.09	—
中央邦	33.30	32.94	31.14	9.96	8.70	−8.94
马哈拉施特拉邦	45.19	47.10	—	7.24	8.29	—
曼尼普尔邦	60.31	59.77	—	6.62	5.53	—
梅加拉亚邦	56.55	58.33	59.62	10.89	8.19	−8.67
米佐拉姆邦	49.61	50.82	—	6.63	16.49	—
那加兰邦	57.56	57.45	—	8.59	7.92	—
奥里萨邦	30.27	32.70	34.37	2.24	8.43	−1.01
旁遮普邦	40.43	42.34	41.83	6.95	5.60	−9.40
拉贾斯坦邦	43.43	44.01	43.07	11.18	4.43	−10.95
锡金邦	18.20	21.82	24.25	11.54	20.92	11.71
泰米尔纳德邦	40.80	41.21	41.81	5.65	5.40	1.11
特伦甘纳邦	53.89	54.90	54.53	7.91	5.69	−3.94

续表

行政区	服务业在 GSVA 中的占比（%）			服务业在 GSVA 中的年同比增长率（%）		
	2018—2019	2019—2020	2020—2021	2018—2019	2019—2020	2020—2020
特里普拉邦	45.45	45.87	47.95	8.98	13.78	1.78
北阿肯德邦	27.99	28.58	—	6.41	6.03	—
北方邦	40.77	42.32	42.35	7.64	7.72	−8.50
西孟加拉邦	46.15	47.81	49.77	5.87	7.74	0.59
安达曼-尼科巴群岛	64.09	64.82	64.82	5.05	5.66	—
昌迪加尔	73.47	74.00	—	2.66	5.50	—
本地治里	33.91	34.57	—	6.68	7.95	—
德里国家首都区	67.84	68.22	68.58	6.20	7.30	−5.48

资料来源：印度经济概览（Economic Survey of India），https://www.indiabudget.gov.in/economicsurvey/。

不同服务业部门的从业人员空间集聚性明显。批发贸易从业人员主要集中在北方邦、马哈拉施特拉邦、德里和古吉拉特邦等地区（图 5-5）。古吉拉特邦以其工业和商业活动而闻名。孟买、德里、金奈和加尔各答等商业中心和港口城市，拥有众多大型现代化仓储设施以满足商品流通和分销的需求，是仓储业的主要集聚地。

旅游热点地区的住宿和餐饮业往往更发达，如孟买、德里和班加罗尔等。印度的金融与保险业、房地产业受经济发展水平影响较大，银行、证券公司和金融机构大多分布在印度沿海经济发达的地区。印度的科学技术活动主要集中在大城市和科技创新中心，孟买、班加罗尔、海得拉巴等城市拥有大量的软件开发、信息技术、研发中心等科技企业。这些地区吸引了大量的高科技人才和创新项目，成为印度科技产业的核心地带。同时，这些城市也是各类专业服务公司的集聚地，包括法律、会计、咨询等领域。

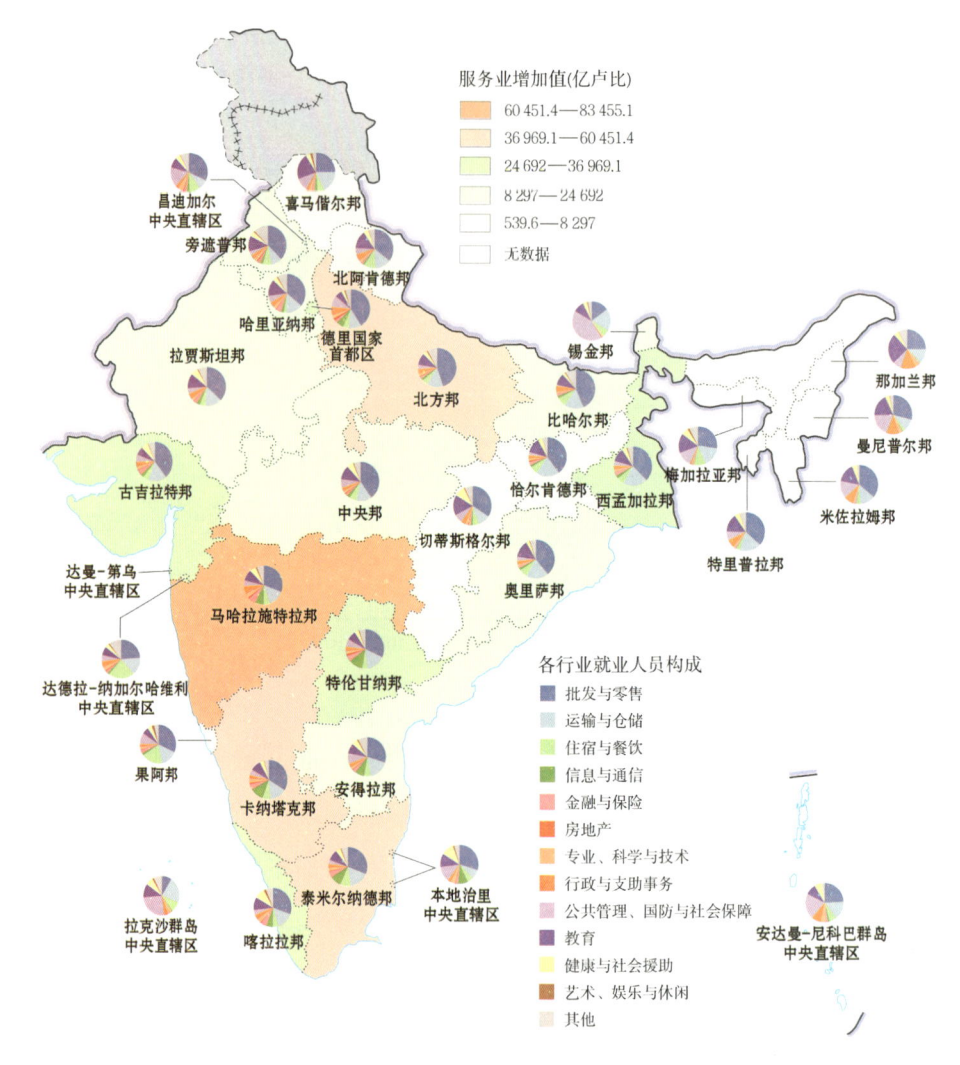

图 5-5 印度服务业增加值及就业人员构成

第三节 印度电影业

印度传媒业中的电影业全球瞩目。印度是世界电影年产量第一的大国,年观影人次位居世界第一。印度境内的民族构成复杂、语言多元、文化多样,为满足民众不同精神需求,印度电影选用多种语言,以各地区方言为特色制作地方电影。2019年印度电影业有55个语种的产品,这种多语种电影生态分别以孟买、金奈、海得拉巴、加尔各答等城市为中心,形成五大影视基地和电影产业集群。印度电影业的崛起,既带来了巨大的经济价值,也起到了文化输出的积极作用。

一、世界电影王国

印度被誉为世界"电影王国",电影产量雄居世界第一。印度电影业发展历史悠久,自1896年诞生起,已成长为全球观众规模最大的电影市场,每年为国家创收500亿卢比以上,为社会提供几百万个工作岗位,是印度国民经济的支柱之一。印度故事片在1913年诞生后的二十年,产量便达两千部,在20世纪70年代便已位居世界前列。近年来,在好莱坞席卷全球的背景下,印度电影业仍能保持一千多部的年均产量。2019年,印度电影业的产量达到2 524部,较2013年增长711部,是排名第二的美国(814部)的三倍多。印度电影业总产值超35亿美元,以本土市场为主,海外市场约占票房收入的三分之一。印度是较好地将文化和语言独特性融入电影业发展的国家,本土电影在本土票房市场中一直占有约90%的市场份额,海外市场主要为受印度文化影响较深的东南亚国家,以及印度移民群集较多的西亚、北非、北美等地区和英国等国家。

印度电影产量长期居世界第一位,是影片数长期排名第二的中国的两倍多(表5-6)。新冠疫情对印度电影业带来了巨大的冲击(表5-7),观影人数大幅降低,仅为疫情前的四分之一。但也因疫情影响,印度电影业不断尝试新的传媒技术,从流媒体销售中重获生机。从市场规模来看,印度观影人数长期占据世界前三位。这与印度庞大的人口基数、轻松幽默的电影风格和低廉的票房价格有关。电影是印度全民娱乐的首选,其题材多为神话故事,并穿插有大量歌舞,适合家庭观看。

表 5-6　2017—2021 年全球故事片制作数排名前十的国家　（单位：部）

排名	市场	2017 年	2018 年	2019 年	2020 年	2021 年
1	印度	1 813	2 446	2 524	1 238	1 818
2	美国	812	808	814	443	943
3	中国	970	1 082	1 037	650	740
4	日本	594	613	689	506	490
5	韩国	594	613	689	506	490
6	法国	300	300	301	237	340
7	意大利	235	273	325	252	313
8	西班牙	241	266	263	215	263
9	英国	381	350	349	237	209
10	俄罗斯	157	139	177	110	186
	全球总量	8 629	9 579	9 926	5 886	7 865
	全球增长率	−0.5%	11.0%	3.6%	−40.7%	33.6%
	前十名增长率	−1.6%	13.0%	4.0%	−38.7%	31.8%
	前十名（不包括中国）增长率	1.4%	1.4%	7.3%	−30.5%	29.1%

资料来源：欧洲视听观测站（European Audiovisual Observatory）。

表 5-7　2017—2021 全球观影人次排名前十的国家　（单位：百万人）

排名	市场	2017 年	2018 年	2019 年	2020 年	2021 年
1	中国	1 620	1 720	1 727	548	1 167
2	美国	1 240	1 304	1 242	237	475
3	印度	1 660	1 560	1 460	387	418
4	俄罗斯	212	200	219	89	146
5	日本	174	169	195	106	115
6	墨西哥	338	320	342	55	110
7	法国	209	201	213	65	95

续表

排名	市场	2017年	2018年	2019年	2020年	2021年
8	英国	171	177	176	44	74
9	韩国	220	216	227	60	61
10	巴西	181	163	178	39	51
	全球总量	7 499	7 517	7 475	2 024	3 181
	全球增长率	−0.8%	0.2%	−0.6%	−72.9%	57.2%
	前十名增长率	0.1%	0.1%	−0.9%	−72.7%	66.3%
	前十名（不包括中国）增长率	−5.3%	−2.1%	−1.4%	−74.6%	42.7%

资料来源：欧洲视听观测站。

印度电影票房收入在全球排名前十，稍落后于电影出产量和市场规模（表5-8）的排名，这很大程度是因为印度电影的平民票价。印度电影的影片收入与影片成本、档期无关，全国电影票价一直较低。印度电影院一般分为A、B和C三级，分别代表城市、市镇和乡村，票价依次递减。A类大城市的电影票价约为12—16元人民币，C类电影院票价极低。2016年，印度平均电影票价为47卢比，约为4.7元人民币。稳定而亲民的票价有利于形成稳定的观影市场，"薄利多销"也成为印度电影业的鲜明特色。

表5-8　2017—2021年全球票房收入排名前十的国家（单位：十亿美元）

排名	市场	2017年	2018年	2019年	2020年	2021年
1	中国	8.27	9.24	9.30	2.96	7.33
2	美国	11.12	11.88	11.38	2.22	4.54
3	日本	2.04	2.02	2.40	1.34	1.48
4	法国	1.56	1.58	1.62	0.49	0.80
5	英国	1.65	1.71	1.60	0.39	0.75
6	俄罗斯	0.91	0.81	0.86	0.32	0.55
7	印度	1.48	1.57	1.69	0.32	0.53
8	韩国	1.55	1.65	1.64	0.43	0.51

续表

排名	市场	2017年	2018年	2019年	2020年	2021年
9	澳大利亚	0.92	0.93	0.85	0.28	0.45
10	德国	1.19	1.06	1.15	0.36	0.44
	全球总量	40.9	41.8	42.39	11.8	21.3
	全球增长率	4.1%	2.2%	1.4%	−72.2%	80.6%
	前十名增长率	6.3%	5.7%	0.1%	−71.9%	90.4%
	前十名（不包括中国）增长率	0.6%	3.5%	−0.1%	−73.4%	62.9%

资料来源：欧洲视听观测站。

印度电影业的崛起至少有四方面原因：一是政策和法规的支持。印度成立了一系列的电影管理和服务机构，如电影处、电影协会，创办了电影教育机构，且很早便制定了印度《电影法》（1918年）。印度是世界上电影节最多的国家，每年举办各类国际电影节10余次，国内电影节更多。二是金融资本的注入。1999年，电影业成为印度政府官方认可的产业，从而可以合法获得银行贷款。随着印度电影业的发展壮大，它也获得了民间资本的青睐。三是独特的电影风格和突出的文化特色。一些留学归印艺术家将新奇的创作手法和理念框架融入印度电影的本国特色中，以热烈欢快的歌舞、跌宕起伏的情节、夸张新奇的创意和深刻的思想内核为特色，得到了全球市场的广泛认同。四是印度电影的本土化策略。印度庞大的人口规模为电影业的发展提供了市场本底，为满足不同区域民众的观影需求，印度电影制作商根据拍片语言进行了市场划分。印度民众一直喜欢电影，平民的票价使得广大民众可以成为电影院的常客。印度还积极拓展印裔移民国际电影市场，已取得不俗的成绩。

二、与国家命运同频的电影发展道路

印度是一个多民族、多种族、多语言、多宗教的复杂"拼盘"。历史上多次的外族入侵和近两百年的殖民统治，使得印度同时受到西方文明的强制输入和各民族文化融合的双重挑战。作为印度文化的载体，印度电影借助多样的文化符号（如宗教、语言、服饰、仪式等）和丰富的传统叙事，构建出想象中的

"民族共同体",实现了多元民族文化的传播。

印度电影与世界电影共同成长。全世界第一部电影诞生于欧洲,仅仅一年后,法国代理商就将移动电影放映机带到了印度的港口城市孟买。1912年,印度拍摄了第一部故事片。次年,印度电影之父顿高文德·巴尔吉(Dhundiraj Govind Phalke)又拍摄了另一部故事片。印度分别于1931年和1936年摄制了第一部有声电影和第一部彩色电影,电影业由此进入快速发展期。此后,印度电影先后经历了20世纪50年代的黄金时代、70年代的新电影运动、全球化发展阶段,最终成长为世界电影王国。

印度电影业的发展与国家命运紧密相连。正是在反殖民、后殖民与全球化的发展过程中,印度电影逐渐萌芽、发展到繁荣(表5-9)。电影业见证了印度近现代化的发展历程,并逐渐诞生出独特的文化风格。在民族大起义及随后的"司瓦德什运动"中,印度电影成为反抗殖民统治的有力武器,传播着反对民族压迫和争取民族独立的思想,逐渐形成了鲜明的本土风格并积累起稳定的国内市场。与此同时,在宗主国的推动下,印度电影也在英联邦国家中传播。印度独立初期,"全印度电影"和地方语种电影表达了印度民族共同体和地区民族主义的融合与多样。一方面电影成为印度想象的文化共同体,另一方面也成为不同民族、不同语种的地方化表达。全球化时代,印度电影积极向全世界传播其民族文化,掀起全球电影热潮,体现了全球化与本土化的相互交融。

表5-9 印度电影发展路程中的民族特征

时期	宏观背景	主要表现	时代特点	发展特征
殖民时期	民族大起义与"司瓦德什运动"	审查与反审查	反对民族压迫	国内市场、稳定的本土风格
共和国初期	国家独立与共和国建立	"全印度电影"与地方语种电影	建设"民族共同体"	规模庞大、歌舞与民族风格
全球化时代	后殖民、后冷战与全球化	宝莱坞的全球化与本土化	印度国族主义、经济文化塑造	全球热潮、宝莱坞文化传播

（一）殖民时期：反殖民与印度电影的萌芽

印度电影诞生于殖民时期，记录着英国殖民和印度人民反殖民的斗争历史，反映了印度民族主义的萌芽。印度电影成为大英帝国电影的关键部分，获得了在其他地区放映的资格，目的在于抗衡外国电影对殖民地的占据（阿希什，2019）。在印度独立运动和反殖民时期，印度电影之父巴尔吉把电影的民族主义优势转变成广泛关注的电影内容，数百万未受教育的印度观众走入电影院，这对殖民政府是个巨大的威胁。由此带来的电影的审查和反审查之争也从侧面反映出大英帝国殖民与印度反殖民的斗争，印度电影无法迎合殖民议程，也恰恰说明大英帝国内部危机重重的现实。

英国殖民为印度的统一提供了外部力量，但反对民族压迫、追求民族独立一直是印度在英殖民时期的社会主旋律。印度经济的不断发展和英国帝国霸权的逐渐衰退，为印度的统一和独立奠定了基础。19 世纪后期，印度 GDP 占世界 GDP 总额的 12.2%，被称为"英王皇冠上的明珠"。1857 年，印度爆发了轰轰烈烈的民族大起义，这次大起义抛开宗教隔阂与民族偏见，席卷了印度六分之一的领土和十分之一的人口，后来又爆发了试图脱离英国和改善印度经济状况的"司瓦德什运动"，并逐渐发展为要求独立的"司瓦拉吉运动"（林承节，2014）。在此时期，印度电影常被偏执的审查者视为潜在的"司瓦拉吉"。大英帝国的"心不在焉"与民族主义的兴起使得印度电影在地方深受欢迎，但在殖民政府眼中，印度电影仍是俗不可耐和污秽不堪。虽然经历了拉合尔的《莫卧儿史诗》和《孟买之音》的失败，但印度电影在反复探索中，逐渐形成了稳定的本地市场和固定的本土风格（阿希什，2019）。

（二）共和国初期："全印度电影"与地区民族主义

1947 年印度共和国成立后，印度电影的风格逐渐确立，即体现浓郁民族风情和地区文化特色。经过八年发展，1955 年印度年产电影数跃升世界第二，创造了发展中国家电影业的发展奇迹。尽管电影产出量喜人，但此时印度的文化面临另一个问题：殖民历史带来的对自身文化的轻视和对现代性与权威性的崇拜。此时期的印度电影开始成为"印度性"的想象载体和建设民族共同体的有力武器（付筱茵等，2015）。

20世纪50年代是印度电影的黄金时代。这一时期，印度涌现出一批像《流浪者》《两亩地》等深刻揭露社会现实且艺术性较强的电影作品，标志着印度电影摆脱殖民主义的影响，踏上现实主义的新历程。《流浪者》是印度现实主义题材电影的新起点，此后一批反映印度社会现实问题的杰作出炉，逐渐形成与商业电影相抗衡的印度"新电影"流派或"平行电影"。"新电影"流派通过对物质现实的复原，以现实主义为底色展开本土叙事，从而揭露和批判社会现实，成为印度电影的典型风格之一。1952年，印度举办了第一届国际电影节。这一时期，为克服地区和语言的界限，印度电影进行了在情节中融入歌舞等多种尝试，出现了多种电影流派，如拉合尔流派、马德拉斯流派、孟加拉流派等。由于印度观众对西方和日韩流行音乐的认可度较低，几乎所有印度电影中的歌曲都采用印地语、孟加拉语等民族语言，印度电影中的歌舞要素也成为其区别于其他民族电影的典型标识。

1956年，南印度各邦基于语言界线重组行政区划，使地区大语种与官方语言相匹配。印度境内主要的民族有斯坦族、泰卢固族、孟加拉族、马拉地族等，印度电影也多采用这些民族的语言拍摄，各邦电影风格多样且地区民族特色鲜明。各邦积极推进地区民族主义的新电影并都取得了不同程度的成功。如喀拉拉邦通过基础设施建设和电影业补贴等方式，推动玛拉雅拉姆语电影的制作和推广。

20世纪80年代初，由于电视开始普及，印度电影业发展面临重重困难。尽管生产规模和产量依然很大，但其国际影响力却急剧下降，观众人数减少，电影票房低迷，仅不到5%的电影能盈利。

（三）全球化时代：宝莱坞（Bollywood）的崛起

印度著名的电影基地——宝莱坞坐落于孟买，建于1977年。宝莱坞将好莱坞产业模式与印度文化、民族歌舞相融合，主要生产商业娱乐歌舞片，语言为印地语。宝莱坞是印度电影工业出口海外的主打品牌，有"印度名片"之称，其产量占印度电影产量的60%—70%。

1995年，宝莱坞电影《勇夺芳心》在印度上映后，被环球公司以150万美元的价格购得海外发行权,在美国和一些欧洲国家同步上映,标志着宝莱坞电影全球化的开始,为宝莱坞开拓了新的市场盈利渠道。宝莱坞电影在影片风格上多采用从爱情伦理、复仇荣誉、矛盾冲突到大团圆的情节剧叙事模式,建构出电影的"白日梦"原理,基于大众审美的叙事模式使印度电影在全球范围拥有大批稳定的忠实观众。宝莱坞以稳定团队制作高成本的商业化电影为主,普通团队制作低成本的小众电影为辅,部分低成本影片在全球获得优异票房和极高声誉。

20 世纪末,宝莱坞在国际上掀起前所未有的印度电影观影热潮。从在南非上映的《怦然心动》,到在以色列上映的《我心狂野》,再到在美国上映的《节奏》,这些电影的票房成绩均在上映国当年排名前十。在日本还出现了"拉吉尼坎特"热,因为影片宣传的人生哲学契合了日本观众的精神需求(鲍玉珩等,2008)。宝莱坞不仅是电影产业,更是一个涵盖了从电影生产到消费多个环节的庞大文化产业综合体。宝莱坞的崛起也被认为是"以经济塑造文化"的经典。宝莱坞影片中的节日庆典、宗教仪式、虔诚朝拜等无不揭示了印度的文化审美和宗教信仰,而这正是印度文化的内核。因此,宝莱坞是印度在特定背景下文化发展战略的产物,宝莱坞电影帮助印度实现了后殖民、后冷战时期文化产品的输出,加速了软实力的打造、全球金融资本与文化创意产业的融合(阿希什,2019)。

21 世纪初的印度"新概念"电影挑战了以宝莱坞主流电影为代表的传统模式,摒弃大段歌舞,代之以故事情节和对社会话题的表现,是一种糅合了印地语和英语的现代性表达形式。如《季风婚宴》充分吸纳了印度现实主义特点和好莱坞的叙事风格,为观众呈现了印度等全球发展中国家和地区在全球化适应和民族文化特质保持中的一系列问题(鲍玉珩等,2008)。

三、五大电影产业集群

印度拥有 22 种不同的官方语言和数百种方言,有多个特征鲜明的电影制作中心。目前,印度已形成孟买、金奈、海得拉巴、加尔各答等多个电影工业中心和五大电影业产业集群:宝莱坞(Bollywood)、托莱坞(Tollywood)、考莱坞（Kollywood）、莫莱坞（Mollywood）和桑达坞（Sandalwood）。其中，以印地语为主的宝莱坞电影主要流行于印度北部，而以邦官方语言为主的其他四个邦均位于印度南部，其所产出的电影统称为南印度电影。

印度南北电影差异比较显著，北印度的宝莱坞电影多为载歌载舞的剧情片和爱情片，制作精良、以娱乐为主；南印度电影多警匪动作片，设计夸张、色彩绚烂、场面新奇。近年来，印度电影产业重心呈现出逐渐南移的趋势。此外，跨国影视巨头的离岸外包（offshore out-sourcing）导致了影视制作产业的垂直分离和电影生产的水平片断化，形成了电影业全球产业链，主要表现为影视后期制作环节向低成本地区和国家转移。据估计，当前已有约70%的全球媒体和娱乐业将后期制作外包到印度。

（一）宝莱坞电影产业集群

宝莱坞是印度孟买工业基地的别名，也被称作"印地语电影"工厂。其名称是孟买旧称（Bombay）的首字母"B"与好莱坞"Hollywood"的结合，寓意印度电影对外来产品的本土化改造。宝莱坞每年出产近千部电影，在印度享有最高的市场占有率。宝莱坞电影工业的产业结构较为分散，大多数为家族企业为中心的非正式融资发行体制下形成的产业集群，体现为由制度、组织、社会、文化等各种关系构成的复杂、多重社会关系网络（Lorenzen and Täube，2008）。宝莱坞在行销和融资上是整合的，但在制作方面却是分离的。它既有与小型制作企业合作，采用联盟的方式获得创意和管理的优势，同时也具有与市场营销和资金一体化的大型企业合作的能力。美国好莱坞和印度宝莱坞的合作日益密切。宝莱坞电影的制作成本和市场收益都远低于好莱坞（De Propris and Hypponen，2008），而好莱坞也借助于与宝莱坞的密切合作，实现了降低成本和市场扩张的目的。

（二）托来坞电影产业集群

托莱坞的正式名称为泰卢固语电影基地，以特伦甘纳邦的首府海得拉巴为产业中心，主产泰卢固语电影。与宝莱坞一样，托莱坞的名称也是取泰卢固（Telugu）的首字母"T"和好莱坞"Hollywood"结合而成。托莱坞是印度最大的电影制作中心之一，也是南印度电影业的中心之一。印度南部相对比较富有，加之电影使用当地的语言泰卢固语拍摄，因而深受当地民众的欢迎。托莱坞以海得拉巴市的拉莫吉电影城（Ramoji Film City）为主要影视基地，该影城也是世界上最大的电影城之一，占地2 000英亩，每年约有200个电影团队来此进行拍摄，以大成本、高预算的商业电影为主。托莱坞以动作大片而闻名，2022年，托莱坞出厂了286部电影，居南部电影之首。

（三）考莱坞电影产业集群

考莱坞的正式名称是泰米尔语电影基地，以出厂泰米尔语电影为主，产业中心为泰米尔纳德邦的首府金奈，电影主要产自该市的柯丹巴卡姆（Kodambakkam）。考莱坞的名称也是取柯丹巴卡姆（Kodambakkam）的首字母"K"和好莱坞"Hollywood"的结合。考莱坞与宝莱坞同期诞生，每年电影产出也与宝莱坞不相上下。2011—2016年，金奈多厅影院和单屏影院的年平均入场人数为1 100万人次。考莱坞电影以独特的叙事性著称，代表作品如《巴霍巴利王》《卡巴利》等。2022年考莱坞出厂了221部电影。

（四）莫莱坞电影产业集群

莫莱坞的正式名称是马拉雅拉姆语电影基地，以马拉雅拉姆语电影为主，其名称是马拉雅拉姆（Malayalam）的首字母"M"和好莱坞"Hollywood"的结合。莫来坞电影产业集群位于喀拉拉邦，以现实主义和社会意识而闻名。其电影特色一是选题关注真实自然的现实主义题材，二是立足于本土田园文化，关注本土生活的现实问题，并在电影中宣扬乐观积极的态度（焦玲玲、郭丹，2022），以《德里希亚姆》《班加罗尔之日》等电影为代表。莫莱坞2022年出厂了165部电影。

（五）桑达坞电影产业集群

桑达坞的正式名称为卡纳达语电影基地，以班加罗尔为产业中心。桑达坞目前名气较小，但发展势头十分强劲。2022年出厂了100部电影。卡纳达语系电影虽然规模小，但是目前发展最蓬勃的电影基地。

第四节 IT/软件服务业

印度被称为"世界第二 IT 大国"和"世界办公室"。印度的软件和信息服务业规模国际领先，达到了发达国家的先进水平，支持了印度的主要国际竞争优势。印度 IT/软件服务业以信息技术（IT）服务和业务流程管理（Business Processing Management，BPM）为主，其次为软件产品和工程服务（Engineering Research and Development，ER&D）和软件。印度的软件出口和服务外包发展迅速，已形成班加罗尔、金奈、海得拉巴、孟买、浦那和德里等一批著名的软件服务业基地。印度全球著名的软件服务外包企业有塔塔 IT 服务和咨询公司（Tata Consultancy Services）、威普罗公司（Wipro Technologies）和印孚瑟斯公司（Infosys Technologies）等，其境内的医疗保健业、数字经济和软件服务业也正蓬勃发展。

一、全球 IT/软件服务外包基地

印度是全球最大的软件业务流程管理基地，是承接软件离岸服务外包业务规模最大的国家。据印度通信部数据显示，印度当前软件业价值占全球软件业总价值的比重超过三分之一。印度的 IT/软件服务业主要包括信息技术（IT）服务、业务流程管理、软件产品与工程服务和软件（表5-10）。2022 财年，印度 IT/软件业务出口收入 1 940 亿美元。其中，IT 服务业出口额最大，占比超过 50%。业务流程管理和软件产品与工程服务出口相当，占比均超过五分之一。软件产品出口 73 亿美元，占比不到 4%，但其规模达到一半以上。IT 和 BPM 部门为印度提供了 450 万个直接就业岗位。印度软件收入增长的动力来自数字版权收入和新市场的扩张。印度还通过并购增强软件产业实力。2017 财年，印度数字产业并购占并购总额的三分之一以上。

表 5-10　印度 IT/软件服务业细分部门的份额

	2016—2017年	2017—2018年	2018—2019年	2019—2020年	2020—2021年*
IT 服务	9.3%	9.1%	8.5%	8.2%	8.3%
业务流程管理	19.1%	19.8%	20.6%	21.1%	20.8%
软件产品与工程服务	19.5%	19.5%	19.7%	19.8%	19.8%
软件	52.0%	51.6%	51.2%	50.9%	51.1%

注：不包括硬件和电子商务。

资料来源：印度国家软件业和服务公司协会（National Association of Software Service Companies，NASSCOM），https://nasscom.in/。

1991年以来，印度的经济政策发生了历史性转向，向经济全球化接轨。在国内需求不足的情况下，印度采取出口导向、拉动需求的战略，与发达国家形成合理市场分工，推动自身的跨越式发展。为了优化信息产业的资源配置，一些发达国家将低技术含量、低端生产加工部分或一些生产经营环节外包、转移到发展中国家，形成信息产业在全球范围内的专业化分工和协作。在这次产业大转移中，印度和中国都成为主要的产业承接地。中国利用独特的劳动力优势和改革开放后积累的生产制造经验，接收了信息化产业中的生产制造部分，成为了举世闻名的"世界工厂"；而印度因英语普及度高、政府高度重视和软件人才层出不穷等特色优势，成为"世界办公室"——世界软件服务外包产业的主要承接地。

外在环境和内生禀赋驱动着印度 IT/软件服务业的快速发展。自20世纪90年代起，印度的软件产业发展速度便远超世界平均水平。据印度软件和服务厂商协会（NASSCOM）统计，20世纪90年代，印度软件产业规模以每年46.6%—66.5%的速度增长，而同期全球软件业的平均增长速度仅为15%。印度 IT/软件服务业的年产值从90年代初期的2 000万美元跃升到2000年的56.5亿美元。进入21世纪后，尤其是在2008年金融危机之后，面对很多全球企业为了降低成本寻求外包服务的机遇窗口，印度的 IT/软件服务业迎来了进一步扩张，一举成为印度国民经济中举足轻重的经济部门。近年来，印度在其软件产业积累到一定规模后，开始推动软件企业的海外直接投资。这不仅营造了印度作为拥有高技能专业人员和年轻企业家的国家形象，而且提供了大量就业岗位。印度排名前15位的软件及相关服务外包企业都已实施了海外投资战略，并将投资地选择为欧美、日本、新加坡等发达国家和地区。

IT/软件服务业也是印度外汇的重要来源。著名的塔塔IT服务和咨询公司在2022财年中的总收入有95%为海外收入。2000—2016年，印度IT/软件服务业生产总值和出口总额持续增长，特别是出口软件的增幅和增速均位列第一（图5-6）。其次为电信行业和手机生产。印度是世界上最大的智能手机市场之一，近九年间生产的手机累计已达20亿台，年产量已达3亿台。印度是增长最快的互联网和智能手机市场，也是世界上仅次于中国的第二大电信市场。

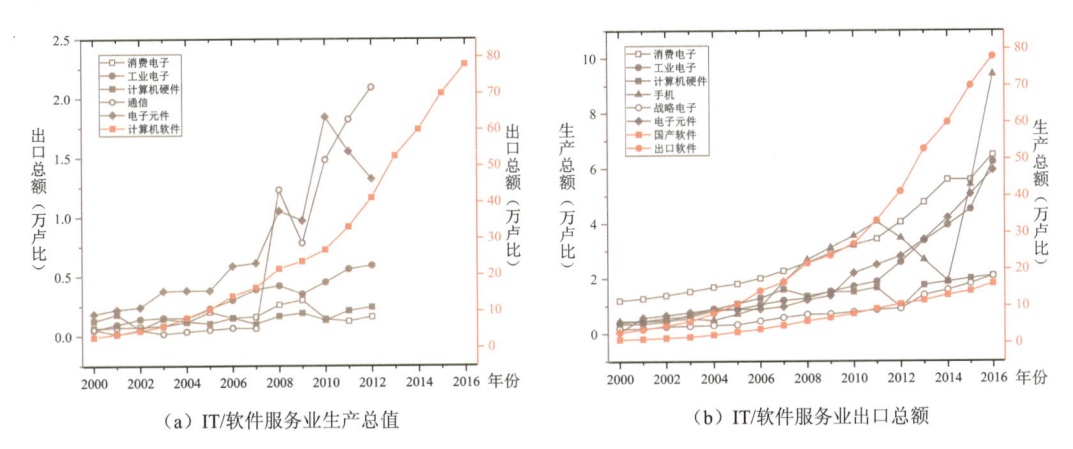

图 5-6　2000—2016 年印度 IT/软件服务业生产总值及出口总额

资料来源：印度统计和计划执行部（Ministry of Statistics and Programme Implementation），https://mospi.gov.in/。

二、从"小麦"到"软件"的产业升级

早在20世纪50年代中期，印度就引进了第一台计算机，地方企业起初只限于满足政府的小规模软件服务需求，软件产品的出口受到严格限制。1972年，印度政府出台《软件出口计划》并设立电子产业部，标志着印度软件产业的诞生。但当时印度宏观政策注重实现社会公平而忽视经济增长，并采用严格的进口替代策略。因此，在拉吉夫·甘地政府之前，印度虽重视科技发展，但更多要求"自主创新"。政府严格限制技术引进和外资进口，导致大量投资集中在低技术含量的行业领域。私营企业被禁止涉足软件领域，印度政府对硬件和软件进口征收高额关税并限制外国公司在印度经营，导致软件行业陷入停滞，直至进口关税下调才得到恢复（拉斐奇，2009）。由于外资限制，印度的软件产

品主要面对国内市场，当时的软件企业主要分布在孟买、新德里和加尔各答（秦键、王承云，2010）。

印度软件业的发展以拉吉夫·甘地执政时期为明显的分水岭。拉吉夫政府强调以先进科学技术带动经济跃进式发展，并优先发展最具潜力的产业和部门。面对印度地处全球贸易边缘的状态，拉吉夫政府放宽进出口的限制，逐步引进外资和先进技术，推动公营企业改革并放宽私营企业经营限制。拉吉夫执政期间，印度政府科研投入不断提高，政府采购占国内计算机销售的60%左右。在鼓励出口的政策引导下，印度国内计算机公司大量涌现（林承节，2014）。

当西方的软件销售业已发展成熟时，其同时面临软件工程师缺乏的困境。印度具备过硬英语和计算机能力的工科毕业生充足且工资较低，因此自然形成了印度通过程序员外派的专业代工形式，向西方国家提供劳动力的人才流动形式。通过将程序员派往国外学习，印度也得以不断提升其软件服务水平。

20世纪60—70年代，西方跨国公司为缩减开支，开始进入印度等发展中国家开设分公司。20世纪80—90年代，美国、西欧等发达国家面临经济紧缩和成本上涨的压力，开始将非核心业务剥离到海外。外国企业占据印度软件产业的份额不断提升，本土企业也开始在商业模式、技术及研发创新等方面模仿国外企业，并不断提升其实力（李艳芳，2014）。1991年，印度政府实施以经济自由化为特征的新经济政策，销售商也开始承接项目，从专业代工转型为项目管理，随着Unix操作系统被引入印度，系统成本迅速降低，软件公司渐渐从外派程序员转变为出口程序，软件产业开始向本土转移。由于政策支持和全球软件业发展，印度政府在班加罗尔建立印度软件科技园和硬件科技园，吸引了大量跨国企业入驻，软件企业在孟买、班加罗尔、新德里等地数量剧增，各大ICT产业巨头汇聚班加罗尔。

印度地处东四区，与硅谷恰好是半天的时差，形成FTS的合作模式（Follow-The-Sun，即追随太阳模式），两国之间的离岸合作形成完美的互补，可提供全天候的完整服务（拉斐奇，2009）。相关数据模型由美国团队完成编码工作，然后传送到印度团队于美国夜间完成测试或数据处理，第二天处理过的数据重新发回美国继续下一步工作。另外，作为英联邦国家之一，印度是除美国之外世界上最大的英语人口国家，英语至今仍为印度官方语言，印度在接触英语资料、推动知识流动和客户交流等方面具备语言优势，这也是英美企业青睐印度的主要原因之一。此外，印度凭借廉价又高质量的劳动力成本在全球保持着相对优势。

西方经济持续低迷也推动印度人才陆续回国。以往的人才流失变成积极的人才回流，海归印度人熟悉美国的管理方式和责任意识，意味着印度开始拥有经验丰富且具有国际水准的管理人员。跨国公司也非常注重海归印度人，他们在联系跨国公司总部和印度分公司方面起到重要作用，使得新兴企业不会因为缺乏国际视野的人才而逡巡。此外，政府通过公办学校、民办或私营机构、企业培养和海外留学等多种途径培养人才，形成从软件工人、工程师和软件架构分析师等组成的不同等级和阶段的金字塔人才系统。

总之，印度软件行业先后经历软件代工、在岸服务和离岸外包的发展过程，不断向价值链上游推进，提供系统集成、IT 咨询服务、方案执行和运营代管等，逐渐成为全球软件外包的最大供应国（拉斐奇，2009）。这一从"小麦"到"软件"的路径创造既是一种偶然，来源于具备理工科背景的年轻总理拉吉夫的大胆改革，同时也是印度在融入全球计算机革命潮流中自我定位与突破的一种重要选择。

三、"金三角"软件产业集群

印度政府于 1991 年启动软件技术园（Software Technology Parks of India，STPI）计划，这是一个以计算机软件的开发和出口为导向的计划。通过提供优惠的政策和良好的设施及服务，吸引私人资本和外资进入园区。目前，软件技术园计划已扩展到全印度，下设 11 个辖区局和 65 个软件技术园中心，其中 57 个中心位于二、三线城市。它们在促进地区发展和提供就业中发挥了重要作用。STPI 的出口额从 1992—1993 财年的 52 亿卢比增长到 2022—2023 财年的 8 483.98 亿卢比，约占全国软件出口额的 50%、印度国内生产总值的 2.3%。STPI 计划引导软件公司在政府所提供的易于交流且地租低廉的地点建立业务（表 5-11）。

表 5-11　各邦软件技术园中心

行政区划	软件技术园中心	行政区划	软件技术园中心
安得拉邦	卡基纳达	曼尼普尔邦	因帕尔
	提鲁帕蒂	梅加拉亚邦	西隆
	维杰亚瓦达		贝拉姆布尔
	维萨卡帕特南	奥里萨邦	布巴内斯瓦尔
阿萨姆邦	古瓦哈提		劳尔凯拉
比哈尔邦	巴特那	本地治里邦	本地治里
切蒂斯格尔邦	比莱	旁遮普邦	莫哈里
古吉拉特邦	甘地讷格尔	拉贾斯坦邦	斋普尔
	苏拉特		焦特布尔
哈里亚纳邦	古尔冈	锡金邦	岗托克
喜马偕尔邦	西姆拉		金奈
恰尔肯德邦	兰契		哥印拜陀
	迪奥加尔	泰米尔纳德邦	马杜赖
	班加罗尔		蒂鲁内尔维利
	胡布利		海得拉巴
	芒格洛尔	特伦甘纳邦	瓦朗加尔
卡纳塔克邦	马尼帕尔		阿拉哈巴德
	迈索尔		坎普尔
	达万格雷	北方邦	勒克瑙
喀拉拉邦	特里凡得琅		诺伊达
	瓜廖尔		密拉特
中央邦	博帕尔	北阿肯德邦	德拉敦
	印多尔		杜尔加普尔
	奥兰加巴德		哈尔迪亚
	科尔哈普尔	西孟加拉邦	卡拉格普尔
	那格浦尔		加尔各答
马哈拉斯特拉邦	纳西克		西里古里
	孟买	特里普拉邦	阿加尔塔拉
	浦那	果阿邦	果阿
		那加兰邦	科希马

资料来源：印度电子和信息技术部（Ministry of Electronics & Information Technology），https://stpi.in/index.php/en/about-stpi#stpiCenters。

印度IT/软件服务业技术园区（India Software Technology Park，STPI）数量不断增加（图5-7），呈现显著的地理集聚特征，以班加罗尔、金奈和海得拉巴构成"金三角"地带（秦键，2010）。印度南部的"金三角"地区是印度最早接触西方文化且受西方文化影响最深的地区，当地社会精英主要信奉基督教，受种族观念影响小；印度南部以泰米尔语为主，宗教和语言的邻近性也有助于增强彼此的交流与互信。泰米尔人开放意识浓厚、重视教育且敢于冒险，大量海归人员拥有雄厚的资金和丰富的经验，构成沟通欧美市场的主力。班加罗尔、金奈和海得拉巴适宜的气候和优美的自然风光也增强了这些城市的居住吸引力，其中班加罗尔因地理环境优越、语言优势和与美国时差等优势，成为许多国际著名IT公司的首选（Rao and Balasubrahmanya，2017）。在全球71家达到"计算机软件成熟度模型CE-CMM"五级标准的企业中，有近一半落户班加罗尔。班加罗尔还有仅次于美国硅谷的世界上最丰富的编程人才，市内有印度科学研究所、印度理工大学等70多所工程学院（杜德斌等，2009）。

图 5-7　印度软件技术园注册情况

资料来源：印度软件技术园区年度报告，https://stpi.in/index.php/en/about-stpi#stpiCenters。

第五节　科技创新

印度在全球服务业舞台的逐渐崛起，科技创新在其中起到关键作用。多年来，创新一直是印度政府经济政策的中心。自 2011 年以来，印度每年都被评为中亚和南亚地区最具创新性的国家。印度拥有世界顶级科技集群，班加罗尔、孟买和德里均跻身全球百强集群之列；印度的科技优势主要集中于生物制药、材料、化学、药理学与病毒学、农业科学和材料学等领域，在信息和通信技术（信通技术）服务出口、科学和工程专业的毕业生、高校质量和科学出版物质量等创新指标方面始终位居世界前列。

一、快速发展的创新型国家

印度已成功建立起一个庞大的科学、技术和创新（Science, Technology and Innovation, STI）生态系统。在财政支持方面，印度政府 2020 年总预算支出为 3 300 亿英镑，其中 13% 用于科研，包括量子和基因图谱的重大研究支持计划，以及与人工智能、3D 打印、无人机、农业技术和 DNA 存储等有关的"新印度经济"愿景计划；在科技人才方面，印度培养了约 29% 的全球 STEM 学科本科毕业生。出国留学的学生人数由 2001 年的 5.9 万人（占全球留学生总人数的 3.61%）增长到 2015 年的 27.2 万人（占全球留学生总人数的 6.16%），成为仅次于中国（占全球留学生总人数的 18.42%）的全球第二大留学生来源国。印度海外留学人才主要流向美国、英国等欧美发达国家（侯纯光等，2020）。

印度科研产出的数量和质量不断提升。近年来，印度在专利、外观设计、商标及地理标志等方面提交的知识产权保护申请数量持续增长。2022—2023 年度，印度申请的各类知识产权总量为 601 789 件，较上一年度的增幅达到 5.94%。印度科研论文产出丰硕，根据 Elsevier 的数据，2020 年印度的科研出版物数量和发表 SCI 论文数量分别在全球排名第四和第九。在科技合作方面，印度已成为区域科技合作的中心。

印度在科技创新的全球竞争力方面还有很大的提升空间。全球国家创新水平的权威评估报告——《欧洲创新记分牌》，综合考虑了创新资源和创新产出两方面，将美国、日本、澳大利亚和中国评为"创新强势国家"（处于欧盟创新绩效平均水平的 95%—125%），印度、俄罗斯和南非为"一般创新国家"（低于欧盟创新绩效平均水平的 50%）。在世界产权组织公布的 2023 年《全球创新指数》(GII) 排名中,印度在全球创新指数(GII)中的排名已由2015年的第81位上升至2023年的第40位。

(一) 科研投入

得益于中央及各邦政府持续而强有力的政策支持和充足的资金投入[①],印度已经建立起一个包括大学、公营和私营企业及人才资源等各方面,综合而系统的科学、技术与创新生态系统。

1. 人员投入

印度拥有世界第二大高等教育体系(Jamkar and Johnstone,2021)。印度高等院校数量和入学人数规模持续而稳定地提升(图5-8),为科技创新提供了源源不断的生力军。印度高等教育机构数量保持较快的增长,大学经过近60年的发展,印度的高等教育由精英模式转向大众模式,2021年毛入学率达到28.4%。随着印度高等教育的大众化发展,私立大学和学院开始出现且快速增长。印度高等教育的大众化主要是通过无援助的私立机构扩散来推进的。据全印度高等教育调查(All India Survey of Higher Education)[②] 2021—2022年,印度共有1 168所大学或大学同等机构(universities/university level institutions)、

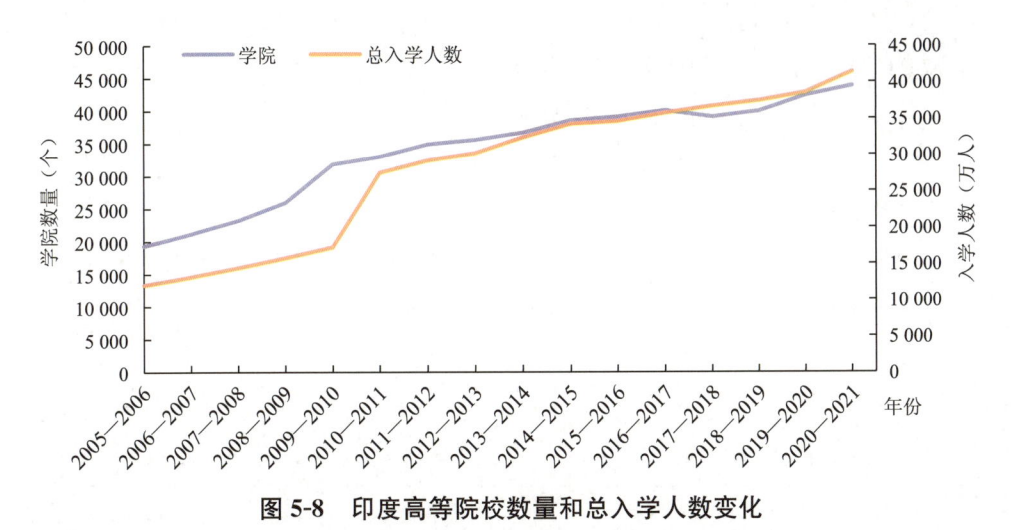

图5-8 印度高等院校数量和总入学人数变化

资料来源:教育预算开支报告(Budgeted Expenditure on Education Report),https://dsel.education.gov.in/statistics。

---

① 可参见:印度开放政府数据平台(Open Government Data Platform India),https://www.data.gov.in。
② https://aishe.gov.in/。

45 473 所学院（college）和 12 002 所独立机构（stand alone institutions）。与 2014—2015 年（341）相比，新增了 827 所大学或大学同等机构。印度高等教育在学总人数达到了 4 330 万，教师人数为 159.8 万。高等教育的毛入学率从 2014—2015 年的 23.7% 提高至 2021—2022 年的 28.4%。

在 2019—2020 财年，印度 4.3% 的 GDP 被投入教育及其他部门，总额高达 124.7 亿美元（约合 901.16 亿元人民币）。大量的经费投入也有助于扩大从业人员的规模。其中，政府与高等教育机构是科研人员的主体，该群体占全部科研人员的 61.6%。在机构部门中，以高等教育机构的从业人员最多，其科研人员规模是政府机构科研人员的 1.6 倍。政府机构中，又以主要科学机构的科研人员占比最高，达到整个政府机构的近七成。印度私有部门科研人员是工业部门的主体，占工业部门科研人员的 74.5%，占全部科研人员的 28.6%（表 5-12）。

表 5-12　印度各部门从业人员规模（单位：人）

部门类型	部门组成	部门名称	科研人员	辅助人员	行政人员	总人数
机构部门	政府机构	主要科学机构	57 137	36 126	29 685	122 948
		中央政府部门/部门	10 157	7 577	8 851	26 585
		州政府/联邦直辖区	18 211	8 968	21 829	49 008
		政府机构小计	85 505	52 671	60 365	198 541
	高等教育机构		137 526	—	—	137 526
	机构部门合计		223 031	52 671	60 365	336 067
工业部门	公有部门及合资部门		7 568	1 152	658	9 378
	私有部门		103 445	20 111	10 558	134 114
	科学与工业研究组织（SIRO）		27 880	21 192	26 080	75 152
	工业部门合计		138 893	42 455	37 296	218 644
总计			361 924	95 126	97 661	554 711

资料来源：2019—2020 年印度科学技术部研发统计、WIPO，http://www.nstmis-dst.org/。

若考虑到印度庞大的人口规模和人口年龄构成，印度科研人员占比并不高。在 2020 年由美国布鲁金斯学会撰写的《振兴印度高等教育》[①] 报告中指出，印度每百万人口中科研人员数量仅为 216.2 人，而美国为 4 300 人，韩国为 7 100 人。印度科研人员占总人口的比重仅只有美国的约 5%、韩国的约 3%。

2. 科研经费投入

印度科研经费投入持续增加（图 5-9），从 1995 年的 10 亿多美元增长到 2018 年的 173 亿多美元，年均增长率达到 13%。2003 年，印度政府呼吁将科研投入占 GDP 的比重提升至 2%。随后，印度的总体科研投入出现了较快的增长。但其占 GDP 的比重一直保持在 0.7% 左右。这一数值显著低于其他金砖国家（巴西约为 1.2%，俄罗斯约为 1.1%，中国略高于 2%，南非约为 0.8%），也低于世界平均水平（1.8%），更落后于美国（2.9%）、瑞典（3.2%）和瑞士（3.4%）等发达国家。这部分归因于印度正着力解决诸如饥饿、疾病控制和贫困等更为紧迫的现实问题。

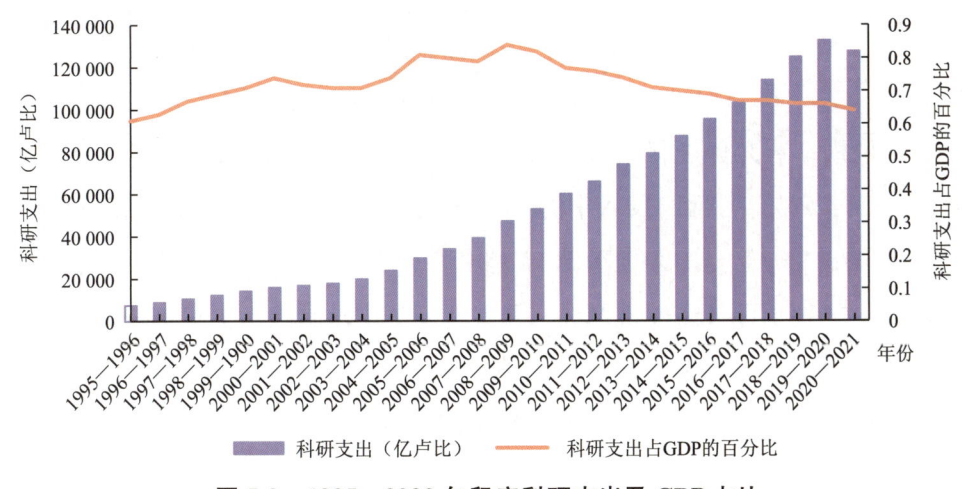

图 5-9　1995—2020 年印度科研支出及 GDP 占比

资料来源：国家科技管理信息系统（National Science & Technology Management Information System），http://www.nstmis-dst.org/。

从科研经费投入的来源看（图 5-10），政府投入占比最高，而企业科研经费投入不断增加，且在科研投入中的比重不断提升，从 2004 年的 30% 增长到

---

① https://www.brookings.edu/articles/reviving-higher-education-in-india/.

2018 年的 41%，表明政府逐渐放松了研发管制。尽管如此，印度的公共部门仍然主导着国家的科研投入。发达国家科技创新的实践表明，尽管政府的科研投入在一定程度上是高效的，但当经济规模达到一定程度时，科研应转向由私营部门驱动（Acharya and Pathak，2019）以进一步提升其创新活力。私营部门的低参与度使得印度整体科研投入不足。

图 5-10　2004—2020 年印度科研经费投入

资料来源：国家科技管理信息系统（National Science & Technology Management Information System），http://www.nstmis-dst.org/。

中央政府一直是印度科研投入的主要来源，其次为邦政府和科学与工业研究组织（表 5-13）。各部门投入中的 37% 和 33% 分别用于实验发展和应用研究，基础研究仅占 23%。印度的基础与应用科研投入比例与发达国家相对一致（Kennedy，2016；Thakur and Malecki，2015）。在科研投入上更加注重应用和转化的价值取向。印度"新千年领先技术计划""2020 年科技愿景"等，均显示了其对关键领域、前沿技术、重点项目和战略性新兴产业等的扶持。

表 5-13　2018—2020 年印度科研投入情况（千万卢比）

	2018—2019 年	2019—2020 年	2020—2021 年
中央政府			
基础研究	14 643.91	15 514.81	13 935.44
应用研究	19 606.14	21 122.03	18 211.21
实验发展	25 580.07	27 490.10	23 539.28
其他相关科技活动	2 235.63	2 469.83	2 261.83
总科技活动	62 065.75	66 596.77	57 947.76

续表

	2018—2019	2019—2020	2020—2021
	邦政府		
基础研究	1 708.43	1 786.19	1 810.66
应用研究	3 504.27	3 708.24	3 757.40
实验发展	2 816.51	3 060.36	2 908.29
其他相关科技活动	1 523.58	1 640.9	1 593.72
总科技活动	9 552.79	10 195.69	10 070.07
	科学与工业研究组织		
基础研究	1 600.07	1 670.62	1 560.24
应用研究	2 298.14	2 387.16	2 494.46
实验发展	1 234.67	1 279.22	1 325.45
其他相关科技活动	1 140.33	1 283.96	1 218.43
总科技活动	6 273.21	6 620.96	6 598.58
	总计		
基础研究	17 952.41	18 971.62	17 306.34
应用研究	25 408.55	27 217.43	24 463.07
实验发展	29 631.25	31 829.68	27 773.02
其他相关科技活动	4 899.54	5 394.69	5 073.98
总科技活动	77 891.75	83 413.42	74 616.41

印度中央政府的大部分科研投入用于支持实验（占比41%），其次为应用研究（占比31%）和基础研究（占比24%）。印度中央政府科研支出的93%是通过12个主要科学机构，如国防研究与发展组织（DRDO）、印度农业研究委员会（ICAR）和科学与工业研究中心（CSIR）。其中很大一部分用于国防和空间研究。与中央政府不同，邦政府的科研投入主要支持应用研究（占比37%），其次为实验发展（占比29%）和基础研究（占比18%）。科学与工业研究组织将更多的科研投入用于应用研究（38%）和基础研究（占比24%），其次为实验发展（20%）。这体现了各部门机构在科研投入对象上的不同偏好。此外，虽然政府在研发中占主导地位，但政府计划常常与实践发展有偏差，公共研究项目与产业需求不能完全匹配，官僚主义等因素也制约着印度的创新投入增长（Kennedy，2016）。

在科研经费的投入领域方面，印度排名前三的投入领域是农、林、牧、渔业（27.85%），基本药物和医药制剂制造业（27.15%）和纺织业（12.06%）。相比之下，电气设备制造业（2.02%）、采矿业和采石业（2.57%）及计算机、通信和其他电子设备制造业（2.59%）等领域的科研经费相对较少（图5-11）。这与印度的优势行业和发展重点有关，印度的制药业和软件服务业全球竞争优势突出。印度政府也一直非常注重农业研究与科技创新的政策支持（李颖明等，2024）。农业科技投入中政府投入占90%左右（其中中央政府占50%，邦政府占40%），私营部门投入占10%左右。

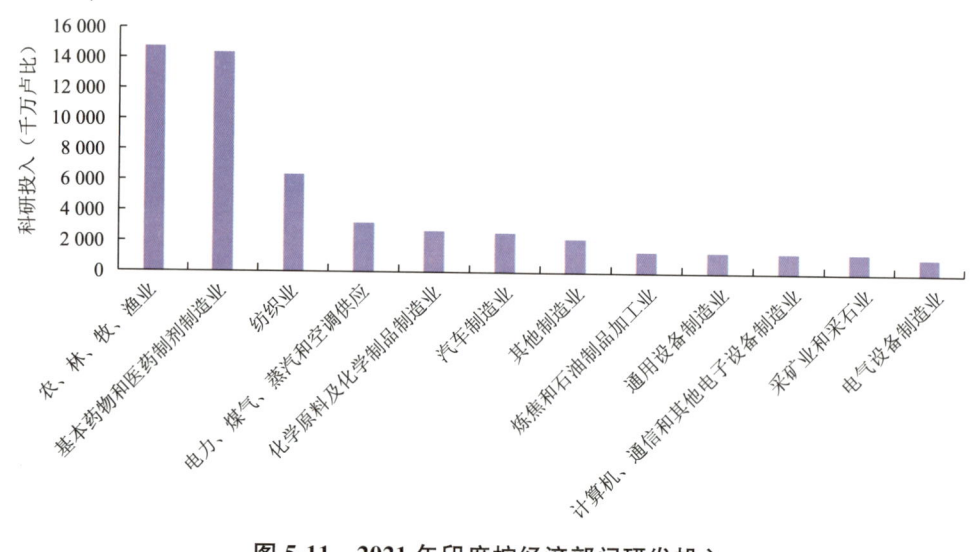

图 5-11　2021 年印度按经济部门研发投入

资料来源：国家科技管理信息系统（National Science & Technology Management Information System），http://www.nstmis-dst.org/。

（二）科研产出

印度科研产出呈持续增长态势。近10年科研论文年均增长率为8.24%，远高于全球4.1%的增长率。2022年，印度国际发表论文产出居世界第五位。专利授权数量连续11年保持增长。2022年，印度专利申请量增长了31.36%，达5.5万项，超过英国，从第9位上升至第7位。

1. 科研论文产出

高等教育人口规模优势使得印度在科研论文产出数量方面表现突出。相较于印度专利的低速增长,印度科学研究蓬勃发展,论文发表数量增长迅速,2008—2020 年年均增长率达 10.14%,于 2014 年超越日本和英国(图 5-12)。2018 年印度论文发表数量已位居全球第三,仅次于中美两国,且保持增长态势,但数量仅为中国大陆的四分之一左右。从论文发表质量来看,高被引论文占比较低,印度 2011—2020 年高被引论文占比平均值约为 0.16%。从国际论文合作占比看,印度占比均少于其他对比国家。

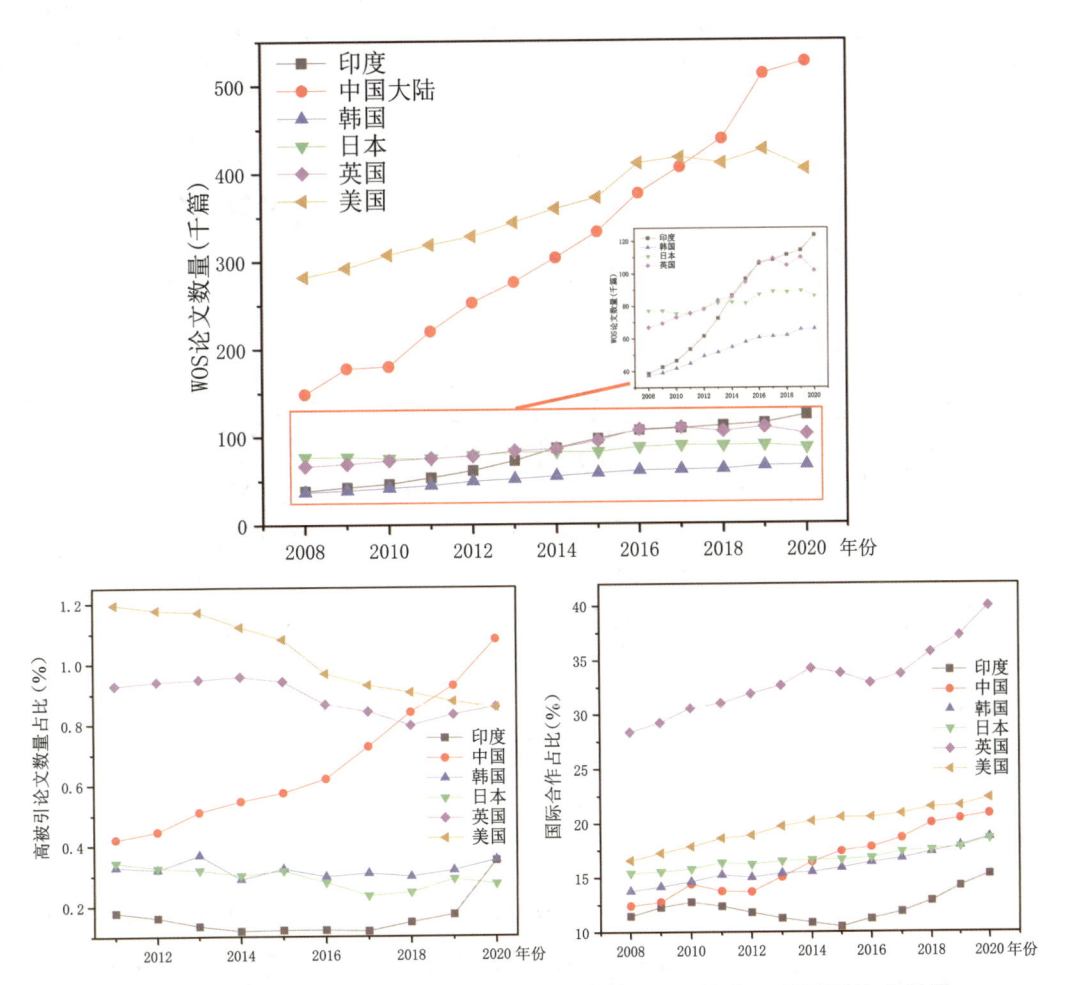

图 5-12　2008—2020 年印度与全球主要国家的 WOS 论文、高被引论文数量、国际论文合作占比时序变化

资料来源:科睿唯安(Clarivate),https://www.webofscience.com/wos/alldb/basic-search。

据美国国家科学基金会（NSF）2020年公布的统计数据，印度已出版超过13.5万篇科学论文，成为世界第三大科学和工程论文出版国。印度科学研究出版物在过去20年增长了7倍，尽管出版物数量有所增加，但从"篇均引用量"这个指标看，印度研究论文的影响力仅为世界平均水平的一半。这与科研激励政策有关。

2. 专利申请

近年来，印度各类知识产权的申请数量持续增长。在2022—2023财年中，各类知识产权申请总量（601 789件）较上年有所增加，总体增长5.94%。在过去五年中，专利、外观设计、商标、版权和地理标志申请均呈现了较为明显的上升趋势（表5-14）。其中，专利与版权增速较快，年均增长约13.31%和13.36%。就专利而言，2023年度共提交专利申请82 811件，较上年增长24.64%。

表5-14　2018—2023财年印度专利申请概况

申请量	2018—2019财年	2019—2020财年	2020—2021财年	2021—2022财年	2022—2023财年
专利	50 659	56 267	58 503	66 440	82 811
外观设计	12 585	14 290	14 241	22 699	22 698
商标	323 798	334 805	431 213	447 805	466 580
地理标志	32	42	58	116	211
版权	18 250	21 905	24 451	30 988	29 466
半导体集成布局设计	NIL	NIL	5	1	23
总计	405 324	427 309	528 471	568 049	601 789

印度专利局主要批准了发明专利和新型实用专利。就专利申请变化趋势而言，1992—1993年前，申请总量维持在较低水平，长期保持着2%左右的低速增长。而自1991年经济改革以来，在自由化、私有化和全球化的政治经济背景下，科学技术对经济增长和社会发展产生空前的影响，印度的专利申请量迎来了爆炸式增长。尤其是在2003年之后，该趋势日益明显。从其长期规模来看，专利申请总量与印度的国家规模明显不匹配。1980—2021年，印度专利申请总量在60万件左右，且以外国专利申请为主，数量远低于其他国家（图5-13）。

这一低迷的状况与印度专利审核的低效和专利保护制度的不完善息息相关，极大限制了印度的本地创新发展。自 1976 年以来，印度专利局当年审查的申请数长期低于当年的专利申请数，导致积压的专利申请数逐年增多，到 2002—2003 财年，积压总数甚至已达 44 281 件，是当年申请数（11 466 件）的近 4 倍。2021 年议会商务常设委员会对印度知识产权制度的审查结果显示，2020 年，印度专利审查员的数量为 615 人，中国为 13 704 人，美国为 8 132 人，日本为 1 666 人，专利审查员的缺乏导致印度收到首次检查报告的巨大延迟。

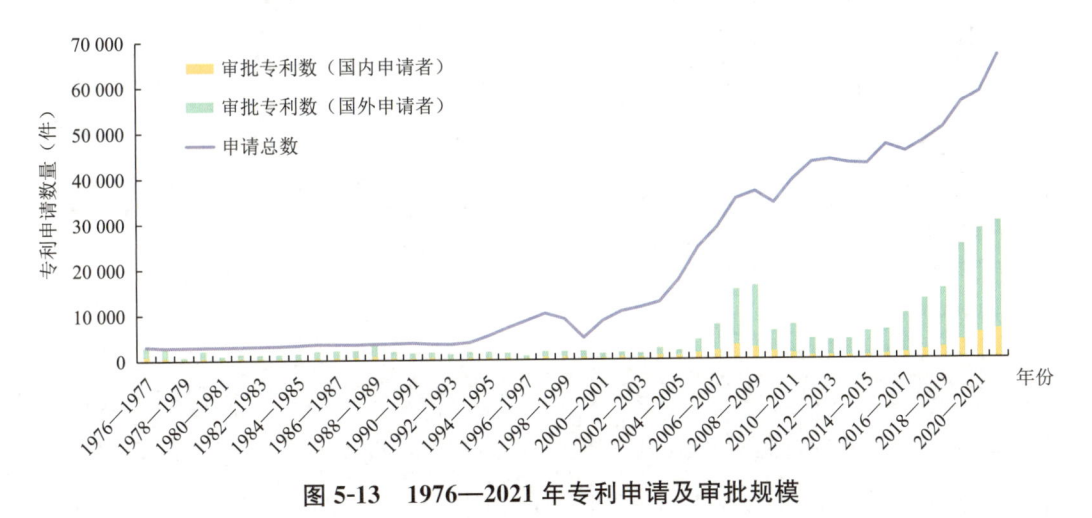

图 5-13　1976—2021 年专利申请及审批规模

资料来源：专利、外观设计、商标和地理标志总监办公室（Patents, Designs, Trademarks and Geographical Indications），https://ipindia.gov.in/。

从申请领域来看，2014—2018 年，印度专利申请的主要领域集中在聚合物科学技术、化学、通信、电力、物理等领域，数量占比保持稳定（表 5-15）。印度专利主要是应用型专利，集中在化学、药品和医疗领域（Bhattacharya，2004）。

表 5-15　2014—2023 年印度专利申请的主要领域

领域	2014—2015 年	2015—2016 年	2016—2017 年	2017—2018 年	2018—2019 年	2019—2020 年	2020—2021 年	2021—2022 年	2022—2023 年
化学	6 454	6 463	5 911	6 343	6 560	5 198	8 809	5 173	11 715
生物制药	2 640	2 966	2 122	2 741	2 683	5 622	80	5 179	0

| 计算机 | 1 059 | 1 230 | 1 158 | 1 116 | 1 100 | 1 309 | 1 508 | 858 | 1 739 |
| 通信 | 4 285 | 5 988 | 6 443 | 6 089 | 5 540 | 11 126 | 11 930 | 15 575 | 20 355 |

续表

领域	2014—2015年	2015—2016年	2016—2017年	2017—2018年	2018—2019年	2019—2020年	2020—2021年	2021—2022年	2022—2023年
电力	4 380	5 770	5 315	5 486	6 308	6 862	6 660	7 314	9 373
物理	4 031	4 102	4 141	4 278	4 703	4 587	3 743	4 286	5 666
生物医学	2 529	2 852	2 693	2 996	3 659	2 646	2 842	3 007	3 901
机械	1 669	1 579	1 048	1 095	812	3 508	4 911	5 288	6 963
聚合物科学技术	10 031	10 164	10 715	11 573	12 414	10 359	10 540	11 969	14 582
其他领域	5 685	5 790	5 898	6 137	6 880	5 050	7 480	7 791	9 517
总数	42 763	46 904	45 444	47 854	50 659	56 267	58 503	66 440	82 811

*注：经核算，此数据应为83 811。

资料来源：印度知识产权年度报告（2014—2022财年），https://www.ipindia.gov.in/annual-reports-ipo.htm。

从申请主体来看，2018—2019年，印度信息技术领域专利申请的主要实体是塔塔IT咨询服务有限公司和威普罗公司等，科研机构专利申请主体是科学和工业研究委员会、萨尔技术与工程研究所和国防研发组织，主要的学术机构是印度理工学院、索里尼生物技术和管理科学大学等。

通过分析印度的PCT专利申请数量，可以评估其技术创新在国际上的竞争力。印度在过去20年中的PCT专利申请数量增长幅度较低，与中国的差距显著。2020年，印度的PCT专利申请数量为1 924件，约为中国的五分之三，甚至低于华为一家企业的PCT专利申请数量。与发达国家如韩国、日本、英国和美国相比，印度也是差距明显，表明印度在全球技术创新领域的增长空间很大（图5-14）。

二、政府主导的科技创新

印度自上而下的积极对外战略和自下而上的科技人员交流有效推动了印度与其他国家间的科技合作和科技进步。在印度创新发展历程中，印度政府共出

图 5-14　各国 PCT 专利申请数

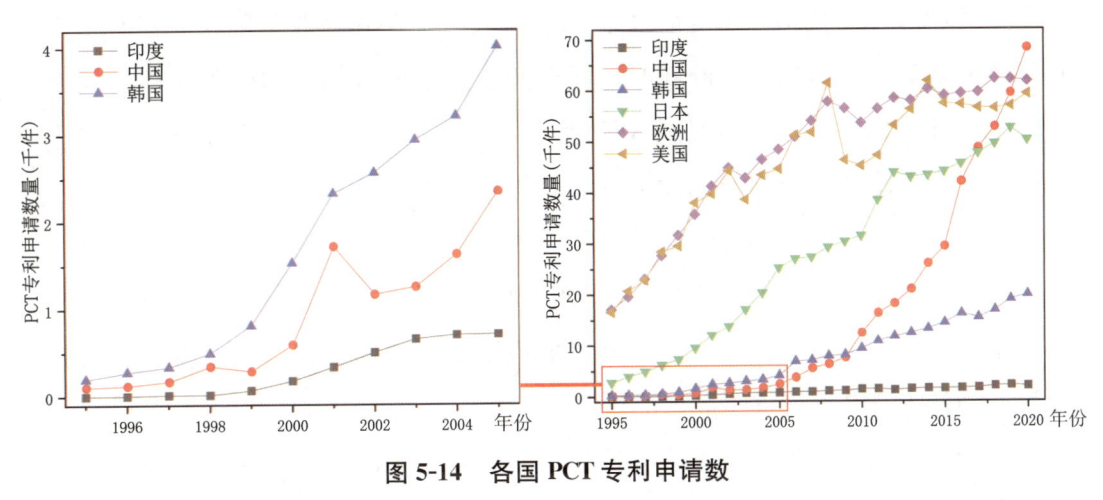

资料来源：世界知识产权组织（World Intercultural Property Organization，WIPO），https://atentscope.wipo.int/。

台了四项国家科技政策，包括 1958 年的《科学政策决议》、1983 年的《技术政策声明》、2003 年的《科学技术政策》以及 2013 年的《科学技术创新政策》。在各项政策文件中，都明确了科技发展的重点领域与具体举措。

(一)《科学政策决议》

由尼赫鲁政府起草的印度第一项重大科学政策可以追溯到 1958 年。在快速工业化发展阶段，对科学技术的投资将减轻原材料和资本使用的负担，从而缩小印度与发达国家之间的差距。因此，1958 年，印度经济政策委员会正式确认了科学技术对于国家建设和国家经济繁荣的重要作用，将科学技术视为推动社会经济转型的工具。该科学政策为印度的科学事业和科学精神奠定了基础，大规模扶持了基础科学研究和应用科学研究等。在这个阶段，中印的创新路径存在相似之处，两国均采取以科学技术为主导来提高国家地位而非追求广泛提高创新绩效的即时性政策，如太空战略和原子弹研发。虽然在全球化过程中，两国均逐渐转变传统的国家主义公共政策模式（Crescenzi et al.，2012），但政府角色在创新体系的地位依旧重要。

(二)《技术政策声明》

继 1958 年通过《科学政策决议》后，印度花了 30 年时间发展其科学事业。

截至20世纪80年代初，印度已经建立了强大的工业和农业基础，并拥有了大量训练有素的人力资源。与此同时，印度的技术发展规划仍深受独立以来民主社会主义和进口替代方针等宏观政策纲要的影响，其内向的经济政策强调自力更生，致力于降低关键领域的脆弱性。在这样的背景下，创新过程同样侧重于推广和开发本土技术，同时偏向重大科学项目的实施。印度科学和工业研究委员会（CSIR）在1991年之前几乎主导着印度的科研发展。《技术政策声明》中强调采用进口技术的有效性，但不能以牺牲国家利益为代价。技术发展转向找出过时的技术，并用能够提高产品生产率、效率、质量和可靠性的技术来取代。根本目标是利用技术为社会各阶层提供最大利益，并改善落后和弱势阶层的生活状况。就具体领域而言，《技术政策声明》强调通过增加科研投资以及政府组织、教育机构和行业之间的合作来强化技术基础，特别是当时新兴领域——信息、电子和生物技术的技术基础。

（三）《科学技术政策》

1991年以后，经济自由化为印度多个行业的大量外资引进铺平了道路。基于市场、制度、人才和语言等优势，印度逐渐实现从"小麦"到"软件"的路径创造。一方面，为摆脱严重的外债危机和长期的缓慢发展速度，印度政府实施计算机和软件出口政策，恰逢全球电子革命的快车；另一方面，印度凭借价格低廉的工程师和精湛的软件技术，以及语言和成本等资源禀赋优势，于2001年一举超越爱尔兰，成为全球最大的软件离岸服务外包国。

印度依托以信息技术产业为代表的知识服务业形成了独特的竞争优势，开创了知识驱动经济的发展模式。印度的科学实践方式、技术开发方式以及科学技术相互作用方式发生了巨大变化。印度1958年《科学政策决议》和1983年的《技术政策声明》分别侧重于科学和技术。然而，科学、技术与具体的企业生产过程紧密相连，必须促进其协同发展。为了跟上产研融合的时代步伐，在日益全球化的世界中保持竞争力，印度政府颁布了《科学技术政策》（STP2003）。STP2003呼吁产业和科学研究相互融合，并建立知识产权制度以保护和激励发明者。通过此项政策，印度于2010年成为仅次于美国的世界第二大软件出口大国，并逐渐形成塔塔、威普罗和印孚瑟斯等一批全球著名的服务外包企业。

这份政策文件强调科学外交,特别是全球南方发展中国家之间的国际科技合作。国际科技合作计划是印度科技开放的主要形式,通过加入东盟、南盟和亚洲科技合作政策网络,以及联合国教科文组织、联合国开发计划署、孟加拉湾多边经济技术合作体、环印度洋区域合作联盟、第三世界科学院等组织,促进多边科技合作。此外,通过建立联合研究中心、签订双边科技合作协议等形式加强双边联系,诸如印法科技联合中心、印俄"综合长期合作计划"等。印度与法国、美国、乌兹别克斯坦以及不结盟国家建立了四个国际合作促进中心(陈强,2013)。除国际科技合作计划外,印度国家科技计划基本不对外开放,极少数计划允许外国参与,但常附加限制性条件。实际上,在印度《工业政策决议》中同样明文规定,一切印外合营企业中的国外技术必须向印度公开,并为印度技术人员提供培训,印度的外资引进政策以吸收国外先进技术和生产方式为原则。

(四)《科学技术创新政策》

时任印度总理的曼莫汉·辛格将2010—2020年定为创新十年,认为印度要提升全球竞争力,其当下经济必须转型为知识型经济。为了使印度跻身全球五大科学强国之列,印度实施了第四项政策,即2013年《科学技术创新政策》(STIP2013)。该政策框架的关键在于国家层面推动以科技为主导的创新生态系统,同时吸引私营部门参与科研从而扩大科研规模。在面对诸如减少饥饿、控制疾病和缓解不平等困扰社会发展的紧迫问题时,科研投资的障碍必须被解决,因此印度的科技创新急需与社会经济优先事项紧密联系起来。该政策强调将科学发现和科技活动成果导向作为印度社会关键领域的发展重点。除此之外,政策还促使印度更多地参与全球大型科学计划,例如激光干涉引力波天文台、大型强子对撞机、国际热核实验反应堆和平方公里阵列等项目。

参 考 文 献

[1] 阿希什·拉贾德雅克萨(印)著,瑞尔译:《印度电影简史》,海南出版社,2019年。
[2] 鲍玉珩、钟大丰、胡楠:"亚洲电影研究:当代印度电影",《电影评介》,2008年第1期。
[3] 陈强、高凌云:"印度的国家科技计划及其对外合作研究",《科技管理研究》,2013年第1期。

[4] 杜德斌、冯春萍、李同升等：《世界经济地理》，高等教育出版社，2009年。

[5] 付筱茵、董潇伊、曾艳霓："印度电影产业经验——大众定位、集群运营、制度支持"，《北京电影学院学报》，2012年第5期。

[6] 侯纯光、杜德斌、刘承良等："全球留学生留学网络时空演化及其影响因素"，《地理学报》，2020年第4期。

[7] 黄亮、邱枫："从软件外包到研发服务：班加罗尔的案例研究"，《世界地理研究》，2016年第3期。

[8] 焦玲玲、郭丹："印度五大电影制作中心全球化影响研究"，《电影文学》，2021年第12期。

[9] 李艳芳：《印度服务外包发展研究》，经济科学出版社，2014年。

[10] 拉斐奇·多萨尼（美）著，张美霞、薛露然译：《印度来了：经济强国如何重新定义全球贸易》，东方出版社，2009年。

[11] 林承节：《印度史》，人民出版社，2014年。

[12] 李颖明、王子彤、汪明月等："世界农业科学中心的转移规律与动力机制研究"，《科学学研究》，2024年第4期。

[13] 秦键、王承云："印度软件业的空间集聚与扩散分析"，《世界地理研究》，2010年第3期。

[14] 徐建伟、葛岳静、刘璐等："优势、创新与俘获型价值链突破——以爱尔兰、印度软件产业发展为例"，《经济地理》，2010年第2期。

[15] Acharya, K. P., and Pathak, S. 2019. Applied research in low-income countries: Why and how? *Frontiers in Research Metrics and Analytics*, Vol. 4, Article 3.

[16] Bhagwati, J., and Panagariya, A. 2012. *Reforms and Economic Transformation in India*. Oxford University Press.

[17] Bhattacharya, S. 2004. Mapping inventive activity and technological change through patent analysis: A case study of India and China. *Scientometrics*, Vol. 61, No. 3, pp. 361-381.

[18] Crescenzi, R., Rodríguez-Pose, A., and Storper, M. 2012. The territorial dynamics of innovation in China and India. *Journal of Economic Geography*, Vol. 12, No. 5, pp. 1055-1085.

[19] De Propris, L., and Hypponen, L. 2008. Creative clusters and governance: The dominance of the Hollywood film cluster. In: Cooke, P. and Lazzeretti, L. (eds), 2008. *Creative Cities, Cultural Clusters and Local Development*, Edward Elgar Publishing Limited.

[20] Jamkar, V., and Johnstone, C. 2021. Privatization and unequal access in India. *International Higher Education*, No. 106, pp. 34-36.

[21] Kennedy, A. B. 2016. Slouching tiger, roaring dragon: comparing India and China as late innovators. *Review of International Political Economy*, Vol. 23, No. 1, pp. 1-28.

[22] Lorenzen, M., and Täube, F. A. 2008. Breakout from Bollywood? The roles of social networks and regulation in the evolution of Indian film industry. *Journal of International Management*, Vol. 14, No. 3, pp. 286-299.

[23] Rao, P. M., and Balasubrahmanya, M. H. 2017. The rise of IT services clusters in India: A case of growth by replication. *Telecommunications Policy*, Vol. 41, No. 2, pp. 90-105.

[24] Thakur, S. K., and Malecki, E. J. 2015. Regional Determinants of Research and Development Institutions in India. *Geojournal*, Vol. 80, No. 4, pp. 533-554.

第六章 印度交通地理

　　印度人口密集，拥有世界上最繁忙且超负荷运载最严重的公共运输系统。因地形阻隔，印度对外陆上交通闭锁，国内形成与人口经济高度耦合的陆运交通网络。印度公路里程排名世界前两位，但道路质量不高，国道（含邦道）占比不到5%。英国殖民时期的印度铁路网已初具规模且里程数位居世界前列，但近年来发展缓慢。印度拥有三面临海的区位优势和绵长的海岸线，成为连接欧非澳三大洲的海上交通枢纽。印度外贸运输以水运为主，占其外贸运输的95%。印度的海运和民航运输量世界领先，建有200多个主要海运港口，国际航班班次频繁，民航市场发展速度位居世界前列。印度积极建设跨境走廊和国际物流多式联运系统，加快织密对外交通联系网络，加速融入全球经济体系，努力在国际合作中发挥更重要的作用。

第一节 公路运输

　　印度公路总长约670万千米，公路里程居世界前两位。公路网承担了90%的客运量和65%的货运量。但印度绝大部分道路的等级低且质量不高，国道中约75%的路段为单向二车道及以下。印度的公路运输由各邦政府、私人和合作机构共同运营。

一、以客运为主，但质量不高

（一）公路运输的发展历程

在 19 世纪早期，印度各村庄处于自给自足的状态，几乎没有现代意义上的道路。19 世纪 30 年代，英国东印度公司出于商业和行政目的，启动了一项公路建设计划，修建了加尔各答—德里—白沙瓦公路，后成为印度大干道的一部分。后又陆续修建了恒河流域的东西向交通动脉和以孟买为中心的内陆出口交通网，以及连接各主要城市的公路干线。英国还为印度培养了一大批工程、测量与监督人员，以方便公路的维护和修建。截至 19 世纪 50 年代，英国已在印度修建了将近 2 500 千米的公路。1943 年，印度提出了首项公路发展计划——"那格浦尔计划"，该项目于 20 世纪 50 年代后期竣工，拓展了印度的公路覆盖范围，增加了公路网密度，但公路运输效率仍远低于铁路。此后，印度又提出了公路网密度倍增计划，即"孟买计划"。

高速公路是印度公路交通建设的重点。21 世纪初，印度开始实施国家公路发展项目（National Highway Development Program，NHDP）计划。该计划包括七个阶段。第一、二阶段包括黄金四边形（Golden Quadrilateral，GQ）、南北—东西走廊（North-South & East-West，NSEW）、港口互联互通（Port Connectivity，PC）等项目。第三阶段计划构建四车道或六车道公路干线 11 113 千米，第四阶段将 20 000 千米的单车道国道拓宽为双车道，第五阶段是将 6 500 千米长的国道拓宽为六车道，第六阶段修建 1 000 千米的高速公路，第七阶段则着重建设城镇环线、国道立交桥等。

"黄金四边形"高速公路被誉为"印度 21 世纪的一张名片"，规模仅次于 19 世纪 50 年代由英国统治者修建的全国铁路系统。"黄金四边形"高速公路网穿越了印度境内 12 个邦和国家首都德里辖区，全长 5 846 千米，主要包括四段（四边）：德里—加尔各答段、加尔各答—金奈段、金奈—孟买段和孟买—德里段。这四段高速公路串联了沿线 81 座城市，贯通了印度主要的农业、工业和文化中心，显著带动了沿线地区的经济发展。项目二期为南北走廊和东西走廊高速公路计划，规划长度 7 300 千米，形成贯穿印度东西南北的十字形国家公路干线。

(二) 公路运输的基本特征

1. 里程长、质量低

印度公路的总里程数约为 670 万千米, 仅次于美国, 居世界第二位。公路密度极高, 位居世界前列 (表 6-1)。但印度公路整体质量较差, 没有硬化的土路 (Unsurfaced Road) 超过 30%, 因缺乏修缮和维护, 印度经常发生道路拥堵。路面质量不高、车道数不够, 是印度公路的基本特征之一。

表 6-1 世界主要国家公路网建设情况

国家	公路网长度（千米）	有硬化路面公路占比（%）	公路密度（每百平方千米土地公路长度）	统计年份
美国	7 044 453	73.0	72.0	2024
印度	6 700 000	67.0	204.0	2024
中国	5 350 000	100.0	56.0	2023
巴西	2 000 000	11.0	23.0	2023
俄罗斯	1 566 145	70.7	10.0	2021
法国	1 104 743	100.0	202.0	2021
加拿大	1 066 180	40.0	10.0	2020
澳大利亚	884 425	48.0	11.0	2023
墨西哥	817 596	21.0	42.0	2020
南非	750 000	21.8	62.0	2021

2. 类型多样、高等级道路少

印度的道路等级划分与其行政体系相对应, 分为国道 (National Highways)、邦道 (State Highways)、县道 (District Roads)、乡道 (Rural Roads)、城市道路 (Urban Roads) 和项目公路 (Project Roads) 六个等级。国道贯穿全国, 连接印度各邦和中央直辖区的首府、主要港口、铁路枢纽、工业和旅游中心, 并与邻国的边境公路或高速公路相连。印度国道按车道数分为四车道及以上、两车道和少于两车道三种类型。2018 年, 三种类型国道的长度分别为 27 935 千米、61 607 千米和 36 808 千米。印度国道等级不高, 近 50% 为普通两车道,约30%为单车道。据印度交通运输部2019年报告,印度高速公路和国道等运输能力较大的公路里程仅占本国公路网的不到2%(表6-2)。

表6-2 印度道路等级及里程数

道路分类	总里程 总里程数(千米)	硬化公路 占比(%)	WBM/WMM*(千米)	BT/CC**(千米)	里程数(千米)	非硬化公路 占比(%)	里程数(千米)
国道(National Highways)	132 499	2.09	0	132 499	132 499	100.00	0
邦道(State Highways)	179 535	2.84	13 725	164 659	178 384	99.40	1 151
县道(District Roads)	612 778	9.68	26 504	560 500	587 004	95.80	25 773
乡道(Rural Roads)	4 522 228	71.42	331 552	2 097 837	2 429 388	67.00	2 092 840
城市道路(Urban Roads)	541 554	8.55	41 071	387 005	428 076	79.00	113 479
项目公路(Project Roads)	343 163	5.42	61 056	96 116	157 171	45.80	185 992
合计	6 331 757	100.00	657 109	3 438 616	3 912 522	100.00	2 236 032

注:WMB/WMM:水结碎石路面/湿拌碎石路面。
BT/CC:沥青路面/水泥混凝土路面。
资料来源:Basic Road Statistics of India 2018—2019(印度2018—2019财年基本道路统计)。

3. 运量增长迅速,以客运为主

近年来,印度公路运量疾速提升,与欧美发达国家的差距不断缩小,印度公路货运量和客运量规模已位居世界前列,货运周转量仅次于中国和美国,主要以客运为主,其客运周转量遥遥领先(表6-3)。

自1994年来,印度公路在内陆运输客运总量中的占比不断提升,且以客运为主。客运和货运均持续增长,2011年后,印度公路货运量加速跃升,一度超过客运量的增长速度,使公路客、货运量间的差距日益缩小(图6-1)。公路客运在内陆客运运输总量中的占比由79.53%(1994年)跃升至95.5%(2019

年），而公路货运在内陆货运运输总量中的占比由 53.22%（1994 年）增至 81.38%（2019 年）。

表 6-3　世界主要国家公路运量情况

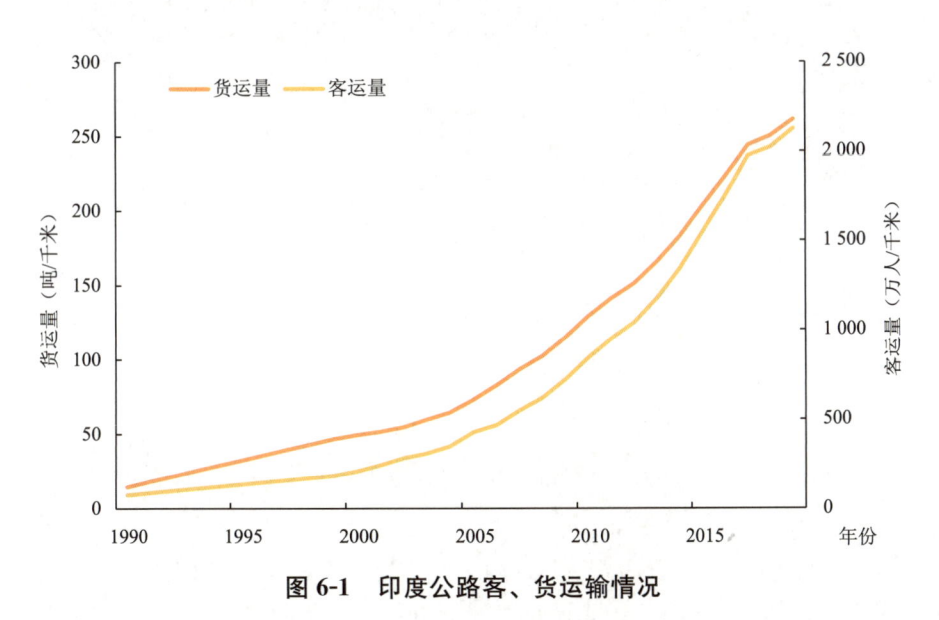

国家	公路货运周转量（亿吨/千米）			公路客运周转量（亿人/千米）		
	2010 年	2015 年	2020 年	2010 年	2015 年	2020 年
美国	36 680.8	28 992.5	31 290.5	49 993.5	85 016.8	86 087.3
印度	12 873.0	18 232.0	—	84 090.0	133 930.0	225 820.0
中国	43 389.7	57 955.7	69 087.7	15 020.8	10 742.7	3 627.5
巴西	—	—	—	—	338.4	212.8
俄罗斯	1 993.4	2 471.3	2 853.3	1 406.3	1 262.7	1 013.4
法国	1 744.1	2 819.3	2 920.0	7 641.6	8 452.4	
加拿大	1 352.9	1 681.8		—	—	
澳大利亚	1 843.3	2 024.5	2 301.1	2 820.2	3 015.4	2 753.1
墨西哥	2 202.9	2 451.4	2 503.5	4 520.3	5 085.0	4 503.8
德国	3 131.0	4 645.7	5 056.0	9 628.9	10 275.0	8 467.0
西班牙	2 100.6	2 548.8	2 731.9	3 925.3	3 660.9	2 878.5

图 6-1　印度公路客、货运输情况

资料来源：NationMaster，https://www.nationmaster.com/.

二、与社会经济同构的失衡路网

（一）印度公路的空间分布

因印度人口众多，区域经济发展不平衡，印度道路网的空间分布也不均衡（图 6-2），整体表现出南密北疏、沿海密度高于内陆的格局，且南、北方间的差异强于沿海—内陆差异（刘采玮等，2024）。印度高等级道路主要集中于德里、孟买、金奈、班加罗尔等大城市，呈现"黄金四边形"骨架。印度公路网密度

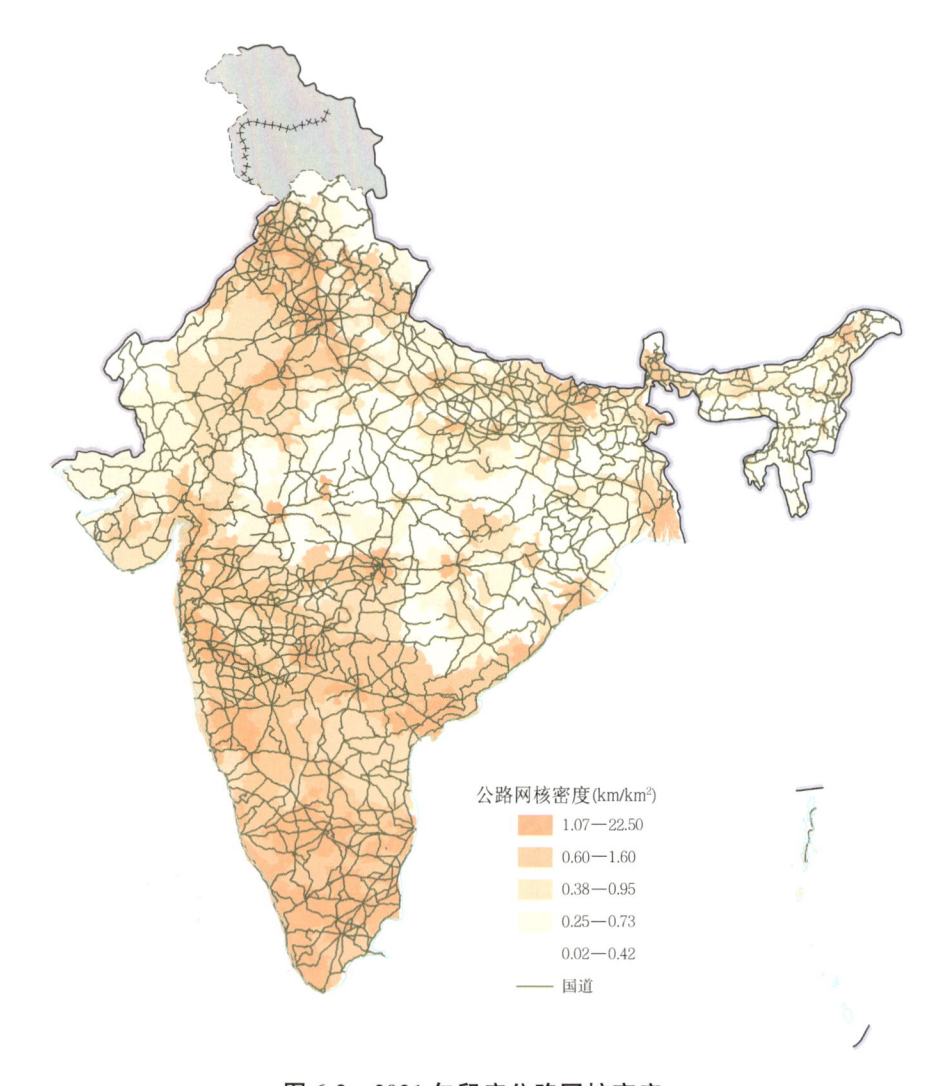

图 6-2 2021 年印度公路网核密度

较高的地区多为经济发达、城市化进程较快的地区，如果阿邦、喀拉拉邦和旁遮普邦，其次为马哈拉施特拉邦、泰米尔纳德邦、哈里亚纳邦和北方邦。比哈尔邦、切蒂斯格尔邦、恰尔肯德邦和印度东北部各邦的道路网密度非常低。而发达地区公路网的密织进一步加剧了区域经济的不平衡。

（二）跨境公路的空间布局

和印度陆上接壤的国家有中国、孟加拉国、尼泊尔、不丹、巴基斯坦、阿富汗、缅甸七个国家。印度与其中的多个国家之间有公路互通（表 6-4）。

表 6-4 印度与邻国的跨境公路建设

接壤国	跨境公路
中国	中国—印度公路 中国—尼泊尔—印度公路 中缅印公路
孟加拉国	孟印公路
尼泊尔	多条跨境公路，如印度马哈拉甘甘吉—尼泊尔苏拉哈、印度拉克绍尔—尼泊尔比尔甘杰、印度班巴萨—尼泊尔靠近马亨德拉讷格尔、印度西里古里—尼泊尔卡卡比塔
不丹	印度贾尔冈—不丹彭措林
巴基斯坦	印度阿塔里—巴基斯坦瓦赫
阿富汗	印度北方邦—阿富汗喀布尔、印度德里—阿富汗喀布尔
缅甸	印度—缅甸—泰国三边高速公路 印度莫雷—缅甸德穆

除在东北部和边境地区大量投资修建道路等基础设施外，印度还构建了与孟加拉国、不丹、尼泊尔的互联互通合作机制（BBIN），四国于 2015 年 6 月 15 日签订了《规范四国间旅客、人员及货运车辆往来的机动车（跨境运输）协议》，即"BBIN 机动车协议"（Motor Vehicles Agreement for the Regulation of Passenger, Personal and Cargo Vehicular Traffic）。这些合作有助于促进南亚互联互通和共同繁荣。

第二节　铁路运输

铁路是印度最为重要的交通基础设施之一。印度的铁路系统多为英国殖民时期的铁路遗产。截至 2020 年,印度铁路网总长为 67 368 千米,有 149 815 座铁路桥梁、7 349 个站点[①]。铁路轨道的总长度为 12.7 万千米,居世界第四位。其中电气化铁路 3 万千米,约占铁路总长的 44%。印度铁路负载了本国约 35% 的货运量和略低于 20% 的客运量,其中近半数货物为煤矿。但印度火车车辆普遍老旧且行驶速度慢。铁路的建设打破了农业的地理壁垒,改善了商品流通效率,转变了种植结构,推动了农业技术的传播,促进了工业区域的形成和集中,加速了人口流动,形成了繁荣的商业中心。铁路增加了社会流动性,加速了印度城市化和社会结构变革的进程。

一、以大宗货运为主,地位下降较快

印度铁路建设历史较悠久,最初的铁路建设只是为了巩固英国的殖民统治和财富掠夺,经过英殖民时期的跨越式发展,印度成为最早开通火车的亚洲国家,也是 20 世纪 90 年代前铁路总里程最长的亚洲国家。

（一）铁路运输的发展历程

印度自沦为英国的殖民地后,一直饱受剥削和压迫。为了更方便地将印度的资源输送到英国,英国政府经过 20 余年的讨论,决定在印度修建铁路。印度的第一条铁路——红山铁路建于 1837 年,这条铁路主要用于在马德拉斯（金奈）的道路建筑施工中运送石料。1845 年,英国在印度又建了另一条铁路,为哥达瓦里河大坝运送石料。1845—1852 年,印度成立了多家铁路公司,如马德拉斯铁路公司、东印度铁路公司和大印度半岛铁路公司等。

---

① 资料来源：Indian National Railway Programme.

1853年，印度首条实验性客运短线孟买—塔纳线成功开通，印度铁路发展史的新篇章就此拉开。首条客运铁路使用了1 676毫米宽轨，这也成为印度铁路轨距的标准。随后，印度东部、南部等地区相继修建了客运铁路。在1857年印度"民族起义"被东印度公司镇压后，英国在印度占据统治地位。1869—1881年，英国获得了印度铁路建设的控制权，开始加速扩张。1873年，英国在印度加尔各答修建了首条有轨电车线路，由马匹牵引。至1880年，印度铁路网里程已达14 484千米，从孟买、马德拉斯和加尔各答向中心集聚。

自19世纪90年代后，客运列车开始引进多种新设施，印度铁路进入大发展时期。为便于铁路设施管理，英国还在印度兴建了学校，培养测量、建筑和工程监管等相关人才。19世纪末期，印度已能自己建造机车，并协助修建乌干达铁路。1901年印度成立了铁路委员会，政府对铁路采取集中管理，铁路公司国有化。第一次世界大战的爆发带来了生产转移，印度铁路网络由于年久失修，服务受限或降级。至1929年，印度铁路的运营长度达106 216千米，每年约运载6.2亿人次乘客和9 000万吨食物。

1947年印度独立后，印巴分治造成了铁路的分割，印度拥有了约60%的铁路网络（5万多千米），而分割的动荡也导致许多铁路基础设施遭到毁坏。1951—1958年，印度启动干线铁路网区域重组，并陆续成立了印度各区铁路公司，后重组为铁路区。英国殖民时期的铁路负载了印度约88%的货物运输。独立后，政府高度关注公路建设，不断完善公路基础设施、提升公路质量，公路运输迅速取代了部分铁路运输。在1981年"孟买计划"基本完成时，铁路运输在货运中的占比下降到了63%，至1997年进一步下降到40%，铁路客运量也从殖民时期的70%下降到1978年的40%（Reddy，2000）。进入20世纪后半叶，印度的铁路开始向电气化和现代化转型。2016年，印度开始运行最高时速160千米/时的高速列车。

印度铁路网建设的亮点之一为"钻石四边形"高铁网。与"黄金四边形"高速公路项目类似，"钻石四边形"高铁网将印度的四座最大城市，即加尔各答、孟买、金奈和德里贯通连接。这一项目将极大提升印度的铁路运输效率，同时带动沿线基础设施建设（Raghuram and Udayakumar，2016）。

（二）铁路运输的特征

1. 建成较早但发展缓慢

印度是亚洲最早的铁路国家。1947 年独立时，印度铁路通车里程已超过 5 000 千米，仅次于美国、苏联和加拿大，居世界前列。然而，独立 70 余年来印度人口增长了四倍，但铁路只增加了约 1 万千米，增长速度十分缓慢，主要受制于印度的土地制度和财政状况等。

2. 规模庞大但效率较低

印度铁路系统里程仅次于美国、俄罗斯和中国，是世界第四大铁路系统。但印度铁路轨距不一、铁路弯道和路口众多，相关设施年久失修且缺乏人员维护，导致铁路运营效率低且事故多发。独立 70 余年来，印度铁路的轨距仍未统一。此外，价格相对低廉的铁路也是印度人民跨区出行的首选。印度铁路是世界上最拥挤的铁路系统之一。火车行驶速度普遍较低。

3. 客运量庞大，增长稳定

印度是世界上客运周转量排名前二的国家，货运周转量也位居世界前列（图 6-3）。自 1995 年以来，印度铁路的客运和货运周转量稳步增长（图 6-4）。货运方面以煤炭为主。印度的干线铁路属于客货混运型。2020 年新冠疫情对铁路客运量产生致命冲击，但对货运影响不大。2023—2024 财年，印度铁路的总收入为 2.4 万亿卢比。2023—2024 年期间印度铁路的客运量达 648 亿人次，印度铁路在 2022—2023 财年的货运量高达 1.51 亿吨。

二、分布集中且轨距不一的铁路网

（一）国内铁路的空间分布

印度国内铁路网分布受地形、地貌、人口密度、矿产资源、地质构造等的综合影响，具有明显的空间异质性。印度铁路网密度大且分布广泛，半数集中于北方大平原，而丘陵地区的道路密度非常低。轨距是铁路的主要属性之一，印度有三种铁路轨距，即宽轨（1 676mm）、米轨（1 000mm）和窄轨（762mm 和 610mm）三种。三种轨距分别分布于沿海及大城市、印度北部、交通不便的

(a) 印度铁路的客运周转量

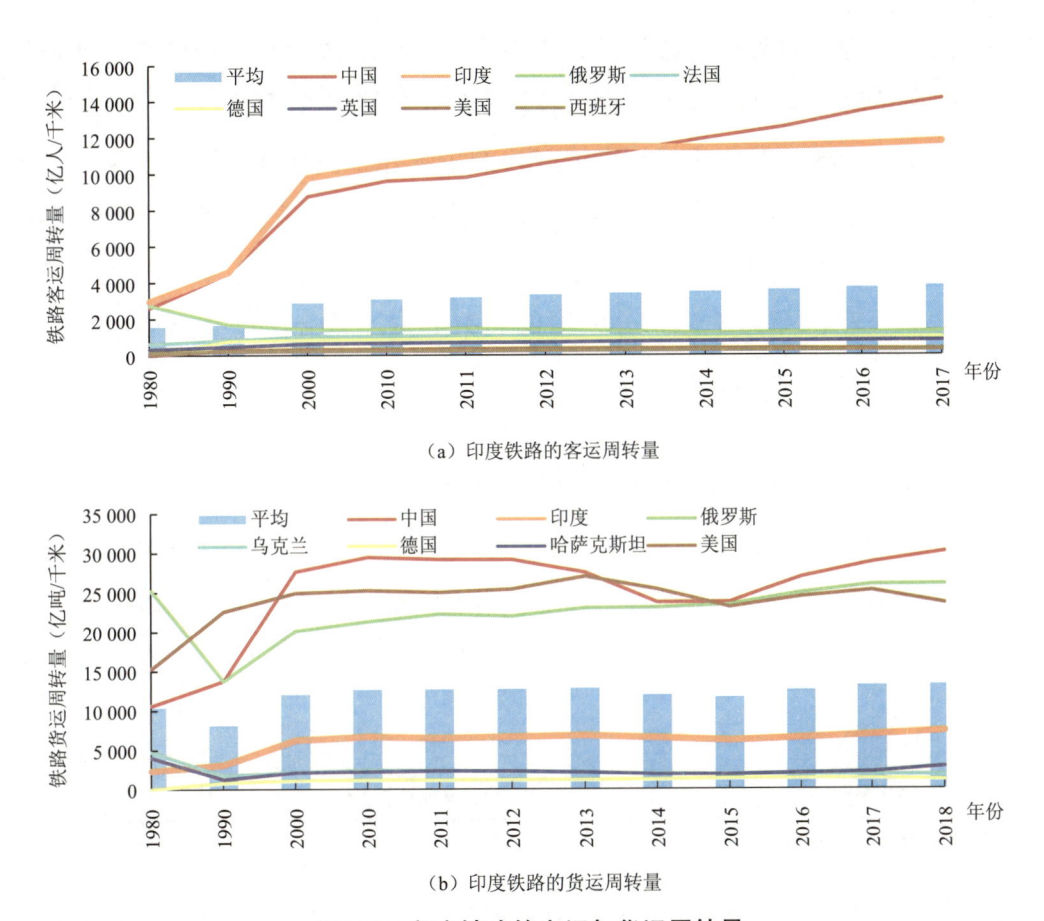

(b) 印度铁路的货运周转量

图 6-3　印度铁路的客运与货运周转量

资料来源：nation master，https://www.nationmaster.com/。

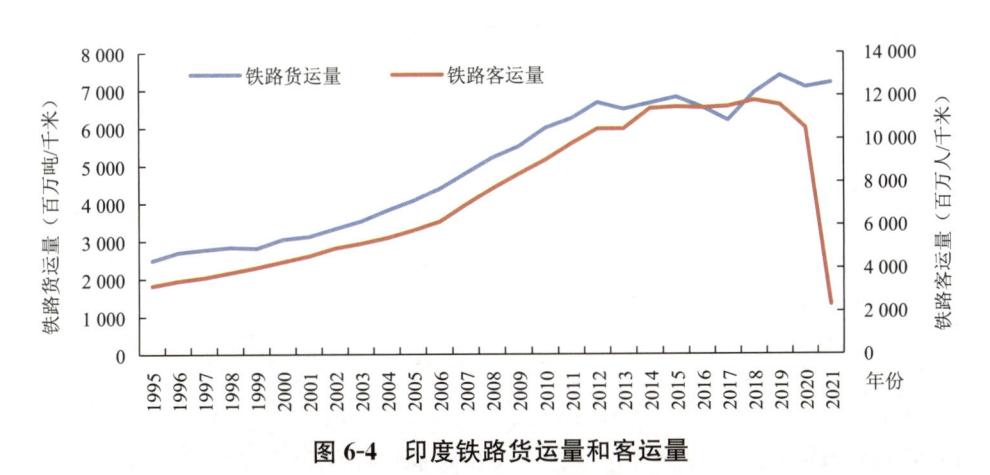

图 6-4　印度铁路货运量和客运量

资料来源：世界银行，https://data.worldbank.org.cn/indicator/IS.RRS.GOOD.MT.K6。

矿区和山区。宽轨铁路约占线网总长度一半，印度境内所有长距离铁路干线都是宽轨，如德里—孟买、德里—加尔各答、加尔各答—孟买等。

印度铁路网相对集中于经济发展较快的少数邦。铁路密度最高的是旁遮普邦（42.78千米/平方千米），其次为西孟加拉邦（41.85千米/平方千米）和比哈尔邦（30.82千米/平方千米），北方邦（30.20千米/平方千米）和泰米尔纳德邦（29.96千米/平方千米）分列第四和第五位，马哈拉施特拉邦排名第十（表6-5）。

表6-5 印度主要邦的铁路网密度

邦名	铁路线密度（千米/平方千米）	邦名	铁路线密度（千米/平方千米）
旁遮普邦	42.78	古吉拉特邦	28.73
西孟加拉邦	41.85	阿萨姆邦	27.58
比哈尔邦	30.82	果阿邦	20.72
北方邦	30.20	安得拉邦	17.39
泰米尔纳德邦	29.96	马哈拉施特拉邦	17.00

资料来源：Husain，2020.

印度整个铁路系统由印度铁路局管理。印度铁路网被划分为17个铁路分区，它们是印度铁路的基本运营单位（表6-6）。印度国内铁路网营运里程分布比较分散，相对集中于北部、西部、中南部、西北部及南部等区域。

表6-6 印度铁路分区情况

铁路区名	铁路里程（千米）	铁路区名	铁路里程（千米）
北部铁路 NR（Northern Railway）	6 968	西南铁路 SWR（South Western Railway）	3 177
东北铁路 NER（North Eastern Railway）	3 667	西北铁路 NWR（North Western Railway）	5 459
东北边境铁路 NFR（Northeast Frontier Railway）	3 907	中西部铁路 WCR（West Central Railway）	2 965

续表

铁路区名	铁路里程（千米）	铁路区名	铁路里程（千米）
东部铁路 ER（Eastern Railway）	2 414	中北部铁路 NCR（North Central Railway）	3 151
东南铁路 SER（South Eastern Railway）	2 631	东南中部铁路 SECR（South East Central Railway）	2 447
中南部铁路 SCR（South Central Railway）	5 803	东海岸铁路 ECoR（East Coast Railway）	2 572
南部铁路 SR（Southern Railway）	5 098	中东部铁路 ECR（East Central Railway）	3 628
中部铁路 CR（Central Railway）	3 905	康坎铁路 KR（Konkan Railway）	741
西部铁路 WR（Western Railway）	6 182		

资料来源：印度国家铁路计划 2030（National Rail Plan for India—2030），https://pib.gov.in/Pressreleaseshare.aspx? PRID=1797575。

铁路的建设推动了区域经济的发展。例如，铁路运输促进了马哈拉施特拉邦和古吉拉特邦的棉纺织业；胡格利盆地的黄麻工业；切蒂斯格尔邦、恰尔肯德邦、马哈拉施特拉邦、奥里萨邦和西孟加拉邦的煤炭工业；阿萨姆邦和西孟加拉邦的茶园和石油化工工业等的繁荣。此外，铁路在旁遮普邦、哈里亚纳邦和北方邦西部地区的谷物和化肥的运输方面发挥了重要作用，助力"绿色革命"成功（Husain，2020）。

（二）跨境铁路的空间布局

印度与邻国巴基斯坦、尼泊尔、孟加拉国之间均有铁路互通，与不丹、缅甸的跨国铁路线也在规划当中（表6-7）。以宽轨铁路为主、距离较短、等级较低、速度较慢、运量和效率不高，经济价值不显著。

表 6-7　印度与邻国的跨境铁路建设

接壤国	跨境铁路
中国	无
孟加拉国	印度西里古里—孟加拉国多尔哈—孟加拉国本格拉（Siliguri-Darshana-Benapole）铁路
尼泊尔	印度拉克索尔—尼泊尔比尔甘杰1 676mm宽轨铁路，2005年投入运营 印度杰伊讷格尔—尼泊尔库尔塔1 676mm宽轨铁路，2022年4月投入运营 印度边境城镇拉克索尔镇至尼泊尔首都加德满都1 676mm宽轨铁路，拟建
不丹	科克拉贾（阿萨姆邦）至格勒铺（不丹），拟建 巴纳哈特（西孟加拉邦）至萨姆奇宗（不丹），拟建
巴基斯坦	萨穆赫快速列车
阿富汗	无
缅甸	无

第三节　水上运输

印度幅员辽阔、水系发达。流经印度境内的河流多达10 000余条，运河有4 300余条，组成了丰富的水路运输体系。在铁路修建之前，水路是印度主要的交通运输方式。印度地处阿拉伯海和孟加拉湾之间，占据显著的远洋商贸区位优势。拥有漫长的海岸线，天然良港众多、海运能力位居世界前列，承担了超过90%的对外贸易量和近70%的对外贸易额。印度约60%的海上贸易运输集中于孟买、金奈等12个由政府直接管辖的港口。

一、以海运为主，河运不发达

（一）内河运输

印度的内河航运已持续几个世纪，内河运输水道众多且运量稳定增长，拥有六条国家主要内河航道，通航里程1.45万千米，每年通过内河运输约4 500万吨货物（Husain，2020）。除恒河中、下游等局部地区外，印度内河运输水平相对较低。全国内河货物运输量仅占全部国内货物运输量的 0.1%[①]。

1. 内河水道众多，少数河流主导

印度可通航的内河水道众多，包括河流、运河、溪流、回水等多种类型。在印度内河航运中起主导作用的河流有（表 6-8）：北部的恒河、布拉马普特拉河及其支流；半岛上的戈达瓦尔河、克里希纳河及运河；南部果阿的曙多维与朱阿里河；流经安得拉邦与泰米尔纳德邦的白金汉运河，及喀拉拉邦北部与南部的一些独特的回水（许美兰，1989）。

表 6-8 印度航道里程排名前十的河流

河流名称	流经邦	航道里程（千米）
恒河—巴吉拉蒂河—胡格利河的普拉亚格拉杰—哈尔迪亚河段	北方邦、比哈尔邦、恰尔肯德邦、西孟加拉邦	1 620
卡基纳达—普度克里（白金汉运河）	安得拉邦、泰米尔纳德邦和普度克里（亚南和本迪克里）	1 095
亚穆纳河	哈里亚纳邦、北方邦和德里	1 089
雅鲁藏布江萨迪雅—杜布里河段	阿萨姆邦	891
桑德班水道	西孟加拉邦	654
英迪拉·甘地运河	哈里亚纳邦、旁遮普邦和拉贾斯坦邦	650
（a）Brahmani 河的 Talcher-Dhamra 河段-Kharsua 河-Tantighai 河-Pandua Nala-Dudhei Nala-Kani Dhamra 河 （b）库沃姆运河的贡卡利—哈尔巴蒂亚河段 （c）Matai 河和 Mahanadi 三角洲河的 Harbatia-Dhamra 河段	奥里沙邦、西孟加拉邦	623
贾瓦伊河—卢尼河和卡奇大草原	拉贾斯坦邦和古吉拉特邦	590
姆蒂河	北方邦	518
达布蒂河	马哈拉施特拉邦和古吉拉特邦	436

资料来源：印度内河航道管理局（Inland Waterways Authority of India），https://iwai.nic.in/。

---

① 参见《对外投资合作国别（地区）指南（印度）》2022 年版。

2. 内河码头较多，但高度集中

印度内河码头众多，主要位于马哈拉施特拉邦、古吉拉特邦、安得拉邦、奥里萨邦等（表6-9）。高运量码头基本位于马哈拉施特拉邦，该邦位于印度中西部，沿阿拉伯海有长达720千米的海岸线和50个港口，负载了印度20%的港口货运量。该邦还有克里希纳河及其支流比哈河、戈达瓦尔河及其主要支流曼贾拉河和瓦尔达河、塔普蒂河及其支流普纳河。多样的产业集群和高出口额也增强了该邦的吸引力。

表6-9　印度主要的内河码头及运量（2022—2023财年）

排名	码头名	所在邦	运量（千吨）
1	Jaigad	马哈拉施特拉邦	52 561 126.4
2	Dharamtar	马哈拉施特拉邦	32 237 321.0
3	Magdalla	古吉拉特邦	31 462 699.0
4	MbPT Anchorage	马哈拉施特拉邦	13 638 471.7
5	Vizag	安得拉邦	11 373 477.5
6	Paradip	奥里萨邦	9 603 329.0
7	Narayanganj	中央邦	7 240 594.6
8	Goa	果阿邦	3 520 793.0
9	Haldia Fly Ash Jetty	西孟加拉邦	3 455 998.0
10	Kolkata Dock System	西孟加拉邦	3 386 000.0
11	Diamond Harbour	本地治里中央直辖区	2 653 622.1
12	Koelwar	比哈尔邦	2 321 858.0
13	Budge Budge	西孟加拉邦	2 246 663.0
14	Gagavarum	安得拉邦	19 728 250.0
15	Dhamar	奥里萨邦	1 486 483.0
16	Pangaon	切蒂斯格尔邦	1 242 596.0
17	Riverine Jetty	奥里萨邦	1 222 059.0
18	BTPS Jetty	西孟加拉邦	1 159 389.0
19	G. R. Jetty-2	西孟加拉邦	1 074 455.5
20	Jafrabad	古吉拉特邦	975 914.0

资料来源：印度内河航道管理局（Inland Waterways Authority of India），https://iwaicargoportal.nic.in/。

3. 航运量波动上涨，但运能较低

尽管印度内陆航运量波动上涨（图6-5），但印度的内河运输水平除恒河中、下游等局部地区外，均相对较低。内河航运的运输水平由流量大小、水流平衡情况、货物运量大小、内河结网水平及多式联运的可达性等共同决定。印度季风气候的盛行，使得河流的水文周期多受到季风的影响。由于疏于管理和维护，一些河流泥沙沉积严重、水位较低、不便通航。

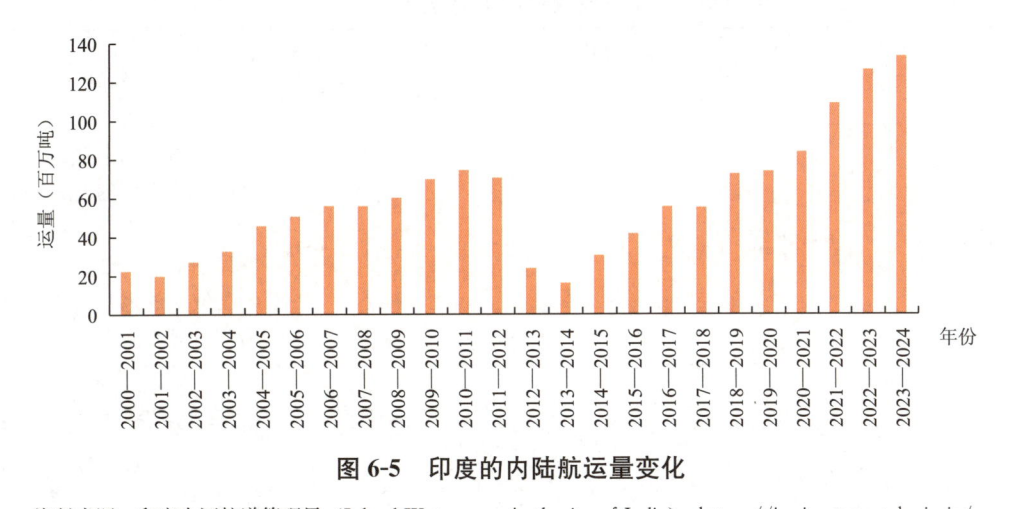

图6-5 印度的内陆航运量变化

资料来源：印度内河航道管理局（Inland Waterways Authority of India），https://iwaicargoportal.nic.in/。

（二）海上运输

印度拥有东西两侧长达5 560余千米的海岸线，且向南一路无阻，直接与南极洲大陆相望。因此，印度是世界上最适合发展远洋运输的国家之一。2021—2022财年，印度主要港口年货运量达6.5亿吨，港口吞吐量的年增长率为10%—12%。

1. 港口数量多，但吞吐量高度集中

印度拥有约200个非主要或中间港口，均匀地分布在东部和西部沿海，小型港口由各自的邦政府监管。主要港口仅13个，其中12个为政府港口，包括坎德拉港（Kandla）、孟买港（Mumbai）、莫尔穆高港（Mormugao）、新门格洛尔港（New Mangalore）、科钦港（Cochin）、金奈港（Chennai）、卡马拉贾尔港（Kamarajar）、杜蒂格林港（VO Chidambaranar）、维沙卡帕特南港（Visakhapatnam)、帕拉迪普港（Paradip）、加尔各答港（Kolkata）和尼赫鲁港（Nehru）（表6-10）。2017—2018年，主要港口吞吐量占总吞吐量的58%。蒙德拉港（Mundra）是印度最大的私营港口，其2022—2023财年货物吞吐量为1.5亿吨，在印度所有港口中排名第一。蒙德拉港还是全球集装箱吞吐量增长第二快的港口。

表6-10 印度主要政府港口的海运运力（2019—2020财年）

港口	所在邦	货运量（千吨）国际	货运量（千吨）国内	客运量（千人）国际	客运量（千人）国内	总船数（艘）	主要特征
坎德拉港	古吉拉特邦	105 845	16 762	—	—	3 095	可泊大型远洋船舶，主要进口货物为机器及日用品等，出口货物以棉花及蔗糖为主
孟买港	马哈拉施特拉邦	34 294	26 401	29.5	145.6	1 998	印度最大的港口，印度海陆空的交通枢纽 主要出口货物为纺织品、黄麻、矿石、面粉、花生、棉花、煤、糖、植物油及杂货等，进口货物主要有石油、钢铁、粮谷、水泥、木材、机械、橡胶及化工品等
尼赫鲁港	马哈拉施特拉邦	64 268	4 181	—	—	2 499	负载了印度一半以上的集装箱货物
莫尔穆高港	果阿邦	14 455	1 562	53.2	95.6	430	主要出口货物除矿石外，还有豆饼及干果等，进口货物主要有煤、粮食、汽车、水泥、化肥及石油产品等
新门格洛尔港	卡纳塔克邦	29 107	10 037	23.7	—	1 351	铁矿石出口
科钦港	喀拉拉邦	22 939	11 099	122.8	211.8	1 141	国际集装箱中转站，是印度最大的集装箱转运中心，主要进口石油、粮食、钢材、化肥；出口橡胶、茶叶、咖啡、胡椒、香料、水产等

续表

港口	所在邦	货运量（千吨）国际	货运量（千吨）国内	客运量（千人）国际	客运量（千人）国内	总船数（艘）	主要特征
杜蒂格林港	泰米尔纳德邦	37 371	8 705	—	—	1 447	位于印度东南海域东西国际航线上，拥有极高的战略地位。主要运输煤炭、粮食、盐、糖、石油产品和食用油等大宗货物，并且是印度同邻国斯里兰卡主要的贸易口岸
金奈港	泰米尔纳德邦	41 784	4 974	0.7	10.6	1 439	印度最大的人工港，印度第二繁忙的集装箱枢纽，承担大宗工业货物、汽车等运输
卡马拉贾尔港	卡纳塔克邦	17 995	13 751	—	—	827	主要运输货物为煤炭、液化天然气和集装箱
维沙卡帕特南港	安得拉邦	56 385	16 337	—	11.8	2 099	印度的第二大货物港
帕拉迪普港	奥里萨邦	77 280	35 409	—	—	2 004	可停泊6万吨海轮，专用作输出铁锰矿石和云母。有铁路与奥里萨高原的铁锰矿区相连。矿石主要输往日本
加尔各答港	西孟加拉邦	53 437	10 546	—	4.3	3 533	东部最大港口，"黄麻港"，主要出口货物除黄麻外，还有煤、矿石、茶叶、废钢、皮张、棉花及糖等，进口货物主要有石油、盐、面粉、水泥、钢铁、谷物、橡胶、机械、化工品、木材和烟草等

资料来源：《印度 2020—2021 财年基本港口统计》（Basic Port Statistics 2021—2022），https://shipmin.gov.in/。

2. 港口设施弱，货物转运依赖度高

印度超 90% 的进出口贸易借助于海运。虽然港口众多，但印度港口目前普遍存在基础设施不足和设备老化等问题，无法满足日益增长的海上运输服务需求。截至 2022 年，印度境内港口普遍无法满足运输效率最高的大型货轮的水深要求，而只能接驳吨位小、吃水浅的中小型船只。因此，印度境内高达30%的海运进出口货物仍需借助外国枢纽港口进行转运。由于没有深水港，大量印度远洋货物需要到科伦坡或新加坡转运。在世界银行发布的2023年物流绩效指数（LPI）中，印度全球排名第38位（表6-11），"海关""基础设施质量"和"追踪"三项的得分最低。

表6-11 2023年世界各国及地区的物流绩效指数（部分）

国家（或地区）	LPI排名	LPI分数	海关	基础设施	国际货运	物流能力与质量	追踪	及时性
新加坡	1	4.3	4.2	4.6	4.0	4.4	4.3	4.4
芬兰	2	4.2	4.0	4.2	4.1	4.2	4.3	4.2
丹麦	3	4.1	4.1	4.1	3.6	4.1	4.1	4.3
德国	4	4.1	3.9	4.3	3.7	4.2	4.1	4.2
新西兰	5	4.1	3.9	4.2	3.7	4.2	4.0	4.2
瑞士	6	4.1	4.1	4.4	3.6	4.3	4.2	4.2
澳大利亚	7	4.0	3.7	3.9	3.8	4.0	4.3	4.2
越南	8	4.0	3.9	4.1	3.8	4.2	4.2	4.0
加拿大	9	4.0	4.0	4.3	3.6	4.2	4.1	4.1
中国香港	10	4.0	3.8	4.0	4.0	4.0	4.1	4.2
⋮	⋮	⋮	⋮	⋮	⋮	⋮	⋮	⋮
印度	38	3.4	3.0	3.2	3.5	3.5	3.6	3.4

资料来源：世界银行（2023），https://lpi.worldbank.org/。

3. 港口规模小，以干散货和油运为主

印度港口集装箱吞吐量稳步增长（表6-12），其干散货市场和油运市场占比较高，集装箱航运市场占比较低。2020年，印度的铁矿石、煤炭、原油及LNG海运贸易量达到4.95亿吨，约占全球海运贸易量的5%（武嘉璐，2022）。

表6-12 世界主要国家港口集装箱吞吐量 （单位：万标准集装箱）

国家或地区	2000年	2010年	2015年	2018年	2019年	2020年	2021年
世界	22 477	54 989	68 789	78 790	80 880	79 415	84 064
高收入国家	14 663	28 194	32 406	35 882	36 346	35 357	37 253

续表

国家或地区	2000 年	2010 年	2015 年	2018 年	2019 年	2020 年	2021 年
中等收入国家	7 723	26 469	36 040	42 484	44 135	43 777	46 526
中　　国*	4 100	14 055	19 984	23 462	24 356	24 604	26 261
印　　度	245	924	1 232	1 700	1 749	1 758	1 994
日　　本	1 310	1 994	2 109	2 342	2 328	2 156	2 220
新 加 坡	1 710	2 843	3 092	3 660	3 720	3 687	3 747
加 拿 大	293	467	583	676	700	630	717
墨 西 哥	132	370	542	698	711	649	785
美　　国	2 830	4 025	4 640	5 304	5 426	5 293	6 055
巴　　西	241	722	926	1 006	1 070	1 045	1 180
法　　国	292	392	446	505	499	444	552
德　　国	770	1 306	1 503	1 509	1 503	1 395	1 472
意 大 利	692	976	1 021	1 062	1 079	1 070	1 130
荷　　兰	641	1 133	1 240	1 480	1 520	1 476	1 578
俄 罗 斯	32	332	366	473	497	492	526
西 班 牙	579	1 250	1 429	1 717	1 746	1 675	1 771
英　　国	643	822	976	1 032	1 051	927	984
澳大利亚	354	644	772	866	878	847	815
新 西 兰	107	232	293	338	343	345	325

＊中国的数据不包括中国香港和中国澳门。

资料来源：世界银行 WDI 数据库，https://databank.worldbank.org/。

二、港口航线高度集中

根据印度权威机构统计，印度大多数小港位于古吉拉特邦和马哈拉施特拉邦。港口运量高度集中于极少数港口，孟买港及 JNPT（新孟买港）集中了全印度约 70% 的海上贸易量。

（一）内河运输的空间分布

尽管印度河流广布，但具重要航运价值的内河及其港口的空间分布显著不均衡，高度集中于马哈拉施特拉邦、西孟加拉邦、古吉拉特邦、奥里萨邦和阿萨姆邦等（表6-13）。

表6-13 印度主要的内河航道及运量（2022—2023财年）

航道编号	流经邦	航道里程（千米）	航道运量（千吨）
NW91	马哈拉施特拉邦	52	52 576 884.41
NW10	马哈拉施特拉邦	45	45 877 880.98
NW100	马哈拉施特拉邦、古吉拉特邦	436	31 462 699.00
NW1	北方邦、比哈尔邦、恰尔肯德邦、西孟加拉邦	1 620	25 576 168.92
NW3	喀拉拉邦	365	6 585 085.92
NW4	安得拉邦、泰米尔纳德邦、本地治里直辖区	1 095	5 644 484.86
NW68	果阿邦	41	4 848 850.00
NW94	比哈尔邦	160	2 321 858.00
NW111	果阿邦	50	2 192 736.00
NW85	马哈拉施特拉邦	31	1 341 592.40
NW64	奥里萨邦	425	1 270 975.14
NW5	奥里萨邦、西孟加拉邦	623	1 220 592.52
NW2	阿萨姆邦	891	1 146 538.25
NW97	西孟加拉邦	654	1 114 984.44
NW44	西孟加拉邦	64	968 348.24
NW83	马哈拉施特拉邦	31	621 716.10
NW86	西孟加拉邦	72	241 598.18
NW8	喀拉拉邦	28	71 339.48
NW73	古吉拉特邦	227	62 955.00
NW23	奥里萨邦	110	48 367.72
NW9	喀拉拉邦	56	43 140.76
NW31	阿萨姆邦	38	28 320.08
NW16	阿萨姆邦	121	3 177.90

资料来源：印度内河航道管理局（Inland Waterways Authority of India），https://iwai.nic.in/。

（二）海运的空间布局

1. 主要海运港口

印度主要海运港口较少，集中于少数沿海邦域。马哈拉施特拉邦、卡纳塔克邦和泰米尔纳德邦各有两个主要港口，古吉拉特邦、果阿邦、安得拉邦、喀拉拉邦、奥里萨邦和西孟加拉邦各有一个主要港口（图6-6）。马哈拉施特拉邦有孟买和尼赫鲁两座主要港，孟买港位于印度西海岸外的孟买岛上，它是南亚大陆桥的桥头堡，也是印度海陆空的交通枢纽（表6-14）。附近油田的开发使其成为石油开采的后方基地，港口的海铁联运发达。尼赫鲁港是印度最大的集装箱港口，已成为通往印度西北部集装箱运输的门户，处理了印度一半以上的集装箱货物。而非主要港口虽多，但运力十分有限。古吉拉特邦有41个非主要港口，也是印度主要的工业邦之一。

表6-14 印度各邦主要港口的海运运力（2019—2020财年）

行政区划	主要海港	货运量（千吨）国际	货运量（千吨）国内	客运量（千人）	总船数（艘）
安得拉邦	维沙卡帕特南港	81 876	18 028	—	773
果阿邦	莫尔穆高港	—	8	—	76
古吉拉特邦	坎德拉港	364 907	46 884	1	12 536
卡纳塔克邦	新门格洛尔港、卡马拉贾尔港	596	339	6	493
喀拉拉邦	科钦港	1	155	16	604
马哈拉施特拉邦	孟买港、尼赫鲁港	23 350	20 311	15 908	2 940
奥里萨邦	帕拉迪普港	31 304	3 965		132
泰米尔纳德邦	杜蒂格林港、金奈港	11 206	164	1 996	218
安达曼-尼科巴群岛	—	56	1 794	3 078	
拉克沙群岛中央直辖区	—				19 532

资料来源：《印度2021—2022财年基本港口统计》（*Basic Port Statistics 2021—2022*），https://shipmin.gov.in/。

2. 主要海运航线

印度地处印度洋的中心位置，途经印度洋的轮船基本都要经过或停留在印度的港口，印度已深度融入全球海上航运系统，从其西部海岸线港口出发的船只，多前往非洲大陆和欧洲大陆；从其东部海岸线港口出发的船只，一般经马六甲前往中国、韩国、日本、澳大利亚（杨文武、易鑫，2020；图6-6）。印度的孟买港、尼赫鲁港、金奈港和加尔各答港的海运航线最为密集，它们在苏伊士运河航线和印度洋航线中发挥重要作用。此外，杜蒂格林港的航线也较密集，

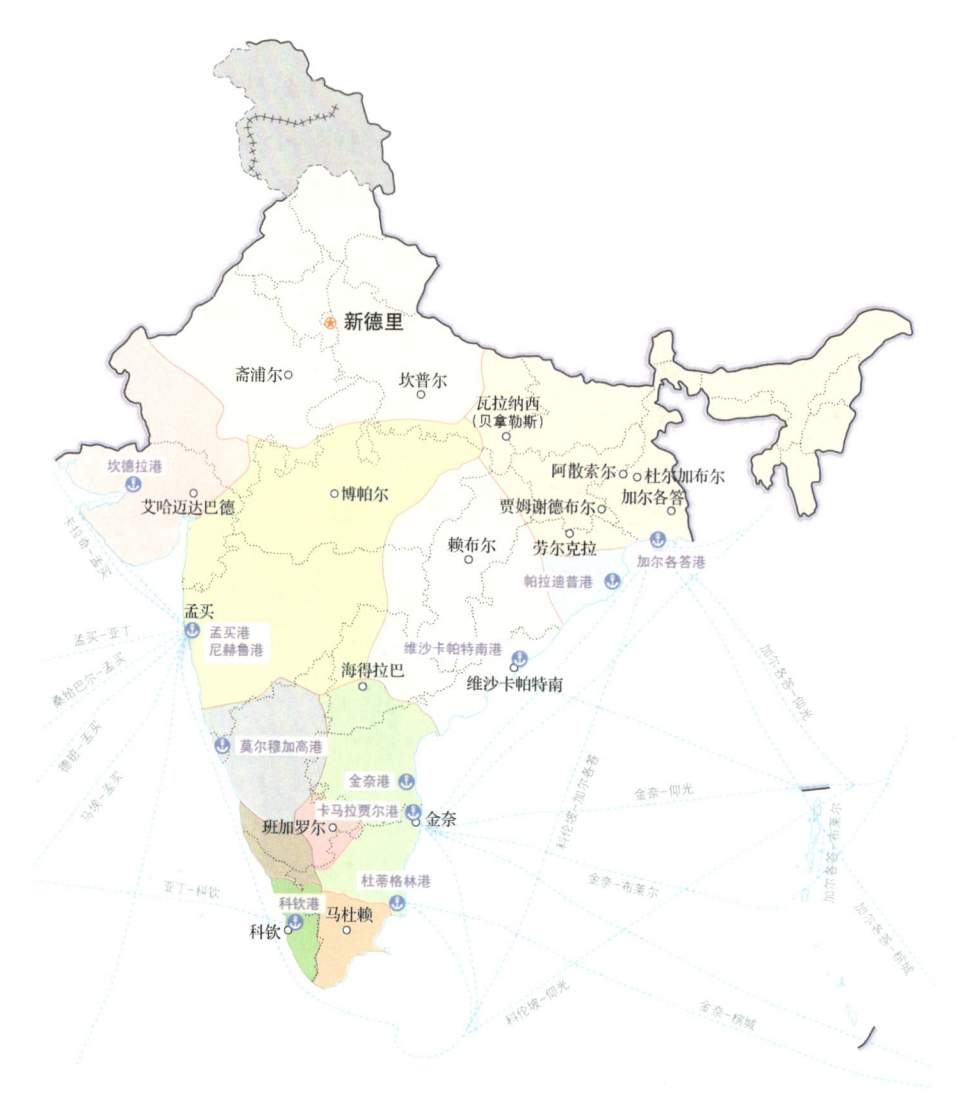

图 6-6　印度主要海港与海上航线

资料来源：Husain，2020.

该港位于印度东南海域的东西国际航线节点，具有极高的战略地位。

　　印度的海上运输系统在国家经济中发挥了重要作用。不仅有效减轻了铁路和公路运输系统的压力，还为沿海地区提供了大量的就业机会。通过海上运输，印度得以高效处理大宗货物的进出口，促进了沿海产业的发展，包括港口建设、船舶制造和海洋资源开发等。此外，海上运输也对旅游业产生了积极影响，吸引了大量游客前往印度的海滨城市和度假胜地。印度的海上运输也面临一系列挑战。许多港口拥挤和吞吐能力有限，导致货物处理速度缓慢，影响了整体运输效率。海上运输与内陆地区的连接不足，特别是缺乏高效的集装箱运输网络，限制了货物从港口到内陆市场的流动。集装箱运输压力巨大，加之内陆物流基础设施的短板，增加了运输成本。

第四节 航空运输

受益于薄弱的地面高速交通、航空业私有化及低成本化，印度国际及国内航空发展迅猛，航班班次频繁，是世界第三大航空市场，也是发展速度最快的民航市场之一。印度拥有153个运营机场，20多个主要城市建有国际机场，可通往39个国家和地区。机场分布相较均衡，客货运量相对集中于德里、孟买、加尔各答、金奈等主要城市。印度民航私有化进程全球少见，民营航企独占鳌头，随着航空基础设施建设加速推进，印度在国际航空市场中的地位不断提升。

一、航空私有化和低成本化

（一）发展阶段

在发展中国家中，印度的航空工业起步较早。1940年，印度商人创立了"印度斯坦飞机有限公司"，并建了一座工厂，公司主营业务为英国皇家空军飞机组装。1948年6月8日，该公司开始从事国际航线业务，开辟了首条孟买—伦敦的国际航线。印度独立后，该公司着手创建独立的航空工业，但受技术水平限制，自主建设航空实际上变成了仿制国外飞机。1949—1962年，印度仿制了400余架飞机和发动机等。1953年，印度政府决定介入航空运输业，组建了印度航空公司（Air India）和印度国家航空公司（Indian Airlines）两大航空公司，分别负责国际和国内航线。20世纪50年代是印度民航运输业发展的一个黄金时期，印度航空公司大量引进先进客机，国际航线拓展至东京、新加坡、中国香港等地。

20世纪60年代，印度航空公司开始引进喷气式客机，成为全世界率先拥有全喷气式客机机队的航空公司之一。从20世纪90年代起，印度航空市场开始向私人资本开放，印度航空运输市场的竞争日趋激烈，低成本航空公司市场份额不断扩大，占比一度接近80%。受盈利问题困扰，印度航空公司在2017年宣布出售其76%的股份。至此，印度航空已基本全部私有化。此后，印度一直在不断优化航线网络，降低空中运输成本，航空基础设施建设极快（Iyer and Thomas, 2020）。过去20年，印度在国家"支线连通计划（RCS）"的支持下新建了200多座机场，并通过国家"区域连接计划（UDAN）"，提升不同等级城市的空间连通性。

（二）航空市场潜力大且高度集中

1. 航空市场需求旺盛，以客运为主

印度航空运量增长迅速（表6-15）。2000—2021财年，印度航空货物周转量经历快速增长后回落，而航空客运量持续增长，从2000年的1 730万人次增长至2021年的8 396万人次，增长近四倍。2021年，新德里英迪拉·甘地国际机场登机和下机旅客达3 714万人次，位列世界第十三位；航空器架次达327 000架，较2020年增加31.7%。

表6-15 2000—2021年世界主要国家的航空运量

国家或地区	航空货物周转量（万吨/千米）			航空客运量（万人次）		
	2000年	2010年	2021年	2000年	2010年	2021年
世界	11 825 721	18 249 863	21 922 733	167 406	266 941	227 997
高收入国家	10 108 854	14 394 703	16 480 101	136 383	180 412	124 885
中等收入国家	1 684 439	3 791 823	5 064 043	30 116	84 710	101 894
低收入国家	29 118	63 215	378 578	478	1 176	1 192
中国*	390 008	171 938 774	2 096 121	6 189	26 629	44 030
印度	54 765	163 096	90 793	1 730	6 437	8 396
日本	867 205	769 880	1 094 702	10 912	10 962	4 541
新加坡	600 489	71 214 147	366 685	1 670	2 486	231
加拿大	189 611	195 733	324 000	4 177	6 328	2 495
墨西哥	30 986	90 895	96 257	2 089	3 127	5 422
美国	3 017 198	3 935 326	4 600 465	66 533	72 050	66 615

续表

国家或地区	航空货物周转量（万吨/千米）			航空客运量（万人次）		
	2000年	2010年	2021年	2000年	2010年	2021年
巴 西	172 790	130 247	129 449	3 129	7 463	6 190
法 国	522 434	507 972	410 703	5 258	6 086	3 200
德 国	712 771	748 748	1 153 305	5 796	9 733	3 307
意 大 利	174 841	78 497	115 069	3 042	3 265	245
荷 兰	436 734	644 438	434 640	2 090	2 698	1 935
俄 罗 斯	104 141	353 158	588 842	1 769	4 386	9 685
西 班 牙	87 950	123 586	85 082	3 971	5 285	4 344
英 国	516 087	608 274	409 709	7 044	10 152	2 663
澳 大 利 亚	173 074	293 831	124 476	3 258	6 064	2 457
新 西 兰	81 714	46 864	31 759	1 078	1 330	873

＊中国数据不包括香港和澳门。
资料来源：世界银行 WDI 数据库，https://databank.worldbank.org/。

2. 民营航企独占鳌头，市场高度集中

印度政府自 1991 年起结束了国家对航空业的垄断，开始允许私营公司参与民航业的运营。印度民航业的快速私有化进一步加剧了市场竞争。十余年来，近 20 家航空公司退出市场，民营航空公司逐步成为印度主流。印度规模最大的民营航空公司为靛蓝航空，其计划座位数占比由 2019 年的 35.27% 上升至 2022 年的 42.87%。紧随其后的为印度航空和香料航空，其计划座位数占比分别为 9.50% 和 7.08%（表 6-16）。

表 6-16 印度市场上航空公司计划座位数占比

排名	航空公司	2019 年计划座位数占比（%）	航空公司	2022 年计划座位数占比（%）
1	靛蓝航空	35.27	靛蓝航空	42.87
2	印度航空	11.78	印度航空	9.50
3	香料航空	11.32	香料航空	7.08
4	Go Air	7.28	Vistara 航空	6.47
5	印度亚洲航空	4.19	Go Air 航空	5.72

续表

排名	航空公司	2019年计划座位数占比（%）	航空公司	2022年计划座位数占比（%）
6	Vistara航空	3.66	印度亚洲航空	4.81
7	Jet Airways (India) Ltd	2.51	阿联酋航空	2.46
8	阿联酋航空	2.46	印度快运	2.36
9	印度快运	2.45	Go First	2.29
10	阿提哈德航空	1.27	FlexFlight ApS	1.06
—	其他航空公司	17.80	其他航空公司	15.38

资料来源：祁梦圆，2023。

3. 以国内市场为主，高度集中于四边形顶点

印度的国内和国际航班数高度集中于德里、孟买、班加罗尔、加尔各答等"黄金四边形"和"钻石四边形"顶点区域（表6-17），反映了印度经济发展与航空基础设施建设的高度同构和耦合。国内航班频次远高于国际航班频次，前者约是后者的4倍。这主要得益于印度庞大的人口基数和低成本航空公司市场份额的不断增长。

表6-17　2019年印度航班数排名前二十的机场（排名依据航班总数）

机场	所在城市	总航班数	国际到达	国际出发	国内到达	国内出发
Delhi	德里	485 367	43 066	48 792	191 000	202 509
Mumbai	孟买	323 395	33 715	34 438	121 057	134 185
Bengaluru	班加罗尔	258 186	13 585	14 071	110 793	119 737
Kolkata	加尔各答	198 988	11 156	11 887	84 824	91 121
Hyderabad Rajiv Gandhi Intl Arpt	海得拉巴	192 994	10 248	11 014	79 293	92 439
Chennai	金奈	170 355	14 806	14 042	69 810	71 697
Ahmedabad	艾哈迈达巴德	91 688	5 420	5 409	40 007	40 852
Kochi (IN)	科钦	85 166	14 045	14 064	27 946	29 111
Goa	果阿	73 578	1 758	2 034	33 787	35 999
Pune	浦那	64 496	630	704	31 869	31 293
Guwahati	古瓦哈提	60 473	325	424	28 645	31 079

续表

机场	所在城市	总航班数	国际到达	国际出发	国内到达	国内出发
Lucknow	勒克瑙	48 750	1 887	2 531	21 751	22 581
Jaipur	斋浦尔	43 403	1 435	1 799	21 390	18 779
Patna	巴特那	39 168	—	—	20 016	19 152
Bhubaneshwar	布巴内斯瓦尔	34 564	324	324	15 960	17 956
Nagpur	那格浦尔	29 310	573	573	14 410	13 754
Indore	印多尔	28 932	73	73	14 662	14 124
Bagdogra	巴格多格拉	25 212	210	192	14 074	10 736
Coimbatore	哥印拜陀	25 140	210	956	10 167	13 807
Kozhikode	科济科德	24 470	7 554	9 576	3 513	3 827

资料来源：OAG（Official Aviation Guide，官方航空数据库），https://www.oag.com/。

二、航空沿海高度集聚

（一）航空机场的空间分布

印度机场的分布呈现出沿海高于内陆、向经济发达地区集聚的趋势（图 6-7）。印度各邦均有国内机场，其中南部、西南部、北部和东部地区机场更密集，国际机场则多见于海港城市，尤其是南部少数邦甚至有多达四个国际机场。喀拉拉邦是印度第一个拥有四个国际机场的邦，分别位于科钦、科泽科德、特里凡得琅和坎努尔。科钦国际机场是世界上第一个全太阳能机场。泰米尔纳德邦也有四个国际机场，分别位于金奈、马杜赖、蒂鲁奇拉帕里和哥印拜陀。

（二）航空线路的全球组织

印度航空线路分布不均，国内航线呈典型的四边形结构（图 6-7），与公路、铁路及经济的四边形空间高度同构。以德里、孟买、班加罗尔、金奈和加尔各答五座城市之间的航线最为密集，东北部军事机场潘吉姆机场、科钦机场、拉吉夫·甘地机场和古瓦哈蒂机场与其他机场间的航线也较为密集，尤以古瓦哈蒂与东部加尔各答、首都德里之间的航班最为频繁（表 6-18）。孟买—德里航线

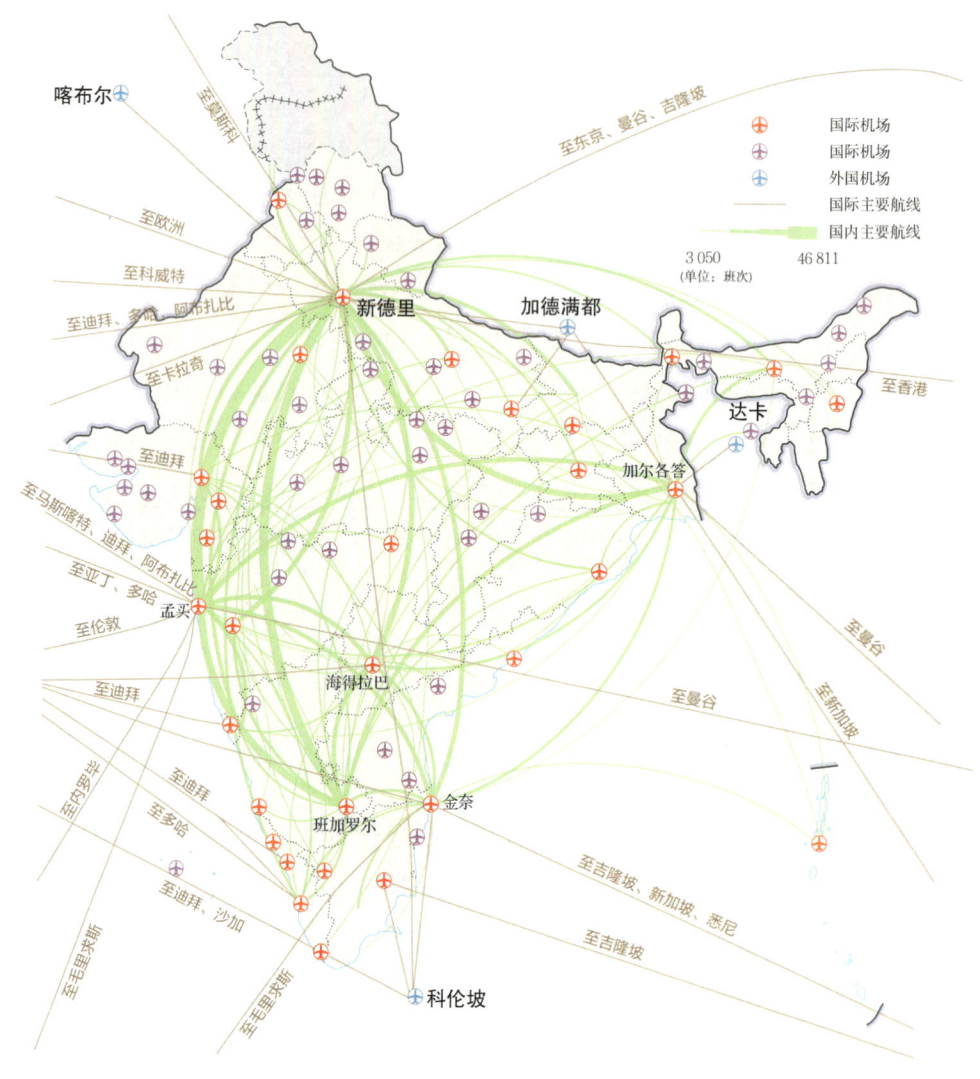

图 6-7　印度机场分布

也是2023年全球最繁忙的十大航线之一，航班次数高达 7 276 430[①] 架次。

印度的国际热门航线仍以德里、孟买、金奈和加尔各答等城市的国际机场为中心，航次最为频繁的前五组航班对为孟买—迪拜、德里—迪拜、加尔各答—达卡、德里—曼谷和德里—加德满都（表 6-18）。这反映了印度国际航运网络组织的地理与产业邻近性特征（Ng and Gujar，2009）。

---

① 资料来源：官方航空数据库（OAG busiest routes 2023），https://www.oag.com/busiest-routes-world-2023。

表 6-18　印度最繁忙的二十条国内与国际航线（2019 年）

国内航班		国际航班	
孟买—德里	46 811	孟买—迪拜（阿拉伯联合酋长国）	10 291
德里—班加罗尔	31 266	德里—迪拜（阿拉伯联合酋长国）	8 419
孟买—班加罗尔	27 383	加尔各答—达卡（孟加拉国）	7 128
德里—加尔各答	22 205	德里—曼谷（泰国）	5 849
德里—海得拉巴	20 299	德里—加德满都（尼泊尔）	5 479
德里—浦那	18 322	孟买—阿布扎比（阿拉伯联合酋长国）	4 446
德里—金奈	17 590	科钦—迪拜（阿拉伯联合酋长国）	4 445
孟买—班加罗尔	17 503	孟买—曼谷（泰国）	4 343
孟买—海得拉巴	17 279	加尔各答—曼谷（泰国）	4 288
班加罗尔—海得拉巴	16 688	德里—阿布扎比（阿拉伯联合酋长国）	4 245
加尔各答—班加罗尔	16 042	海得拉巴—迪拜（阿拉伯联合酋长国）	4 200
孟买—金奈	15 801	金奈—吉隆坡（马来西亚）	4 089
德里—艾哈迈达巴德	15 434	德里—伦敦（英国）	3 840
浦那—德里	14 674	金奈—迪拜（阿拉伯联合酋长国）	3 792
孟买—果阿	14 612	科济科德—迪拜（阿拉伯联合酋长国）	3 705
德里—果阿	14 097	孟买—新加坡	3 646
加尔各答—古瓦哈提	12 810	孟买—马斯喀特（阿曼）	3 623
德里—勒克瑙	12 355	科钦—阿布扎比（阿拉伯联合酋长国）	3 407
金奈—海得拉巴	12 093	班加罗尔—迪拜（阿拉伯联合酋长国）	3 370
孟买—艾哈迈达巴德	12 018	班加罗尔—新加坡	3 271

资料来源：https://www.oag.com/historical-flight-data.

第五节　跨境交通走廊

印度是继中国之后第二个全面提出大规模实施对外互联互通建设项目的亚洲大国。随着亚洲区域经济一体化进程加速，印度加快了对外互联互通的步伐，制定了东向、西联、连接中亚等互联互通政策。印度的对外互联互通还处于"三位一体"互联互通中的早期阶段，即重点发展基础设施的互联互通，其中又以陆海交通基础设施为主（杨文武和易鑫，2020）。印度的跨境走廊项目主要有国际南北运输走廊（INSTC）项目、印日"亚非增长走廊"（AAGC）计划（图6-8）、印度—中东—欧洲经济走廊（IMEEC）项目。

一、国际南北运输走廊

跨里海的南北向贸易通道古已有之，它与东西向的古丝绸之路纵横交织，是欧亚大陆远距离贸易体系的重要组成部分。第二次世界大战期间，英美建立的向苏联提供援助和租借物资的"波斯走廊"可视为国际南北运输走廊的前身（康杰，2022）。冷战结束后，跨里海南北向的互联互通网络建设被重新提上议程。2000年9月，在圣彼得堡举行的第二届欧亚国际运输会议期间，俄罗斯、印度和伊朗签署了关于创建国际南北运输走廊（International North-South Transport Corridor，INSTC）的政府间协议。国际南北运输走廊长约7 200千米，是一条旨在跨越波斯湾和里海，包含海洋、铁路和公路多模式联运方式，连接俄罗斯、阿塞拜疆、伊朗和印度的货运交通线路。该项目旨在提供一条从圣彼得堡到印度孟买港的更具经济效益的运输路线，是替代通过苏伊士运河这一常规运输路径的最佳方案（李锡奎，2023），因此也被称为"21世纪新的'苏伊士运河'"（王健，2002）。

国际南北运输走廊以里海为中心，通过自北向南的区域铁路交通一体化相继将周边四大能源供应板块（东欧、高加索、中亚、中东）连为一体，其"T"字形铁路运输系统既左右了欧亚大陆"边缘地带"的地缘政治经济格局，又通过俄罗斯举足轻重的能源与粮食外交重构欧亚大陆"心脏地带"的地缘政治平衡（Pal，2024）。

国际南北运输走廊的建设进展十分缓慢。在俄罗斯政府的积极推动下，国际南北运输走廊计划强势复苏，并已规划出东、中、西三条支线。2022年6—7月，此项目举行了两次试运行，分别从俄罗斯圣彼得堡和莫斯科出发，抵达印度孟买。

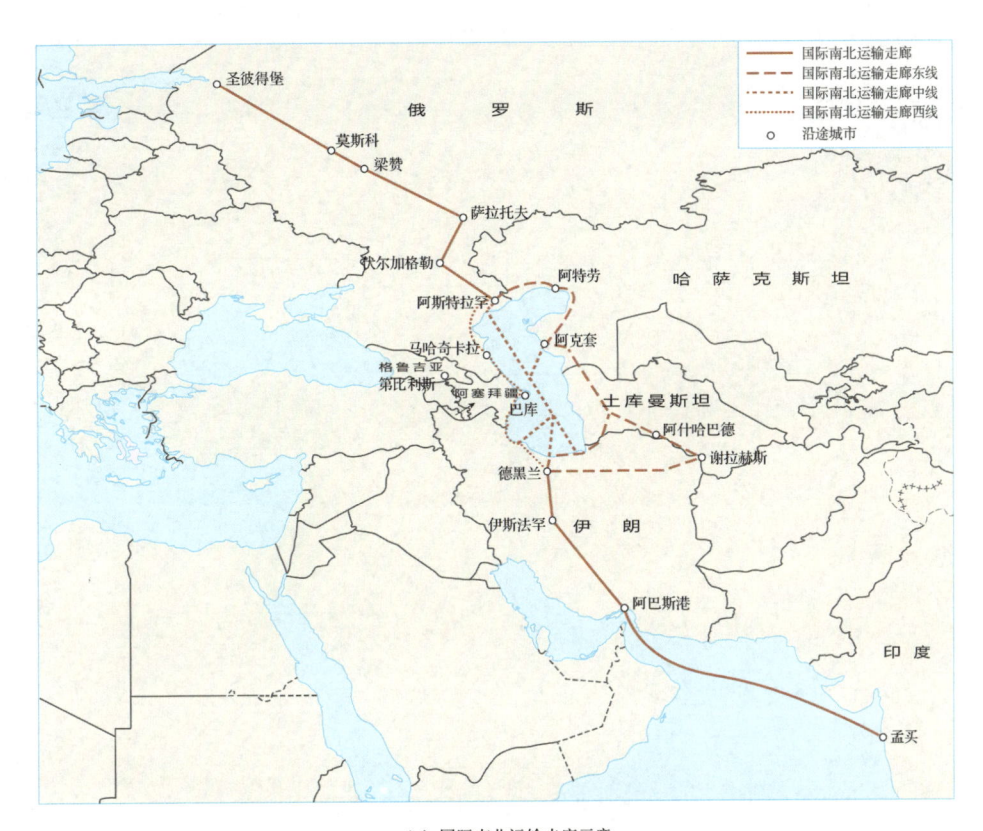

(a) 国际南北运输走廊示意

资料来源：https://mil.sina.cn/2023-07-21/detail-imzcmnhr8362911.d.html?vt=4.

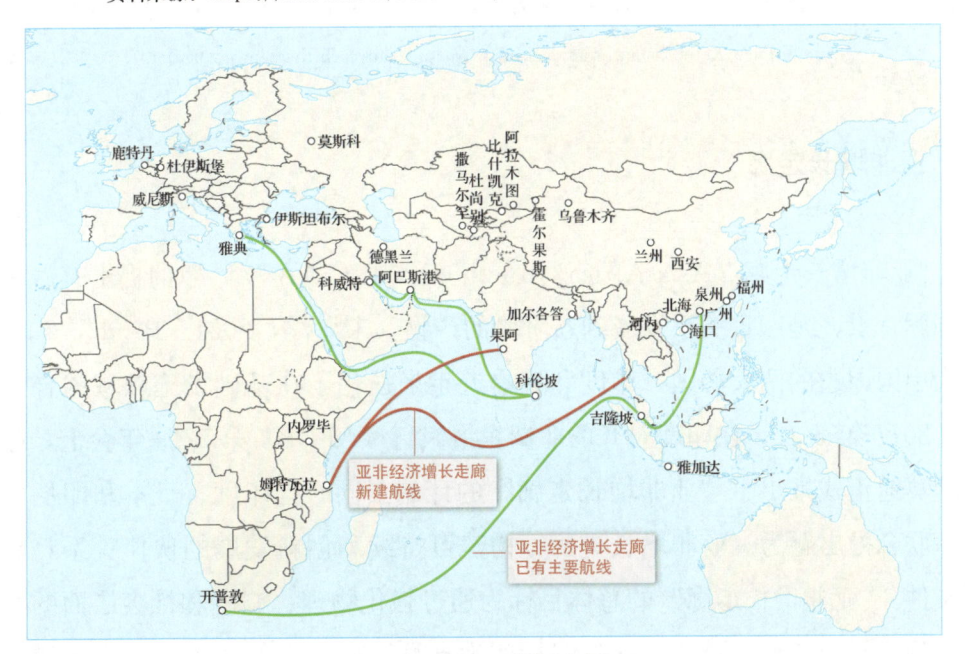

(b) 印日"亚非增长走廊"

资料来源：https://english.lematinal.media/india-must-revive-asia-africa-growth-corridor-to-counter-china/.

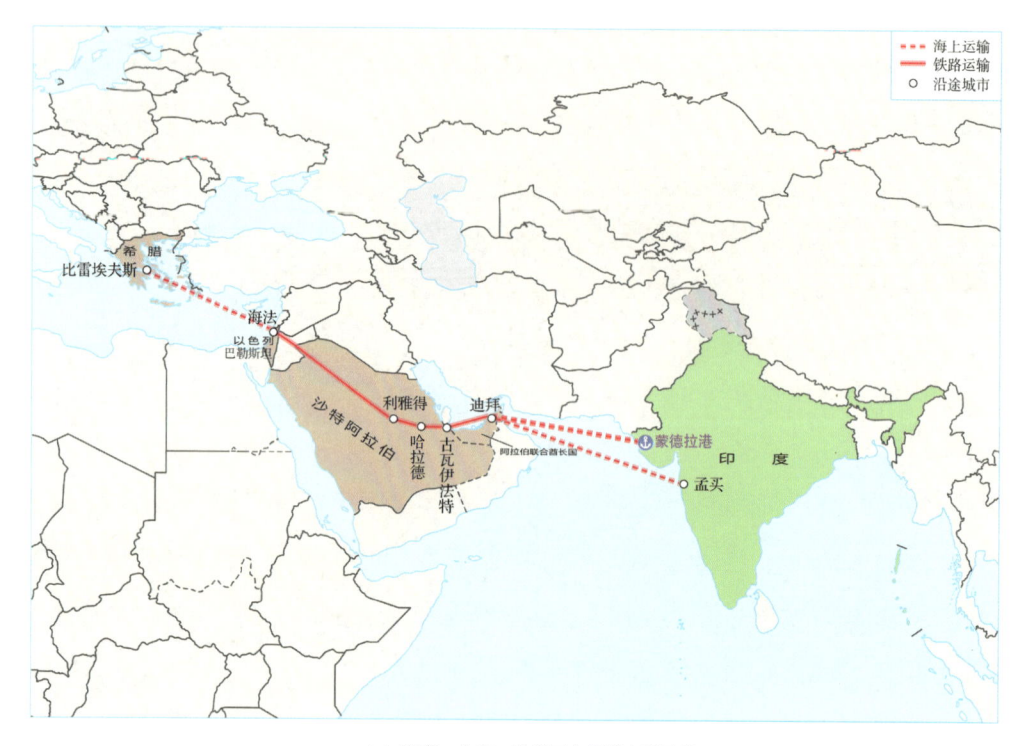

（c）印度—中东—欧洲三方经济走廊示意

图 6-8　印度跨境走廊示意

资料来源：https://www.indiatechonline.com/enterprise-tech/interim-budget-reiterates-commitment-to-its-key-international-infrastructure-outreach-the—imec-corridor/7.

二、亚非增长走廊

"亚非增长走廊（Asia Africa Growth Corridor，AAGC）"的提出有着深刻的国际背景，是印日关系发展到新阶段的产物（宋海洋，2021；Panda，2017）。作为中国周边的两大邻国，印度和日本近年来强化了在基础设施领域的合作力度。2017 年 5 月，在印度召开的非洲发展银行（AFDB）第 52 届年会上，印度总理莫迪正式推出了"亚非增长走廊"的计划。同时，印度、日本和印尼三国智库联合推出题为《亚非增长走廊：构建可持续和创新发展的伙伴关系》的愿景文件。"亚非增长走廊"的总体目标为通过强化物理、制度和社会层面的联系来实现非洲与亚洲的融合。项目包括四大支柱：能力与技术提升、高质量基础设施与制度互联互通、发展与合作项目、民间交往伙伴关系（王秋彬、王西蒙，

2018)。

"亚非增长走廊"本质上是一条连接非洲与印度，以及东南亚和大洋洲其他国家的海上走廊，通过恢复古老的海上航线和创建新的海上走廊，将印度古吉拉特邦的贾姆纳加尔港口与亚丁湾的吉布提连接起来。同样，蒙巴萨港和桑给巴尔港将与马杜赖（印度）附近的港口连接起来；印度加尔各答将与缅甸实兑港连接起来。该项目无疑将推动包括非洲在内的印太地区的互联互通。

三、三方经济走廊

2023年9月，美国、印度、中东和欧洲多国出于对各自战略利益的考虑，共同推出建设"印度—中东—欧洲经济走廊"（India-Middle East-Europe Corridor，IMEEC）计划。该计划旨在整合走廊沿线各类社会经济要素，通过建立高度协调的经济实体，解决走廊建设的技术、设计、融资、法律和相关监管标准等问题。"三方经济走廊"项目的地缘战略意图明显，通过加强亚洲、阿拉伯海湾与欧洲间的互联互通和经济一体化，刺激区域经济发展（巴殿君等，2023）。该走廊主要聚焦互联互通、清洁能源和数字经济三大领域，被描述为一座"跨越大陆和文明的绿色数字桥梁"。

"三方经济走廊"项目旨在通过铁路和航运网络，加强欧亚之间的运输和通信联系。着重建立两条新的贸易走廊：一条连接印度与西亚和中东，另一条则连接西亚、中东与欧洲。该项目包括建造一条铁路连接亚洲、中东和欧洲的港口，提供跨境航运及铁路运输，以便在印度、中东和欧洲之间更有效地实现货物流通。

参 考 文 献

[1] 巴殿君、冯冠、左天全："'印度—中东—欧洲经济走廊'计划评估"，《和平与发展》，2023年第6期。
[2] 康杰："国际南北运输走廊复苏在即？"，《世界知识》，2022年第16期。
[3] 李锡奎："地缘政治经济危机下俄罗斯国际物流通道的重构"，《俄罗斯东欧中亚研究》，2023年第6期。
[4] 刘采玮、张红、唐诗钰："印度道路网的分形自组织与协同特征"，《世界地理研究》，2024年第1期。

[5] 祁梦圆："印度民航大订单背后的思考"，《大飞机》，2023 年第 4 期。
[6] 宋海洋："印日'亚非增长走廊'评析"，《学术探索》，2021 年第 11 期。
[7] 王健："国际南北运输走廊——21 世纪新的'苏伊士运河'"，《中国水运》，2002 年第 11 期。
[8] 王秋彬、王西蒙："日印'亚非增长走廊'计划：进展及挑战"，《现代国际关系》，2018 年第 2 期。
[9] 武嘉璐："对我国航运企业与印度航运业合作的建议"，《水运管理》，2022 年第 1 期。
[10] 许美兰："发展中的印度内河航运"，《南亚研究季刊》，1989 年第 2 期。
[11] 杨文武、易鑫："印度陆海交通基础设施对外互联互通的现状及问题"，《南亚研究季刊》，2020 年第 2 期。
[12] Hesketh, T., and Xing, Z. W. 2006. Abnormal sex ratios in human populations: causes and consequences. *Proceedings of the National Academy of Sciences*, Vol. 103, No. 36, pp. 13271-13275.
[13] Husain, M. 2020. *Geography of India*. McGraw Hill Education.
[14] Iyer, K. C., and Thomas, N. 2020. Acritical review on regional connectivity scheme of India. *Transportation Research Procedia*, Vol. 48, pp. 47-59.
[15] Ng, A. K. Y., and Gujar, G. C. 2009. Government policies, efficiency and competitiveness: The case of dry ports in India. *Transport Policy*, Vol. 16, No. 5, pp. 232-239.
[16] Pal, L. C. 2024. The international North-South Transport Corridor (INSTC) and India: potential and impediments. *Brazilian Journal of Political Economy*, Vol. 44, No. 3, e243556.
[17] Panda, J. 2017. The Asia-Africa growth corridor: An India-Japan arch in the making. *Focus Asia: Perspective & Analysis*, Vol. 21, No. 11, pp. 1-11.
[18] Raghuram, G., and Udayakumar, P. D. 2016. *Dedicated High Speed Rail Network in India: Issues in Development*. Indian Institute of Management.
[19] Reddy, B. S. 2000. Urban transportation in India: A tale of two cities. *Energy for Sustainable Development*, Vol. 4, No. 1, pp. 65-76.

第七章　印度人口与城市化

作为南亚最大、世界排名前两位的人口大国，人口问题是印度面临的全局性、长期性和战略性问题。印度人口稠密、年轻且分布不均衡。该国人口的平均年龄仅为28岁左右，属年轻型国家。庞大的人口规模、高比例的年轻人口、不断提升的教育水平和低廉的劳动力成本，使得印度处于人口红利的窗口期。随着印度人口素质不断改善，人类发展指数、性别发展指数、性别不平等指数、多维贫困指数等总体上朝着积极的方向发展。根据人口普查数据，印度识字率从1971年的34.4%持续提升至2011年的73%（楼春豪，2023），但印度人口的年龄结构、性别结构、收入结构和空间分布的非均衡性特征显著，使得人口的可持续发展面临挑战。

城市化是人口持续向城镇集聚的过程，是世界各国工业化进程中的必经阶段。印度处在城市化发展瓶颈期。自1947年独立以来，印度的城镇化率持续上升，至2022年已达36.4%[1]，但仍远低于世界平均水平（55%）。印度城市人口增长以自然增长为主，农村向城市人口迁移仅占城市总体人口增长的20%[2]。大城市人口不断增加是印度城市化的一大特点，快速的城市化又导致了住房、教育和环境等问题。

---

[1] https://zh.shiftcities.org/projects/india.
[2] https://yearbook.iprcc.org.cn/zggjfpzxnj/gjjpllyqywtzw/gjjpllyqywt2014/402102.shtml.

第一节 人口结构及变化

印度年龄结构较均衡，人口金字塔呈扩张型，全社会的平均年龄只有28岁，65岁及以上人口占比不到7%。受宗教和重男轻女思想影响，印度男女比例失衡，总体上男性多于女性。在人口的空间分布上，印度呈现北部平原和南部沿海集聚的特征，农村人口占比超过60%。人口多流向工业化和城市化程度较高的区域，以农村到农村、邦内短途流动为主。

一、人口迅猛增长

印度是世界上人口超14亿的两个国家之一。据联合国经济和事务部统计，印度已于2023年4月超过中国，成为世界第一人口大国，人口达到14.26亿，占世界人口的18%。印度也是世界上人口增长最快的国家。印度从1901年起，每十年进行一次人口普查（2021年因疫情原因普查推迟）。印度在1901—2021年人口总量持续增长，仅1911—1921年人口总量下降（图7-1）。因此，1921年也被称为印度人口史上的"人口分裂年"。在这一年，印度的人口死亡率开始下降，导致人口增长率显著加快。

根据人口过渡理论或人口转型理论（Thompson，1929；Notestein，1945），一个国家或地区的人口会经历从高出生率、高死亡率和低增长率，逐步过渡到高出生率、低死亡率和高增长率，最终进入低出生率、低死亡率和低增长率的几个阶段。在这一转型过程中，人口增长和年龄结构的变化是不可避免的。印度的人口转型经历了四个主要阶段（Husain，2020）：

（1）人口停滞期（1901—1921年）：在这个阶段，印度人口出生率和死亡率都很高。尽管印度的社会文化、早婚习俗导致出生率居高不下，但因疾病流行、卫生条件差、战争和自然灾害等，印度的人口增长几乎停滞，甚至在1911—1921年出现了人口负增长。

（2）人口稳定增长期（1921—1951年）：随着公共卫生设施的改善和流行

病的控制，印度人口死亡率显著下降，但出生率依然很高。在此阶段，尽管人口自然增长率有所提高，但由于社会经济条件的限制，人口增长较为缓慢。

（3）人口快速增长期（1951—1981 年）：印度独立后，医疗条件得到进一步改善，社会经济发展带动了城乡人口迁移和城市化进程，导致死亡率急剧下降。加之传统社会文化仍然鼓励多子女，使得出生率居高不下，印度进入"人口大爆炸"阶段。

（4）人口高速增长但增速放缓期（1981 年至今）：随着经济发展和城市化进程的加速，教育和计划生育政策的推行，印度的生育率逐步下降。尽管人口总量仍在增长，但增速有所放缓，特别是在经济发达地区。与此同时，印度也逐渐进入老龄化社会，人口结构发生深刻变化。

印度的人口转型进程相对缓慢，但总体稳定，从而避免了人口数量和年龄结构的快速转变对社会经济发展可能带来的负面影响。

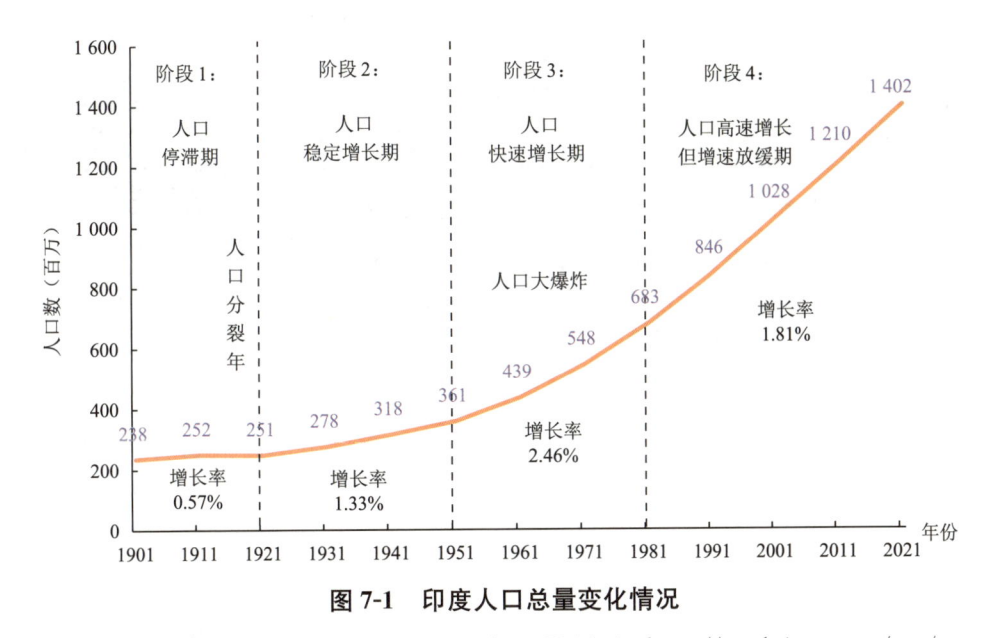

图 7-1 印度人口总量变化情况

资料来源：联合国人口司（United Nations Population Division），https://population.un.org/wpp/。

印度人口出生率自 20 世纪中叶以来持续下降，但一直保持在较高水平（图 7-2）。直至 2011 年以前，印度的人口出生率始终保持在 20‰ 以上，在 70 年代以前更是超过惊人的 40‰，但随着生育控制政策的推进和社会发展，2019 年印度的人口出生率已降低到 16.4‰，在全球位于中等水平。印度死亡率同样呈不断下降的趋势，但降幅更小。截至 2020 年 7 月，印度的年死亡率为 7.3‰，死亡率变幅较小，自 20 世纪中叶以来，印度死亡率已从 20‰ 以上下降至 10‰ 以下，在 2001—2011 年，降幅不到 2‰。2021 年的年度死亡率上升主要受新冠疫情的影响。进入 21 世纪以来，印度出生率开始得到有效控制，人口自然增长率开始出现大幅下降，于 2021 年降至 10‰ 以下。根据印度卫生部 2021 年 11 月底的报告，印度全国总生育率（每个妇女平均生育孩子数量）已下降至 2.0，首次低于 2.1 的世代更替水平。在经济发达和城市化水平较高的地区，生育率则更低。然而，鉴于印度庞大的人口基数，印度人口总量仍呈现出显著增加的趋势。

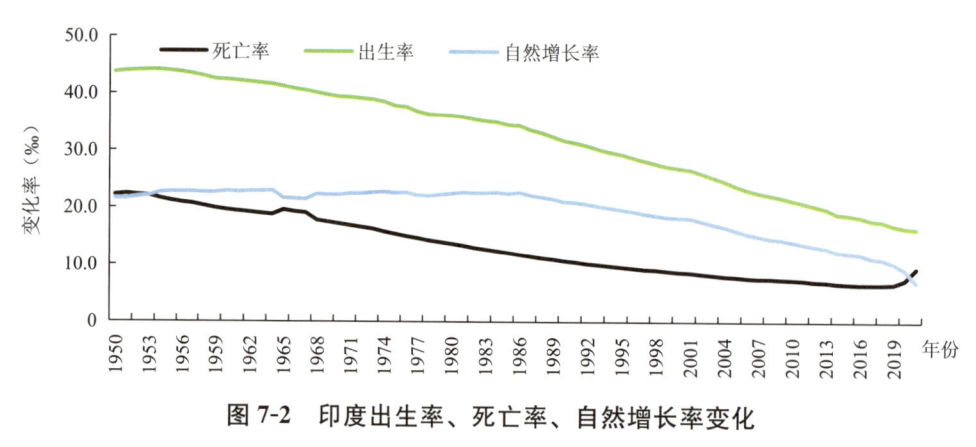

图 7-2 印度出生率、死亡率、自然增长率变化

资料来源：世界银行（World Bank），https://data.worldbank.org/。

二、人口结构失衡

（一）自然结构

1. 年龄结构

印度的年龄结构总体十分年轻。2021 年，印度年龄中位数仅为 27.6，远低于美国、日本等发达国家和中国，印度已步入"人口红利"[①] 的窗口期。印度的人口金字塔塔底宽，塔顶尖，呈典型的增长型（图 7-3）。0—14 岁人口占国家

---

① 人口红利是指一国在出生率下降，劳动年龄人口比重提高后，劳动力规模较大和抚养负担较轻所可能产生的经济利益，是人口和经济社会的良性互动。

人口总数的 26.31%；15—24 岁占国家人口总数的 17.51%；25—54 岁占国家人口总数的 41.56%；55—64 岁占国家人口总数的 7.91%；65 岁及以上老龄人口占国家人口总数的 6.71%。较高的中青年比例为印度创造了优越的劳动力条件，也让印度形成了广阔的消费市场。

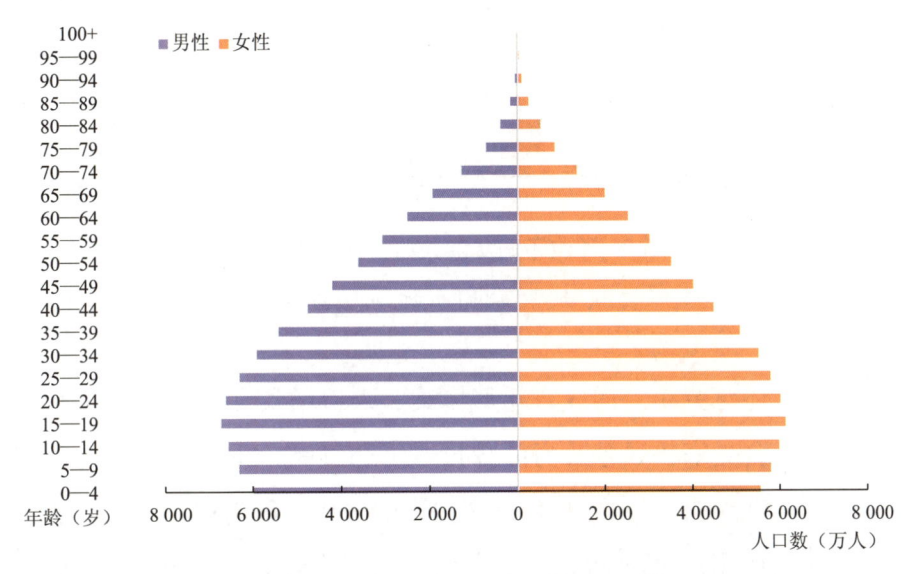

图 7-3　2021 年印度年龄结构金字塔

资料来源：联合国人口司（United Nations Population Division），https://population.un.org/wpp/。

从人口年龄结构变化来看，印度劳动年龄人口（15—64 岁）占比自 20 世纪 70 年代以来呈稳定上升趋势，在 2021 年达到 67.5%，长期维持在 55% 以上（图 7-4）。据美国人口普查数据库预测，这种趋势将长期维持，印度的劳动年龄人口总数预计将在 2028 年超过中国，达到 9.71 亿①。少儿（14 岁及以下）占比持续走低，老年（65 岁及以上）占比稳定增长，但增长趋势较为轻微，国内需要抚养的人数相比青年劳动力占比较低，总体人口负担较轻。近几年来，印度人口抚养比持续改善，2021 年，印度 15—24 岁的年轻人口共有 2.5 亿人，占总人口的 18%；15—40 岁的人口为 5.9 亿，占总人口的 42%。

2. 性别结构

性别比是衡量社会中性别平等程度的重要人口学指标。它不仅影响婚姻状

---

① 美国人口普查国际数据库，https://www.census.gov/data-tools/demo/idb/。

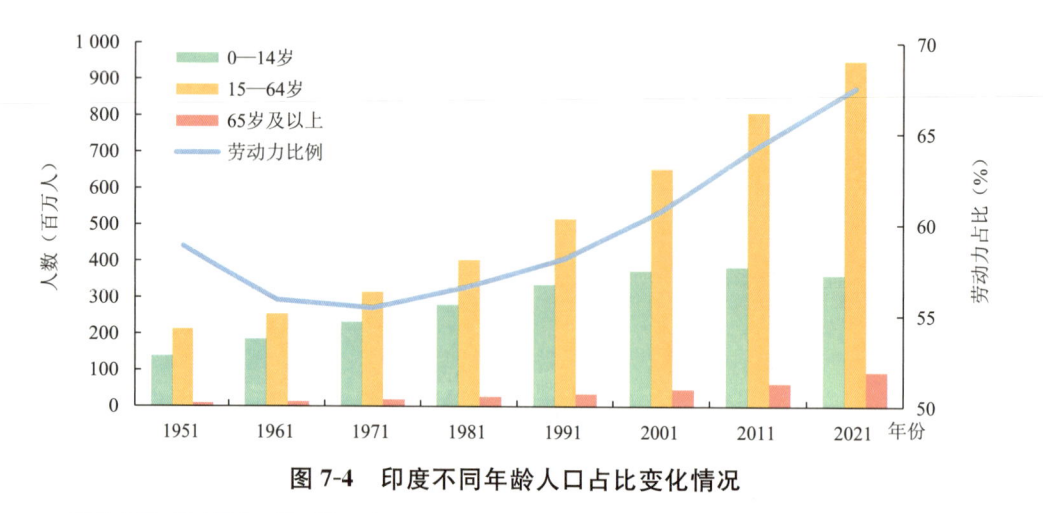

图 7-4　印度不同年龄人口占比变化情况

资料来源：联合国人口司（United Nations Population Division），https://population.un.org/wpp/。

况和生育潜力，还对劳动力构成、迁移模式、人口增长和社会经济关系产生深远影响。印度社会受宗教观念及高额嫁妆习俗的影响，重男轻女的现象较为普遍，"杀女婴"事件时有发生。特别是在保守的农村地区，性别歧视问题更加严重。印度的性别比例严重失衡。一般来说，由于男性自然寿命普遍短于女性，并且男性从事的工作往往更加危险，社会中男性人口会少于女性人口（Hesketh and Zhu，2006）。印度独立后，性别比[①]急剧下降，在1991年达到了历史最低点，为927∶1000，到2001年，性别比上升至933∶1000，2011年进一步上升为943∶1000，到2021年，首次出现女多男少的情况，性别比为1000∶1020。这可能与调查的样本有关（图7-5）。

新生婴儿的性别比例是导致整体性别比失衡的直接原因。印度2011年人口普查数据显示，印度6岁以下人口的性别比从2001年的927∶1000进一步降至914∶1000。在古吉拉特邦的18618个村庄中，有20%的村庄的儿童性别比例低于800∶1000。低性别比例已从城市问题变成了农村问题。此外，据第三次印度全国家庭健康普查（NFHS-3）的结果，印度女婴和男婴的后期死亡率分别为21∶1000和15∶1000。最后，社会文化因素和产前性别诊断也可能影响到印度的性别比（Husain，2020）。

---

① 性别比：印度的性别比是指每1000名男性对应的女性数量。

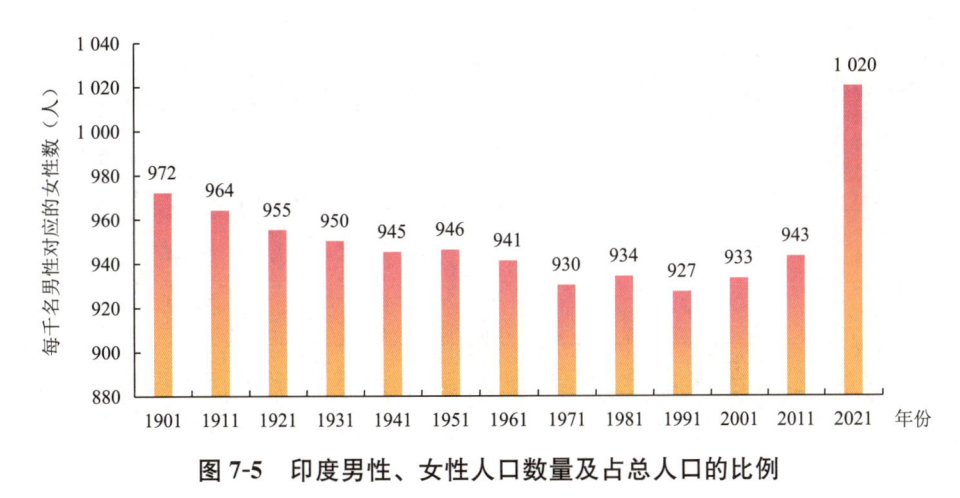

图 7-5　印度男性、女性人口数量及占总人口的比例

资料来源：联合国人口司（United Nations Population Division），https://population.un.org/wpp/。

（二）社会经济结构

1. 受教育情况

作为一个经济高速增长的人口大国，要想充分发挥人口红利，印度必须全面普及基础教育，并向民众提供更多高等教育入学机会。因此，印度历届政府非常重视教育，教育投入占印度政府全部支出的比重达到 4% 左右（图 7-6），目前，印度高等教育机构数量全球第一，大学生注册人数全球第二（段戴平，2022）。

尽管如此，印度教育资源的投入仍与急速增长的人才培养之间供需矛盾紧张，导致印度整体受教育水平较低、人才培养质量缺乏保障。据印度人口普查数据，印度人口的识字率从 2001 年的 65% 上升至 2011 年的 73%，即仍有约四分之一的印度人不会读写，多分布于农村地区。印度男性和女性的识字率存在巨大差异，2011 年，男性识字率达到 81%，而女性识字率则只有 64%。随着经济持续增长，印度人民的生活水平进一步提高，越来越多的儿童获得了受教育的机会，印度人口的识字率逐渐提高。目前，印度青年人口（15—24 岁）识字率已由 2001 年的 76% 增长到 2011 年的 86%，并于 2022 增长到 97%。印度具有较高的辍学率，58% 以上的人口完成了小学教育（图 7-7），但大学教育水平低下，高素质人才缺乏。近年来，虽然印度在社会保护的立法和政策框架方面做出了相当多的努力，但劳动人口的社会保障覆盖率仍然很低，这也制约着人口的高素质化转变。

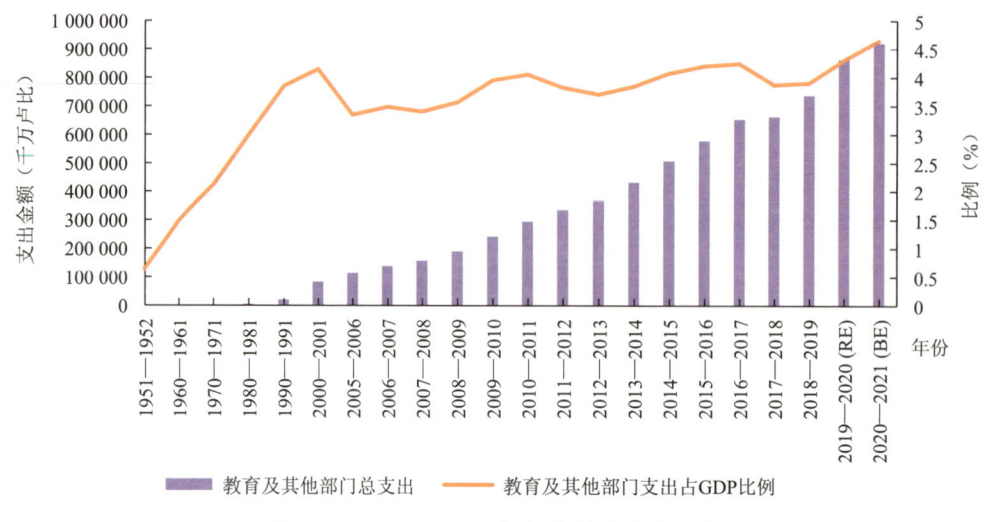

图 7-6　1951—2020 年印度教育支出比例

资料来源：教育预算开支报告（Analysis of Budgeted Expenditure on Education Report），https://www.education.gov.in/。

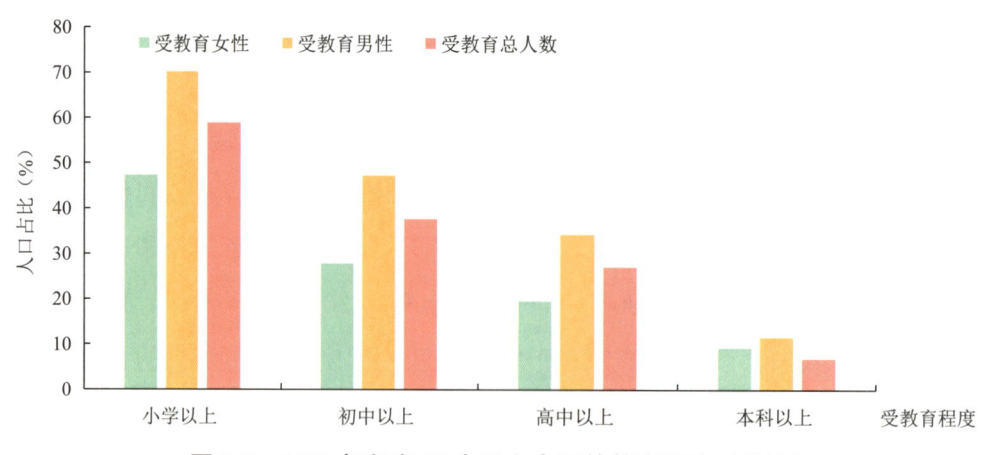

图 7-7　2019 年印度 25 岁以上人口的教育程度（累计）

资料来源：印度人口普查（Census of India），https://censusindia.gov.in/。

2. 就业情况

国际劳工组织数据显示，印度的劳动力人口呈明显的增长趋势，但就业率的整体水平相对较低（图 7-8）。这主要是因为缺少就业岗位和就业市场规范程度较低。受传统文化、经济环境和劳动力市场的影响，印度女性就业率普遍低

(a) 分年龄就业

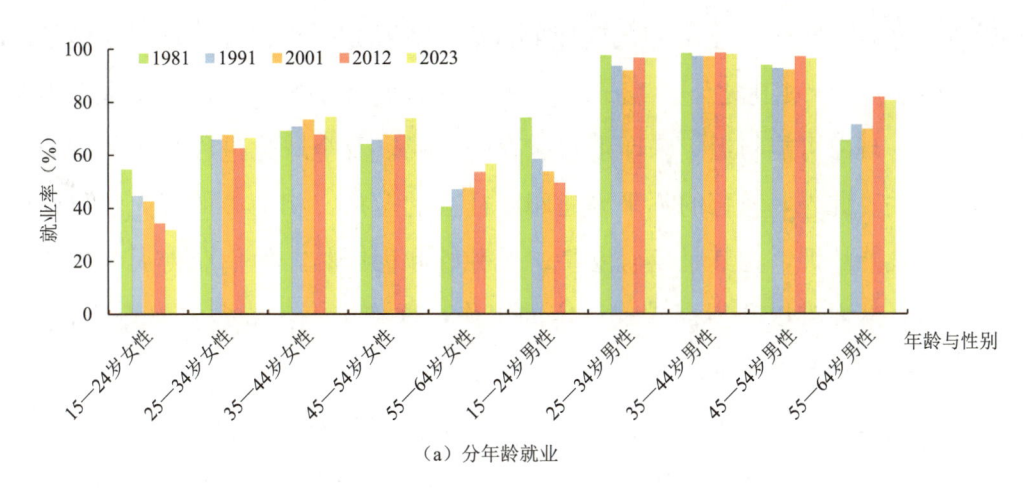

资料来源：国际劳工组织（International Labour Organization），https://rshiny.ilo.org/dataexplorer28/。

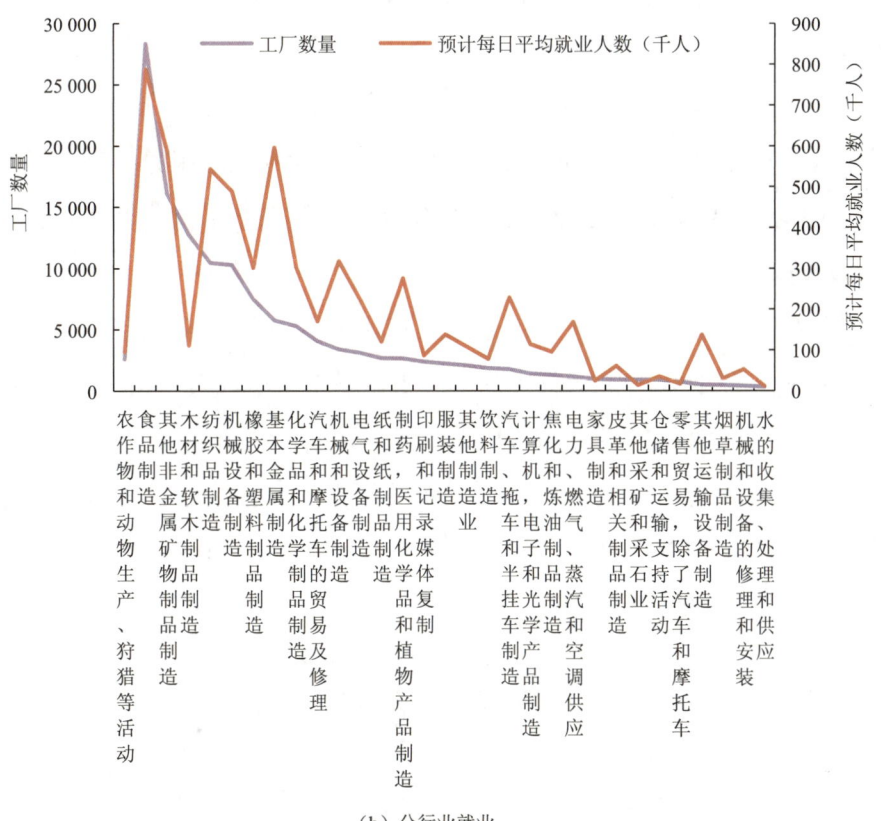

(b) 分行业就业

资料来源：定期劳动力统计调查（Periodic Labour Force Survey），https://mospi.gav.in/。

图 7-8　印度劳动力就业情况

于男性。在 2023 年，女性总体就业率仅为 55.7%，远低于男性的 76.4%。从年龄分布来看，25—54 岁人口的就业率最高，尤其是男性群体，该年龄段的就业率接近 100%。相比之下，15—24 岁人口的就业率普遍较低，并呈现出下降趋势。这一现象可能与近年来印度对教育的重视以及全球化进程带来的就业门槛提升有关。此外，教育的不平等是印度社会的痼疾，相当多的人无法接受优质教育或技能培训，尤其是年轻女性、低种姓和穆斯林，他们获得大学文凭的比重很低，从而难以获得高端或稳定的工作，这将进一步导致贫富差距扩大、引起多方面的社会不公平。

从就业形式看，印度的非正式就业依然占据主导地位。在城市就业市场中，超过一半的就业人员为自主创业者或临时工。从就业部门看，农业和食品制造业仍是主要的就业部门。工业和服务业虽在经济中占比较高，但提供的就业岗位有限。印度经济结构的不合理是导致就业不足的原因之一。由于工业基础设施落后且资本投入不足，印度选择依赖服务业来发展经济，而绕过了制造业。但印度服务业的就业承载能力有限。高技能要求的通信信息业和金融服务业就业门槛较高。印度制造业提供的就业岗位也有限。经济结构的失衡加剧了就业市场的挑战。

3. 收入情况

长期以来，印度社会贫富差距悬殊，贫困和收入不平等是当今印度面临的巨大社会难题。印度全国人均收入达 204 200 卢比（约合人民币 17 700 元），但印度收入后 50% 群体人均收入仅 53 610 卢比（约合人民币 4 657 元），仅占总收入份额的 13.1%；与此同时，印度的精英阶层十分富裕，收入前 10% 群体占收入总份额的 57.1%，平均收入 1 166 520 卢比（约合人民币 101 300 元），超收入后 50% 群体的平均收入近 22 倍（表 7-1）。

表 7-1 2022 年印度人均收入

	平均收入（卢比）	总占比（%）
所有人	204 200	100.0
收入后 50%	53 610	13.1
收入前 10%—50%	490 440	29.7
收入前 10%	1 166 520	57.1
收入前 1%	14 410 000	21.7

资料来源：世界不平等实验室（World Inequality Lab），https://inequalitylab.world/en/。

印度的贫富鸿沟经历了一个从波动下降到保持相对稳定再到急剧扩大的发展过程（图7-9）。这种收入极化现象与政治和政策因素密切相关。印度在不同阶段的政策选择，尤其是社会主义政策和经济自由化政策的推行，对财富的分配和集中程度产生了重要影响，导致了贫富差距显著的动态变化。早在英国殖民时期，印度国民财富差距就已悬殊，收入最高的前10%群体约占国民总收入的50%，其中，最富有的1%的人群掌握超过20%的财富。二战爆发后，收入集中度有所降低。到20世纪40年代，收入最高的前10%的人群约占国民总收入的40%，其中，最富有的1%人群掌握约10%的国家财富。进入20世纪60年代，时任总理英迪拉·甘地推行了一系列社会主义政策，这些措施进一步降低了财富集中度。但在1991年，印度实施经济自由化政策后，财富集中现象急剧上升。到2021年，印度收入最高的前10%的群体占国民总收入的57%，最富有的1%的群体掌握40.5%的财富。印度中产（收入前10%—50%）在国民收入中所占比例严重缩水，从超23%下降至15%。

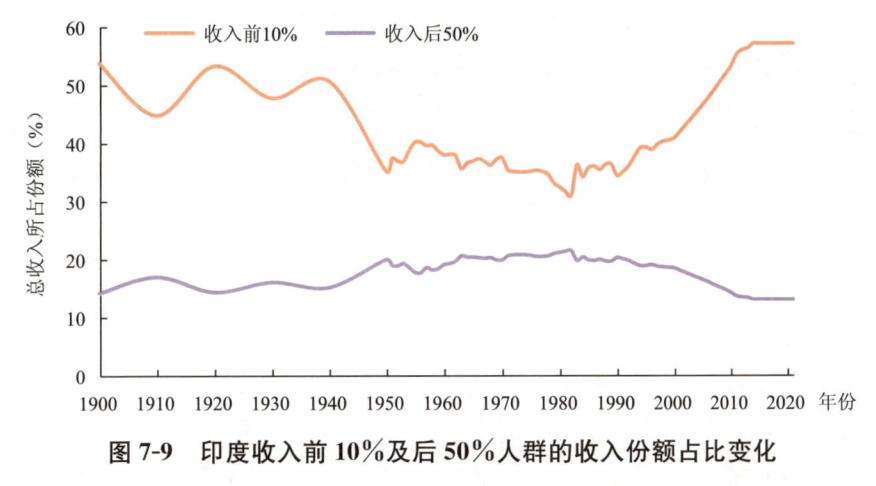

图7-9　印度收入前10%及后50%人群的收入份额占比变化

资料来源：世界不平等实验室（World Inequality Lab），https://inequalitylab.world/en/。

印度不仅收入不平等显著，而且财富失衡严重。印度收入前10%的人群中包含众多超级富豪，甚至包括亚洲首富，呈现出典型的富豪经济特征。据《财富》杂志统计，印度是全球富豪增长最快的国家之一，也是亚洲亿万富翁最多的国家之一。2022年，印度共有142名亿万富翁，总财富达8320亿美元。富豪之间通过亲缘、地缘和政商等多种关系实现利益共享，而财富向少数人和特定行业的集中，不仅容易形成商业垄断，也进一步加剧了社会贫富差距与不平等。

　　印度收入与财富不平等，其根源在于社会地位的不平等，这一现象与种姓制度也有着深厚的历史渊源。印度的种姓制度将民众分为婆罗门、刹帝利、吠舍和首陀罗四个等级。首陀罗之下还有一个被称为"贱民"的达利特阶层。这种社会等级划分带来了对公共资源的严重不平等占有。婆罗门和刹帝利两个阶层的子女几乎都能够顺利入学和升学，其留学率也很高。并且，这些阶层垄断了近80%的优势工作岗位。相比之下，贫困阶层中的文盲人数接近三亿，成人识字率长期不足50%。达利特阶层的就业率不仅极低，而且大多从事清理下水道、垃圾清运等工作。种姓制度的存在加剧了社会不平等，也是阻碍社会阶层流动、实现教育与财富公平的巨大障碍。

　　在不平等的收入结构下，贫困始终是印度发展面临的挑战。自20世纪70年代以来，印度贫困率呈稳定下降的趋势（图7-10）。农村贫困线以下人口自1973—1974年的56.4%下降至2004—2005年的28.3%，城市贫困线以下人口自1973—1974年的49.2%下降至2004—2005年的25.7%。虽然贫困一直在减少，但印度减贫相对缓慢，在经济自由化（20世纪90年代）之前，印度农村年减贫率为1.24，城市年减贫率为0.97，而在之后，印度农村年减贫率为0.64，城市年减贫率为0.74，减贫率并未随经济增长率回升而上涨，反而下降。

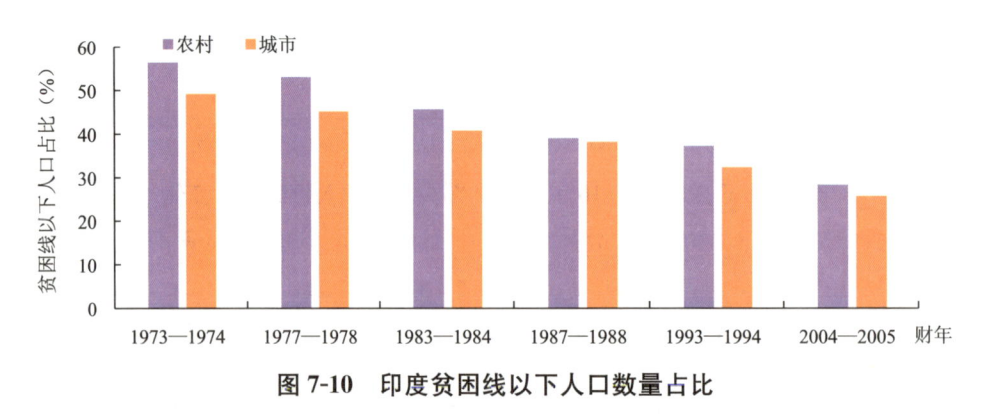

图7-10　印度贫困线以下人口数量占比

资料来源：印度财政部（Ministry of Finance of India），https://www.indiabudget.gov.in。

　　依据印度国家改革机构NITI Ayoga资料计算的人口多维贫困指数，印度贫困率在2005—2006年高达55.34%，远高于以往基于贫困线的估计结果，而到

2015—2016年，印度贫困率降低为24.85%，在近10年内下降30.49%。2015—2016年到2019—2021年，印度贫困率进一步由24.85%降至14.96%，其中，农村贫困率由32.59降至19.28%，城市贫困率由8.65%降至5.27%，这表明印度在减贫工作上取得显著进展，尤其是在农村地区。

此外，受区域人口经济发展分异影响，印度贫困率也呈现显著的区域差异。从贫困率来看，比哈尔邦作为印度贫穷率最高的邦，也是贫困率下降最多的邦，在5年间下降18.13%；其次为北方邦和奥里萨邦，贫困率分别下降14.75%和13.66%（表7-2）。从脱贫规模来看，印度2015—2016年和2019—2021年脱贫人数近1.35亿。北方邦在该时期脱贫人数最多，近0.343亿人；其次是比哈尔邦脱贫0.225亿人，中央邦脱贫0.136亿人。这些数据说明，印度整体贫困率有所下降，各邦间脱贫成效存在差异，贫困程度较高的地区减贫效果较为显著。

表7-2 印度各行政区贫困率（%）

一级行政区	2015—2016	2019—2021	一级行政区	2015—2016	2019—2021
安得拉邦	11.77	6.06	奥里萨邦	29.34	15.68
阿萨姆邦	32.65	19.35	旁遮普邦	5.57	4.75
比哈尔邦	51.89	33.76	拉贾斯坦邦	28.86	15.31
切蒂斯格尔邦	29.90	16.37	锡金邦	3.82	2.60
果阿邦	3.75	0.34	泰米尔纳德邦	4.75	2.20
古吉拉特邦	18.47	11.66	特伦甘纳邦	13.18	5.83
哈里亚纳邦	11.88	7.07	特里普拉邦	16.62	13.11
喜马偕尔邦	7.59	4.93	北阿肯德邦	17.67	9.67
恰尔肯德邦	42.10	28.81	北方邦	37.68	22.93
卡纳塔克邦	12.77	7.58	西孟加拉邦	21.29	11.89
喀拉拉邦	0.70	0.55	安达曼-尼科巴群岛	4.29	2.30
中央邦	36.57	22.93	昌迪加尔	5.97	3.52
马哈拉施特拉邦	14.80	7.07	达德拉-纳加尔哈维利，达曼-第乌	19.58	9.21
曼尼普尔邦	16.69	8.10	拉克沙群岛	1.82	1.11
梅加拉亚邦	32.54	27.79	本地治里	0.85	1.71
米佐拉姆邦	9.78	5.30	德里国家首都区	4.44	3.43
那加兰邦	25.16	15.43			

三、人口高度集聚

受自然环境（地形、地貌、气候、矿物和土壤等）、社会经济（宗教、习俗、教育、文化、人均收入和生活水平）及政治因素（政策）的共同影响，印度人口空间分布异质性显著。人口主要集中于印度河-恒河平原及沿海地区。气候恶劣、山区、沙漠及土地贫瘠之处、沼泽地区的人烟稀少。

（一）人口规模的空间分布

印度各邦人口数量规模差异巨大，总变异系数高达 1.26，人口规模排名前列的邦主要位于印度北部恒河平原及印度南部沿海地区。有三个邦人口总量超过一亿：第一是北方邦，人口总量达到 1.99 亿，远超印度其他邦；第二是马哈拉施特拉邦，人口总量达到 1.12 亿；第三是比哈尔邦，人口总量达到 1.04 亿。上述三个邦人口集中了全国总人口的 34.4%，超过总人口三分之一。印度约 60% 的人口集中在 7 个邦，即北方邦、马哈拉施特拉邦、比哈尔邦、西孟加拉邦、安得拉邦、中央邦和泰米尔纳德邦（2011 年）。但印度也有近三分之一的邦人口不足千万，人数最少的锡金邦仅有 61 万人口。这与李佳洺等（2017）的研究结论一致，他们的研究表明印度有四个主要的人口集聚区，即北部的北方邦、比哈尔邦以及西孟加拉邦，南部的主要是马哈拉施特拉邦和安得拉邦。尽管印度也存在沿海与内陆地区的差异，但北部的连片人口密集区使南北差异的显著程度高于沿海与内陆。

从人口密度的角度来看，人口密度最高的为比哈尔邦，约每平方千米 1 106 人，其次为西孟加拉邦和喀拉拉邦，人口密度分别为每平方千米 1 028 人和 860 人。人口密度相对较低的地区有米佐拉姆邦、锡金邦、梅加拉亚邦及喜马偕尔邦等（表 7-3）。自 2001 年以来，印度各一级行政区的人口密度均稳定增长。

（二）人口自然变动的空间分布

印度各邦出生率整体呈现"北高南低"的格局。地处恒河平原的比哈尔邦和北方邦拥有印度最高的出生率，均超过 25%，而位于沿海地区的马哈拉施特拉邦、安得拉邦、泰米尔纳德邦出生率则低于印度平均水平。此外，印度各邦农村地区的出生率普遍高于城市，主要由于农村妇女受教育机会少，早婚早育较多。在比哈尔邦、阿萨姆邦、梅加拉亚邦等地，农村与城市人口出生率差距在5‰以上，而在经济发达地区，城市人口出生率差距相对较小。

印度各邦死亡率相差相对较小，切蒂斯格尔邦（7.9‰）与奥里萨邦（7.3‰）两个印度东部邦是印度死亡率最高的地区，其次是位于西北部的旁遮普邦（7.2‰）；德里作为印度的首都，具有全印度最低的死亡率（3.6‰）；印度东北部和北部喜马拉雅山区边缘等人口较少的地区，死亡率也较低。

表 7-3 印度各一级行政区人口规模与密度特征

邦/中央直辖区	总人口（2011）	总人口（2018）	人口密度（每平方千米人数）
北方邦	199 581 477	228 959 599	829
比哈尔邦	104 099 452	119 461 013	1 106
马哈拉施特拉邦	96 878 627	120 837 347	365
西孟加拉邦	91 347 736	97 694 960	1 028
安得拉邦	84 580 777	52 883 163	308
中央邦	72 626 809	72 626 809	236
泰米尔纳德邦	72 147 030	76 481 545	555
拉贾斯坦邦	68 548 437	78 230 816	200
卡纳塔克邦	61 095 297	66 165 886	319
古吉拉特邦	60 439 692	63 907 200	308
奥里萨邦	41 974 218	45 429 399	270
喀拉拉邦	33 406 061	35 330 888	860
恰尔肯德邦	32 988 138	37 329 128	418
阿萨姆邦	31 205 576	34 586 234	398
旁遮普邦	27 437 338	29 611 935	551
切蒂斯格尔邦	25 545 198	28 566 990	189
哈里亚纳邦	25 351 462	27 388 008	573
德里国家首都区	16 787 941	18 345 784	11 320
北阿肯德邦	10 086 292	11 090 425	189

续表

邦/中央直辖区	总人口（2011）	总人口（2018）	人口密度（每平方千米人数）
喜马偕尔邦	6 864 602	7 316 708	123
特里普拉邦	3 673 917	4 057 847	350
梅加拉亚邦	2 966 889	3 276 323	132
曼尼普尔邦	2 855 794	3 008 546	128
那加兰邦	1 978 502	2 189 297	119
果阿邦	1 458 548	1 542 750	394
本地治里	1 247 953	1 375 592	2 598
昌迪加尔	1 055 450	1 126 705	9 258
米佐拉姆邦	1 097 206	1 205 974	52
锡金邦	610 577	671 720	86
安达曼-尼科巴群岛	380 581	419 978	46
达德拉-纳加尔哈维利	343 709	378 979	700
达曼-第乌	243 247	220 084	2 191
拉克沙群岛	64 473	71 218	2 149

资料来源：Husain，2020.

（三）人口年龄结构的空间分布

印度各邦年龄结构分布也不均衡。印度多数邦劳动人口（15—64岁）比重在60%以上，劳动人口比重排名前列的邦有果阿邦、泰米尔纳德邦、喀拉拉邦等，这些邦无一例外位于南部沿海地区。仅北方邦、比哈尔邦、恰尔肯德邦、梅加拉亚邦的人口比重低于60%，这些邦主要位于印度恒河平原和东北部地区，较高的出生率使这些地区的少儿（14岁以下）比重相对更高，例如比哈尔邦少儿比重超过40%。老年人口（65岁以上）比重最高的邦为喀拉拉邦，是印度唯一老年人口比重超过8%的地区。此外，沿海的马哈拉施特拉邦、果阿邦、安得拉邦和西北地区的喜马偕尔邦、旁遮普邦也有较高的老年人比重（表7-4）。

表 7-4　2011 年印度各邦年龄构成（%）

一级行政区	0—14	15—64	65+	一级行政区	0—14	15—64	65+
安得拉邦	25.76	67.32	6.92	北阿肯德邦	31.02	63.14	5.83
阿萨姆邦	32.84	62.92	4.24	西孟加拉邦	27.10	67.30	5.60
比哈尔邦	40.08	55.02	4.90	果阿邦	21.81	71.02	7.16
切蒂斯格尔邦	32.04	62.94	5.02	喜马偕尔邦	25.86	67.12	7.02
德里国家首都区	27.19	68.68	4.12	曼尼普尔邦	30.17	65.07	4.76
古吉拉特邦	28.86	65.68	5.46	梅加拉亚邦	39.70	57.13	3.17
哈里亚纳邦	29.70	64.85	5.45	米佐拉姆邦	32.45	63.47	4.08
恰尔肯德邦	36.05	59.36	4.60	那加兰邦	34.32	62.26	3.42
卡纳塔克邦	26.23	67.59	6.18	锡金邦	27.18	68.18	4.65
喀拉拉邦	23.44	68.14	8.42	特里普拉邦	27.71	67.01	5.28
中央邦	33.46	61.29	5.24	安达曼-尼科巴群岛中央直辖区	24.35	71.60	4.05
马哈拉施特拉邦	26.62	66.37	7.01	昌迪加尔中央直辖区	32.04	62.94	5.02
奥里萨邦	28.77	64.96	6.26	达德拉-纳加尔哈维利中央直辖区	31.37	66.18	2.45
旁遮普邦	25.54	67.58	6.89	拉克沙群岛中央直辖区	25.53	69.28	5.20
拉贾斯坦邦	27.19	68.68	4.12	本地治里中央直辖区	23.91	69.86	6.23
泰米尔纳德邦	23.57	69.78	6.64	达曼-第乌中央直辖区	22.60	74.35	2.45
北方邦	35.69	58.63	5.68				

* 注：原安得拉邦包括现现特伦甘纳邦及安得拉邦。

资料来源：2011 年印度人口普查，https://censusindia.gov.in/。

（四）人口性别比的空间分布

印度各邦在性别比上展现出显著的空间差异（表 7-5）。其中，女性多于男性的行政区有两个，分别为喀拉拉邦（1 084∶1 000）和本地治里中央直辖区（1 037∶1 000）。相反的，性别比最低的地区为达曼-第乌中央直辖区（618∶

1 000)，其次是达德拉-纳加尔哈维利中央直辖区（774∶1 000）。在邦一级，拉贾斯坦邦的性别比最低（828∶1 000），然后是哈里亚纳邦（879∶1 000）。较高的性别比通常表明对女婴更友好及对女性较尊重。

性别比的整体改善趋势令人鼓舞，从 2001 年的 933∶1000 上升至 2011 年的 943∶1000。然而，让人担忧的是儿童性别比的显著下降。尤其是在旁遮普邦和哈里亚纳邦的部分地区，0—6 岁儿童的性别比极低，数值在 754∶1 000 至 783∶1 000 之间。这两个邦虽在农业和工业领域表现突出，但仍存在严重的性别比偏低问题，这可能是因为社会文化传统和当地广泛的产前性别筛查。儿童低性别比会影响当地未来的劳动力供给和经济发展。

表 7-5　印度各一级行政区性别比

邦/中央直辖区	性别比（2011）	性别比（2011）
阿萨姆邦	932	958
比哈尔邦	932	918
果阿邦	960	973
古吉拉特邦	921	919
哈里亚纳邦	861（最低）	879
喜马偕尔邦	970	972
恰尔肯德邦	941	948
卡纳塔克邦	964	973
喀拉拉邦	1058（最高）	1084
中央邦	920	931
马哈拉施特拉邦	922	929
曼尼普尔邦	978	985
梅加拉亚邦	975	989
米佐拉姆邦	938	976
那加兰邦	909	931
奥里萨邦	972	979
旁遮普邦	874	895
拉贾斯坦邦	922	828
锡金邦	875	890
泰米尔纳德邦	986	996

续表

邦/中央直辖区	性别比（2011）	性别比（2011）
特里普拉邦	950	960
北阿肯德邦	964	963
北方邦	898	912
西孟加拉邦	934	950
安达曼-尼科巴群岛中央直辖区	846	878
昌迪加尔中央直辖区	773	818
达德拉-纳加尔哈维利中央直辖区	811	774
达曼-第乌中央直辖区	709	618（最低）
拉克沙群岛中央直辖区	947	946
本地治里中央直辖区	1001	1037
德里国家首都区	821	868
全印度	933	943

资料来源：Husain，2020.

四、人口迁移变动

人口迁移、出生率和死亡率是决定一个国家或地区人口总量及结构变化的主要因素。人口迁移是指人口从一个地区向另一个地区的移动过程，既包括跨国界的国际迁移，也包括国内的区域性迁移。迁移不仅仅是物理上的位移，还涉及社会、经济、文化等多方面的影响。例如，人口迁移能改变区域的人口结构，推动劳动力市场调整等。迁移也会给目的地地区带来资源、信息和文化的交融等。但同时也可能给目的地带来资源与设施等方面的压力。

（一）国内迁移

在第二次世界大战之前，印度国内的人口迁移以自由流动为主。由于教育和就业的驱动，北方邦的移民多前往东部的加尔各答、阿萨姆邦以及西孟加拉邦的茶园；向西则迁移至德里和旁遮普邦的农业区；向南多去往孟买、艾哈迈达巴德、海得拉巴和班加罗尔等地。移民流动较为频繁的邦包括安得拉邦、比哈尔邦、中央邦、奥里萨邦、旁遮普邦、拉贾斯坦邦和北方邦。

据 2011 年人口普查数据，印度年度国内人口迁移近 4.5 亿，具有以下主要特点：一是受社保制度等因素的影响，印度近距离迁移比例较高（Kone et al., 2018），近 2.81 亿人口迁移发生在区内，另有近 1.18 亿人口在邦内部进行跨区迁移，进行跨邦迁移的人数仅达迁移总人数的 12%；二是印度永久性迁移比例较低，种姓制度和对亲缘关系的重视使得印度人更加留恋于故土（Bhagat and Keshri, 2020）；三是农村地区的低收入群体在旺季时返回故土进行农业生产，而在旺季结束后，则涌入城市以谋求生计，迁移呈现显著的季节性特征。

在印度，婚姻与工作是促使印度人口迁移的主要原因（表 7-6）。印度超 70% 的人口迁移是出于婚配，其中绝大多数为女性，尤其在印度农村地区，女性人口迁移因婚姻迁移的比重超过 90%。随家庭主要收入人员而举家迁移的迁移人口占比为 9.2%，该比例在印度城镇较高，男性和女性都占五分之一左右，而在农村该比例较低。工作（求职、就业、失业等）是印度男性迁移的主要原因，在城镇因工作迁移的男性比重更高（超过一半），在农村因失业迁移的男性比例为 12.5%，而城镇男性这一比例仅为 3%。

表 7-6 2020—2021 年印度人口迁移主要原因占比（%）

迁移原因	农村 男性	农村 女性	城镇 男性	城镇 女性	全国
婚姻	11.8	93.8	2.7	69.5	71.6
随家庭主要收入人员迁移	12.2	2.4	20.8	19.4	9.2
求职	11.8	0.2	29.9	1.5	4.8
就业	14.6	0.3	23.6	1.7	4.4
失业	12.5	0.3	3.0	0.4	1.6

资料来源：印度劳动力定期调查（Periodic Labour Force Survery，PLFS）。

印度人口迁移的分布具有一定的经济导向性，经济较发达和城市化水平较高的邦通常有较多的人口迁入，而发展水平较低的邦则通常有较多的人口迁出。2011 年，印度人口迁出率较高的地区集中在印度北部，这些地区主要以农业生产为主，是印度发展较为落后的地区。北方邦、比哈尔邦是人口迁出最多的两个邦，从这两个邦迁出的人口占印度总迁移人口近三分之一。人口迁入率较高的地区包括德里、哈里亚纳邦及位于西南沿海的马哈拉施特拉邦、古吉拉特邦、果阿邦等。其中，德里迁入人口超过原有人口的四分之一，马哈拉施特拉邦也接受了印度较多的迁移人口，上述两个地区共接收了全国约30%的迁移人口（表7-7）。

表7-7 2011年印度各邦人口迁移率（%）

一级行政区	迁移率	一级行政区	迁移率
安得拉邦	−0.52	北方邦	−4.13
阿萨姆邦	−0.53	北阿肯德邦	2.55
比哈尔邦	−6.09	西孟加拉邦	−0.03
切蒂斯格尔邦	2.25	果阿邦	11.21
德里国家首都区	28.44	喜马偕尔邦	−2.04
古吉拉特邦	3.88	曼尼普尔邦	−1.95
哈里亚纳邦	5.17	梅加拉亚邦	1.27
恰尔肯德邦	1.49	米佐拉姆邦	1.00
卡纳塔克邦	1.22	那加兰邦	3.15
喀拉拉邦	−1.91	锡金邦	6.50
中央邦	−0.32	特里普拉邦	0.04
马哈拉施特拉邦	5.36	安达曼-尼科巴群岛中央直辖区	15.91
奥里萨邦	−0.99	昌迪加尔中央直辖区	34.90
旁遮普邦	2.69	达德拉-纳加尔哈维利与达曼、第乌中央直辖区	34.61
拉贾斯坦邦	−1.68	拉克沙群岛中央直辖区	−14.89
泰米尔纳德邦	−0.46	本地治里中央直辖区	4.10

*注：原安得拉邦包含现特伦甘纳邦及安得拉邦。
资料来源：2011年印度人口普查，https://censusindia.gov.in/。

（二）国际迁移

印度是世界上人口数量排名前两位的国家之一，人口的快速增长使得土地与人口的比例显著下降。随着全球化的推进，印度的国际人口迁移速度加快。以毛里求斯为例，1815年，第一批印度劳工被送往毛里求斯，该地很快成为甘蔗种植园劳工的主要培训基地。因气候温和，该地吸引了更多的印度人前往。现在，在毛里求斯约 120 万总人口中，印度裔占比接近六成。根据被称为"发达国家俱乐部"的经济合作与发展组织（OECD）公布的数据，自 2020 年起，印度已持续成为 OECD 最大的移民来源国。美国是印度主要的移民目的地，加拿大是印度移民数量增长最多的国家。近年来，印度人的移民目的地从海湾国家和英美等国家逐渐拓展至荷兰、挪威和瑞典等 OECD 成员国。目前，有 25 000 个印度人旅游海外，遍布世界各地（贾海涛，2009）。印度也是世界上迁出移民人口最多的国家。但绝对移民数量仍仅占其庞大人口规模的一小部分，整体移民率达 4‰[①]。2020 年，印度迁出人口 1 779 万人，占全国人口的 1.3%；同年迁入人口 448 万人，占全国人口的 0.3%，净迁出人口 1 331 万人。印度国际移民的主要目的地包括美国、马来西亚、沙特阿拉伯、阿联酋、英国、南非、加拿大、新加坡、科威特、阿曼、卡塔尔、泰国和新西兰等。其中，从印度到阿联酋（超过 300 万人）的双边移民走廊规模位居世界第三。除此之外，印度也是世界第一大侨汇国家，2010 年、2015 年、2020 年侨汇总额分别为 534.8、689.1 和 831.5 亿美元。这也是印度在常年贸易逆差的情况下仍能保持国家账户盈余的重要原因。

受到移民历史、经济发展和人口转型等多种因素的影响，各邦移民率存在巨大的区域差异（Bhagat et al.，2013）。据 2011 年印度人口普查数据，印度南部各邦移民率普遍高于其他邦，喀拉拉邦是印度国际移民最多的邦，近 35% 的印度国际移民来自该邦，其次是泰米尔纳德邦（11%）和安得拉邦（10%）。印度移民率排名前五的邦分别为喀拉拉邦（47‰）、旁遮普邦（14‰）、果阿邦（11‰）、泰米尔纳德邦（7‰）、安得拉邦（5‰）；昌迪加尔、达曼和第乌、本地治里等中央直辖区同样有较高的移民率，超过 10‰；哈里亚纳邦、古吉拉特邦、马哈拉施特拉邦等印度西北部邦虽然经济发达但移民率较低，移民率不足 3‰。

---

① 《世界移民报告 2022》（*World Migration Report* 2022）。

第二节 城市发展与城市化

自1947年印度独立以来,其城市化率一直在上升。2020年,印度城市人口占比超过三分之一,城市创造了印度三分之二的GDP。城市在印度提供就业、消除贫困方面发挥了重要作用。大量农村居民的不断涌入,使得城市基础服务设施难以支撑,从而导致了一系列的住房、贫民窟、交通、水资源供应等问题,即"过度城市化"。这也是印度城市发展要解决的瓶颈问题之一。印度主要城市的城市空间结构与四边形交通网络基础设施、产业走廊建设密切耦合,呈现出双核主导、层级丰富、多点协同发展的特征。

一、快速而失衡的城市化

(一)城市化发展过程

印度城市化发展历程主要分为四个阶段:①殖民时期,印度城市化的缓慢发展;②1947—1970年的集中发展时期,该时期主要是印度独立之后实施人口自由流动政策,促成了人口涌入城市,1970年印度城市化率达到19.76%;③1971—1991年的快速发展时期,该时期印度受城市工业发展、城乡区域重新规划及城市人口自然增长等因素影响,城市化发展迅速,城市化率由1971年的19.99%提升至1991年的25.78%;④1992年至今的城市化瓶颈期,印度面临着城市化发展的瓶颈,作为传统农业大国,当前印度农村人口基数依然庞大,同时由于城市发展不均衡,阻碍了印度城市的进一步发展。

1. 殖民时期城市发展阶段

英国的殖民统治对印度的城市发展造成了一定冲击,大大改变了印度原有的城市格局。铁路的引入和工业经济的冲击,使印度以传统棉纺织业为主的原中心城市迅速衰败;与之相反,由英国新建的加尔各答、孟买、马德拉斯(现金奈)三座大都市迅速发展,成为印度新的中心城市。1911年,英属印度将首都迁至德里,另一座大都市——新德里得以建立。此外,随着英国在印度南部和喜马拉雅山麓地区建设茶叶、咖啡等种植园，在阿萨姆邦等地也形成了初具城市特征的定居点。

综合来看，英国殖民统治对印度的城市发展有利有弊。在英国统治印度初期，其对传统经济部门的破坏和对自然资源的掠夺，直接对印度社会的多元发展产生了不利影响。由于统治者对传统工业（尤其是棉纺织工业）持消极态度，印度城市发展一度出现衰落和下滑的趋势，直至1931年人口普查时期，印度城市化发展始终处于缓慢增长乃至停滞状态。另一方面，英国在印度新建了大型港口城市，通过引进铁路和现代工业促进新兴工业城市的发展，改变都市环境，完善了城市基础设施，一定程度上利于印度整体城市的可持续发展。

2. 独立后城市集中发展阶段

1947年独立以后，为了调整工业布局和降低大城市的人口增长速度，印度政府坚持地区均衡发展的思想，对工业布局采取了强硬的干预政策，实施了促进工业分散的工业区位政策和一系列旨在推动落后地区工业发展的优惠政策，促进了城市快速发展，尤其是十万到百万人口规模的城市人口增长了近三倍，从1951年的0.62亿增长到1981年的1.59亿，印度城市人口占总人口的比例也从17.6%增长到了23.7%。独立后百万人口城市和十万人口城市都有显著增长，这类城市的数量已从1951年的76个增长到1981年的219个；居住在十万以上人口城市中的人口总数从1951年的3900万增长到1981年的9400万。这一时期，印度城市化进程加速，一些规划良好的城市如比莱、昌迪加尔、博卡罗等，得到了快速发展。

印度独立后城市环境也有了很大变化，具体表现为：难民的流动和定居、新型政治城市的建立、新型工业城镇的形成、十万及百万人口城市的快速增长、政府计划的引导和国民基础设施建设的改进等。工业化推动了城市的发展，迅速发展的工业化使得印度不断涌现一些新型城市。印度独立后，工业化最显著的成就是形成了奥里萨邦、杜尔加布尔、比莱、博卡罗等一些钢铁城市。当然，还涌现了其他工业类型的城市，如以制糖工业、加工工业和制铝业闻名的各类城市。

印度城市化的集中发展模式具有显著的历史延续性。随着工业和服务业的蓬勃发展，城市成为就业机会的主要集中地，吸引了大量农村人口迁入，导致城市人口迅速膨胀，城市承载能力面临严峻考验。然而，与此形成鲜明对比的是，中小城镇的人口增长几乎停滞，甚至呈现萎缩趋势，区域发展不平衡的问题日益凸显。这可能是因为在独立之后，印度的官方与私人投资倾向于已经具备较好发展基础的大城市，而中小城市由于经济实力薄弱、服务功能不完善，长期被忽视。

3. 城市快速发展阶段

20世纪70年代，印度政府通过严格的工业许可证制度禁止新工业企业在距离大城市一定范围内布局。工业区位政策过分强调工业布局远离大城市，忽略了工业化初期大城市的规模效益和交通优势，从而影响了国家城市化水平的提高。20世纪90年代，印度开始实施以经济自由化和市场化为导向的经济改革，并在1991年颁布了新工业政策。除了仍然禁止在距离人口100万以上的大城市25千米范围以内布局工业以外，新工业政策大规模取消了对工业布局的其他限制，对落后地区工业布局的激励措施也基本被取消（Jones and Visaria，1997）。在印度城市快速发展的阶段，大城市逐渐成为区域经济的重要增长极，国家的人力、物力和财力集中向这些城市倾斜，带来了显著的规模效应。此时，服务业为主导的第三产业迅速崛起，城市中形成了庞大的劳动力市场，吸引了大量农村人口的迁入，推动了城市化进程的加速。这种人口迁移和经济集聚效应使得城市人口快速增长，一些农村人口通过区划变更成为城市居民。城市基础设施面临一定的压力，大城市与中小城市之间的差距进一步拉大。

4. 城市化瓶颈期

印度在1991年以后进入了城市化的瓶颈期。这个阶段的主要特征为：虽然城市化进程仍在持续，但速度明显放缓，城市间的发展不均衡问题加剧。大城市在吸引资源和人口方面继续保持优势，导致中小城市和农村地区的发展相对滞后。此外，城市基础设施面临巨大压力，尤其是在住房、交通、水资源供应等方面的问题愈发严重。作为传统的农业大国，印度庞大的农村人口基数使得城市化的推进困难重重，而城市的无序扩展也加剧了环境污染和社会不平等现象。这一阶段的城市化主要受到产业布局、区域发展政策不平衡等多重因素的制约。

（二）城市化发展特征

1. 城市化水平较低

根据诺瑟姆曲线揭示的城市化水平同发展阶段对应关系规律，城市人口从 25%增长到 70%是城市化的加速阶段（Northam，1975）。但近六十年来，印度城市化进程缓慢，城市人口占比一直维持在 40%以下的较低水平（图 7-11）。20 世纪 60 年代，世界平均城市化水平约为 33.6%，印度城市化水平仅为 17.9%，几乎为世界平均水平的一半。经过了近六十年的发展，印度的城市化虽然增长到 35.8%左右，但与世界平均水平的差距已拉开到 21%左右。

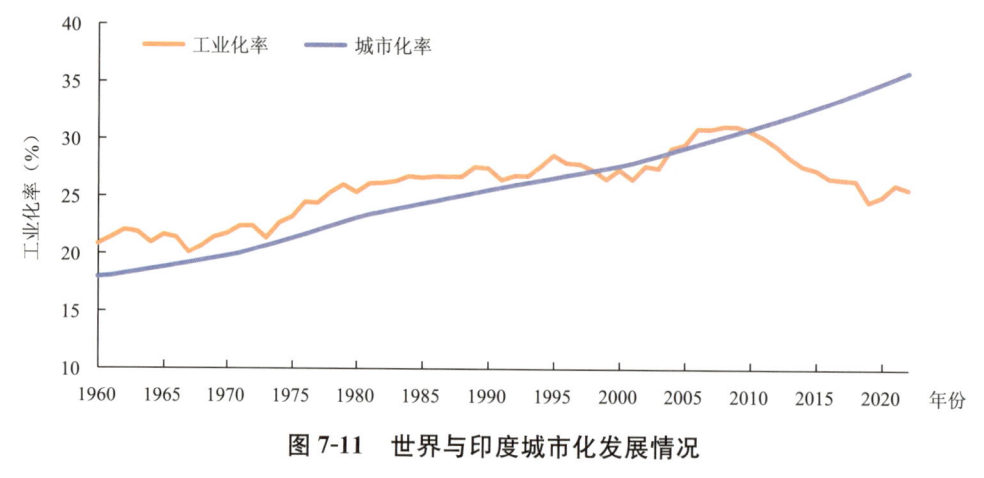

图 7-11　世界与印度城市化发展情况

资料来源：世界银行，https://www.nationmaster.com/。

经济改革前，在相对集中的经济管理模式下，印度传统产业释放的产能更多由第二产业补足，显示了重工业和基础工业优先发展的计划经济色彩。城市化与工业化发展速度较为匹配，但农村人口占比仍然很高。而在经济自由化后，市场化为印度的服务业崛起铺平了道路，农村经济的进一步凋敝使得农村的离心力成为城市化的主要动力，城市化的步伐逐渐超越了工业化的发展速度。

2. 城市化发展不均衡

2001—2011 年，印度城市化率缓慢增加，大部分地区城市化率仍低于 30%，泰米尔纳德邦的城市化率甚至从 2001 年的 40.04%下降到了 2011 年的 24.9%。与此同时，城市化整体格局也变化不大，呈南部城镇化率高于北部的格局，且随着南方的安得拉邦城镇化水平的提高，南高北低的空间格局进一步加强（李佳洺等，2017）。此外，印度也存在沿海与内陆的区域差异，但是由于南部各邦基本临海，因此这一差异与南北差异保持一致（表7-8）。值得注意的是，印度西部临阿拉伯海的马哈拉施特拉邦等城市化水平要高于东部临孟加拉湾的各邦，可能是因为相对于东部的亚洲各国，印度受英国等西方欧洲各国的影响更大、西部发展更快。

表7-8 2011年印度各邦城市化率

邦域	城市人口（百万）	城市化率	邦域	城市人口（百万）	城市化率
安得拉邦	28.35	33.4	那加兰邦	0.57	51.5
阿萨姆邦	4.38	22.6	奥里萨邦	6.99	28.9
比哈尔邦	11.72	14.0	旁遮普邦	10.38	16.6
切蒂斯格尔邦	5.93	11.3	拉贾斯坦邦	17.08	37.4
果阿邦	0.90	23.2	锡金邦	0.15	22.8
古吉拉特邦	25.71	62.1	泰米尔纳德邦	34.94	24.9
哈里亚纳邦	8.82	42.5	特伦甘纳邦	0.96	26.1
喜马偕尔邦	0.68	34.7	特里普拉邦	44.47	22.2
恰尔肯德邦	7.92	27.2	北阿肯德邦	3.09	30.5
卡纳塔克邦	23.57	24.0	西孟加拉邦	29.13	31.8
喀拉拉邦	15.93	38.5	安达曼-尼科巴群岛中央直辖区	0.13	35.6
中央邦	20.05	47.7	昌迪加尔中央直辖区	1.02	97.2
马哈拉施特拉邦	50.82	27.6	达德拉-纳加尔哈维利中央直辖区	0.15	46.6
曼尼普尔邦	0.82	45.2	达曼-第乌中央直辖区	0.18	75.1
梅加拉亚邦	0.59	30.2	德里国家首都区	16.33	97.5
米佐拉姆邦	0.56	20.0	拉克沙群岛中央直辖区	0.05	78.0
			本地治里中央直辖区	0.85	68.3

注：原安得拉邦包含现特伦甘纳邦与安得拉邦。
资料来源：印度2011年人口普查。

3. 大中小城市发展失调

城市化是后独立时代印度城市发展过程的典型特征，百万人口以上的大城市数量不断增长，同时这些城市所容纳人口占总城市人口的比例也在不断提高。

20世纪初期，印度仅有一个大都市，即当时英属印度的首都——加尔各答，拥有人口152万。1911年，孟买人口突破百万，成为另一座大城市。此后直到1951年，印度才新增另外三座百万人口以上的城市，分别是金奈、德里和海得拉巴。但在经济改革后，印度大城市数量飞速增加，截至2011年印度人口普查时期，印度已有52座大都市。与此同时，大都市所容纳的城市人口数量也大幅上涨，由1901年的152万增长到2011年的15 957万（表7-9）。随着时间推移，城市人口向大城市的集聚程度显著增加，随着城市经济集聚效应凸显，周边农村地区和低等级城镇的人口不断向核心城市涌入，2011年大都市人口占总城市人口比重近五分之二，相比1901年上升近7倍。

表7-9 1901年以来印度城市化进程

年份	大都市数量	总城市人口（百万）	占城市人口比重（%）	平均城市人口（百万）
1901	1	1.52	5.88	1.52
1911	2	2.80	10.81	1.40
1921	2	3.16	11.24	1.58
1931	2	3.44	10.28	1.72
1941	2	5.34	12.11	2.67
1951	5	12.01	19.24	2.40
1961	7	18.48	23.41	2.64
1971	9	28.45	26.07	3.16
1981	12	43.29	27.15	3.61
1991	23	70.99	32.63	3.09
2001	35	108.29	37.85	3.09
2011	52	159.57	42.31	3.07

4. 城市贫民窟

印度不同规模城市进展极不均衡，表现为大城市的迅速发展、中等城市的进展缓慢或停滞不前，小城市的逐步衰退甚至消亡。2011年，印度十大城市是孟买、德里、加尔各答、金奈、班加罗尔、海得拉巴、艾哈迈达巴德、浦那、苏拉特和斋浦尔。这十个城市的人口总量约占印度总人口的8%。印度城市化的主要原因之一是农村贫困衰败导致农村人口向城市迁移。因此，大规模的贫民窟化也成为印度城市的特征之一。城市基础设施的严重落后，严重阻碍了城市化速度，导致城市就业不足和城市人口的贫民化。无房无地的农民被迫迁徙到城市，但受教育水平、种姓制度及高房价的限制，大部分进城农民生活在城市的贫民窟。印度独立之初，当局实行的是清除贫民窟的政策，主要意图是驱赶贫民窟居住者。但是到了20世纪60—70年代，大量的农村人口向城市转移，贫民窟居住者越来越多，地方政治家也开始视其为选票的来源，印度政府的贫民窟清除政策由此转变为贫民窟改造政策。20世纪80年代末至90年代初，一个由世界银行资助的"贫民窟升级"项目帮助两万个孟买贫民窟家庭获得了土地使用权和基本的生活服务。2005年起印度陆续出台了全国城市住房和人居政策、"尼赫鲁全国市区重建计划"等，旨在加快改造贫民窟、改善低收入群体住房困难问题，一定程度缓解了印度贫民窟的顽疾。

印度贫民窟的空间分布不均衡。根据2011年的统计年鉴，印度共有2 543个贫民窟。贫民窟数量最多的是泰米尔纳德邦（504个），其次为中央邦（302个）、北方邦（260个）和马哈拉施特拉邦（187个）。米佐拉姆邦和果阿邦的贫民窟最少，分别为1个和3个。从贫民窟人口的角度看，梅加拉亚邦、马哈拉施特拉邦、安得拉邦和特伦甘纳邦的贫民窟人口非常多，而东北山地地区、喀拉拉邦、喜马偕尔邦和北阿肯德邦的贫民窟人口相对较少。孟买的达拉维被认为是亚洲最大的贫民窟，其次为德里和加尔各答的贫民窟。

二、双核主导的城市体系

印度城市化水平整体较低，城市平均规模较小，人口在10万以上的城市仅占全部城市数量的7%。大部分为镇，故印度城市划分标准中对镇的划分更加细致。印度以10万人口作为城、镇划分的标准，人口总量高于10万的为城市，低于10万的则为镇（表7-10）。高于10万又进一步根据人口多寡，划分为A、B和C三个子类。印度的ⅠA类城市相当于中国的超大城市和特大城市，ⅠB类城市对应于中国的Ⅰ型大城市和Ⅱ型大城市。印度的镇包括Ⅱ—Ⅵ五个类别，但通常将第Ⅳ—Ⅵ类合并统计为Ⅳ＋类。于是镇被划分为Ⅱ类、Ⅲ类及Ⅳ＋类三类。

表 7-10 印度城市划分标准及结构

	级别	人口规模	城市数量	人口占比（%）
城市	ⅠA类	500 万以上	5	19.9
	ⅠB类	100 万—500 万	40	31.4
	ⅠC类	10 万—100 万	450	48.6
镇	Ⅱ类	5 万—10 万	—	—
	Ⅲ类	2 万—5 万	—	—
	Ⅳ＋类	小于 2 万	—	—

资料来源：2011 年印度人口普查（Census of India），https://censusindia.gov.in/。

依据印度城市划分标准（表 7-10），印度小城镇数量众多，不同规模城市的数量分布呈金字塔结构。2011 年，ⅠA、ⅠB 和ⅠC 类城市数量比为 1∶8∶90，人口大于 500 万的城市仅有五个，分别为孟买、德里、班加罗尔、海得拉巴、艾哈迈达巴德，这些城市人口占该国所有城市人口的近 20%，人口吸引力强且集聚效应显著。

联合国人口司统计数据的结果也揭示了印度城市规模的等级分布特征。印度人口规模在 500 万—1 000 万之间的城市极少，大城市和中等城市数量也明显少于中国。中国城市的规模分布则呈纺锤形，50 万—100 万和 100 万—500 万之间的中等城市占主导地位（表 7-11）。

表 7-11 2020 年中印城市等级结构对比

人口规模	印度 城市数量	印度 人口（千人）	印度 人口占比（%）	中国 城市数量	中国 人口（千人）	中国 人口占比（%）
1 000 万以上	6	98 854	20	6	102 641	12
500 万—1 000 万	3	21 873	5	14	99 324	11
100 万—500 万	54	117 020	21	114	218 144	25
50 万—100 万	51	41 820	7	170	118 960	14
30 万—50 万	77	33 898	6	140	53 668	6
30 万以下	—	198 304	41	—	282 339	32

资料来源：联合国人口司（United Nations Population Division），https://population.un.org/wup/Download/Files/WUP2018-F12-Cities_Over_300K.xls。

印度的大城市的人口高度集中，自独立以来，城市首位度逐年下降（表7-12）。这与印度的殖民历史、优越的自然资源和产业发展战略有关。政治中心德里和经济中心孟买成为印度城市体系中的核心，通过双核联动以及沿交通设施干道和产业走廊布局的多级中心共同发展，共同促进印度城市体系的更新与发展。

表7-12 印度城市首位度

年份	全国首位度	东部	西部	北部	南部
1941	1.659	9.34	2.80	1.99	1.19
1951	1.226	9.78	3.60	1.70	1.30
1961	1.180	10.02	3.44	2.43	1.38
1971	1.178	11.60	3.43	2.86	1.77
1981	1.115	10.00	3.24	3.50	1.47
1991	1.063	7.31	4.28	4.28	1.16

印度的城市体系以德里和孟买为双核。

德里位于印度北部，毗邻哈里亚纳邦和北方邦等人口密集地区，地理位置优越。它是印度的重要城市之一，曾是古代印度王朝如孔雀王朝、惠里苏丹王朝等的都城；随着英国殖民统治的建立，德里成为英属印度的政治和行政中心，城市规模逐渐扩大；印度独立后，德里成为印度的首都，政治地位更加明显，城市发展迅速。德里包括新、旧德里两部分，中间通过一道"印度门"相隔。作为印度的首都，德里具有重要的政治地位，吸引了大量政府机构、外交使馆和国际组织设立驻地，形成了政治中心区。德里拥有发达的金融业、制造业和服务业，吸引了大量企业和投资；在文化方面，德里拥有丰富的历史文化遗产和艺术场所，吸引着国内外游客，成为印度的文化枢纽。正是因为德里在经济、政治和文化上的中心性，它吸引了大量人口涌入，多元化的社会群体也成为德里城市化的不竭动力（Dupont，2004）。

另一扇"印度门"位于孟买。孟买地处印度西部，毗邻阿拉伯海。孟买在古代是一个渔村和贸易港口，因其地理位置优越，便于与国内外进行贸易和交流，逐渐发展成殖民地时期印度重要的贸易中心。19世纪末、20世纪初，随着工业化兴起，孟买迅速发展成印度的工业中心，吸引了大量移民和劳动力。自印度1991年实行经济改革以来，孟买的金融、服务业和信息技术产业蓬勃发展，成为印度乃至全球的商业和金融中心之一。与此同时，孟买的城市化也迅猛推进，城市规模不断扩大，人口持续增长。孟买是世界上人口最密集的城市之一，人口聚集在有限的土地上，形成了高度集中的城市景观。孟买拥有发达的经济水平和市场，是印度的经济引擎，为周边地区提供了丰富的就业机会和经济活力，它还拥有世界一流的大学和科研机构，吸引了大量优秀人才聚集，推动了科技创新和产业发展。孟买发达的金融市场和金融服务业，为印度经济的发展提供了强大支撑。

三、四边形的城市格局

印度的城市格局呈现出宏观上的双核结构与微观上的多层次、区域化特征。城市发展存在显著的区域不平衡，人口高度集中于大城市。而大城市的扩展又逐渐形成了以核心城市为中心的都市圈，都市圈及其周围的卫星城共同推动区域一体化发展。此外，印度城市格局中城乡二元结构特征尤为明显。

（一）城市分布模式

印度城市发展区域间差异巨大，大城市分布零散。1990年代，随着全球化、经济自由化和私有化的发展，印度进入城市快速发展的新时期，相比1981年印度人口普查时期，1991年印度百万人口以上的城市新增近一倍，包括东部地区的巴特那，北部地区的卢迪亚纳和瓦拉纳西，中部地区的博帕尔和印多尔，西部的苏拉特和巴罗达，以及南部的哥印拜陀、维沙卡帕特南、科钦和马杜赖。这些城市一部分位于沿海地区，另一部分分布于印度东部至西北部的平原地区，除那格浦尔、海得拉巴、班加罗尔和古瓦哈提外，中部和东北部地区几乎没有大城市分布，仅有大量中小型城镇。1991—2011年，印度中部和北部地区的大城市有了一定发展，贾巴尔普尔、赖布尔等城市人口均突破百万。

印度主要城市的分布相对均衡。以东部的加尔各答，南部的金奈、班加罗尔、海得拉巴、西部的孟买和北部的德里，构成了印度四边形经济空间框架的重要顶点。沿着"黄金四边形"高速公路、"钻石四边形"高速铁路和以此为依托构建的五条工业走廊，又发育了数量众多的中小城市（图7-12）。印度的城市体系以德里和孟买双核主导，形成等级丰富的城市体系结构（图7-12）。

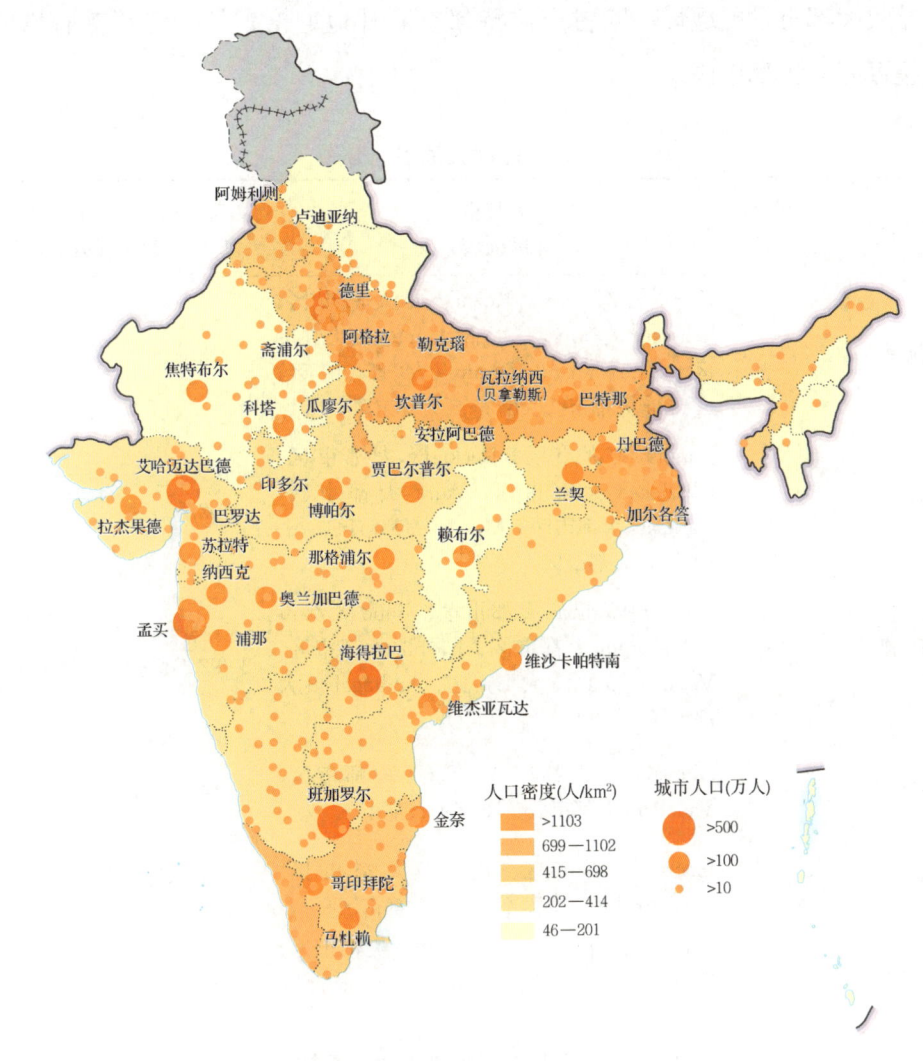

图7-12　印度主要城市空间分布

资料来源：Kumar，2015。

（二）大都市区

根据印度宪法，印度政府将大都市区定义为人口一百万以上、可跨越区级行政边界、并由两个或以上市镇及周边毗连地区组成的区域。印度现有多个人口百万以上的大都市区（表 7-13）。这些地区社会经济相对发达，人口高度集中。而诸如奥里萨邦、北阿肯德邦等落后地区由于缺乏资本投入和基础设施建设，导致大都市发展缓慢。除古吉拉特邦首府甘地讷格尔外，各邦首府均成为人口超百万的大都市区。

表 7-13　印度大都市区分布

行政区划	大都市区数量	大都市区列表	大都市区人口（万人）	占本邦人口的比重（%）
喀拉拉邦	7	Kochi 大都市区、Kozhikode 大都市区、Thrissur 大都市区、兰 Malappuram 大都市区、Thiruvananthapuram 大都市区、Kannur 大都市区、Kollam 大都市区	1 213.986 0	76.2
北方邦	7	Kanpur 大都市区、Lucknow 大都市区、Ghaziabad 大都市区、Agra 大都市区、Varanasi 大都市区、Meerut 大都市区、Allahabad 大都市区	1 402.509 8	31.5
马哈拉施特拉邦	6	Greater Mumbai 大都市区、Pune 大都市区、Nagpur 大都市区、Nashik 大都市区、Vasai Virar City 大都市区、Aurangabad 大都市区	2 992.785 7	58.9
古吉拉特邦	4	Ahmadabad 大都市区、Surat 大都市区、Vadodara 大都市区、Rajkot 大都市区	1 416.180 0	55.0
中央邦	4	Indore 大都市区、Bhopal 大都市区、Jabalpur 大都市区、Gwalior 大都市区	642.812 7	32.0
泰米尔纳德邦	4	Chennai 大都市区、Coimbatore 大都市区、Madurai 大都市区、Tiruchirappalli 大都市区	1 327.858 0	38.0
安得拉邦	3	Hyderabad 大都市区、Visakhapatnam 大都市区、Vijayawada 大都市区 UA	1 088.207 7	38.6
恰尔肯德邦	3	Jamshedpur 大都市区、Dhanbad 大都市区、Ranchi 大都市区	366.237 2	46.2
拉贾斯坦邦	3	Jaipur 大都市区、Jodhpur 大都市区、Kota 大都市区 UA	518.615 7	30.4
昌迪加尔	2	Raipur 大都市区、Durg-Bhilainagar 大都市区	218.778 0	36.8
旁遮普邦	2	Ludhiana 大都市区、Amritsar 大都市区	280.242 8	26.9

续表

行政区划	大都市区数量	大都市区列表	大都市区人口（万人）	占本邦人口的比重（%）
西孟加拉邦	2	Kolkata 大都市区、Asansol 大都市区	1 530.140 5	52.6
比哈尔邦	1	Patna 大都市区	204.915 6	17.4
哈里亚纳邦	1	Faridabad 大都市区	141.405 0	16.0
卡纳塔克邦	1	Bangalore 大都市区	852.043 5	36.1
德里国家首都区	1	Delhi 大都市区	1 634.983 1	99.9

资料来源：由印度 2011 年人口普查数据整理，http://censusindia.gov.in/census.website/data。

孟买、德里、加尔各答是印度最大的大都市区（表 7-14），这些大都市区拥有较高的人口密度，尤其在城市中心地带，这些城市的人口增长已逐渐趋缓。孟买地区在 1991—2001 年人口增长了 30.5%，而在 2001—2011 年人口增速下降至 12.1%。同样的，德里人口增长速度从 52.2% 降到 26.7%，加尔各答则从 19.6% 降到 6.9%。与此同时，在大都市的郊区或卫星城镇地区，人口快速增长，例如古尔冈（563.9%）、加兹亚巴德（143.6%）和法里达巴德（33.0%）等卫星城的增长过程均要远高于德里。

表 7-14 印度主要大都市规模

大都市	人口数（百万）	人口密度（人/公顷）
孟买	18.41	43
德里	16.31	48
加尔各答	14.12	75
金奈	8.69	73
班加罗尔	8.44	71
海得拉巴	7.74	11
艾哈迈达巴德	6.35	8
浦那	5.04	5
苏拉特	4.58	11

资料来源：联合国人口司（United Nations Population Division），https://population.un.org/wup/Download/。

参 考 文 献

[1] 段戴平：“印度高等教育大规模扩张中公平与质量的冲突及其根源”，《复旦教育论坛》，2022 年第 5 期。

[2] 李佳洺、杨宇、樊杰等：“中印城镇化区域差异及城镇体系空间演化比较”，《地理学报》，2017 年第 6 期。

[3] 贾海涛：“印度人移民海外的历史及相关问题”，《南亚研究》，2009 年第 1 期。

[4] 楼春豪：“印度人口与地区发展不平衡问题探究”，《人民论坛》，2023 年第 15 期。

[5] 彭伟斌：“印度国家人口政策的历史演进及影响因素研究”，《人口学刊》，2014 年第 6 期。

[6] Ahluwalia, I. J. 2016. Challenges of urbanisation in India. In: *Contemporary Issues in Development Economics*. London: Palgrave Macmillan UK, pp. 163-177.

[7] Bhagat, R. B., and Keshri, K. 2020. Internal migration in India. In: *Internal Migration in the Countries of Asia: A Cross-national Comparison*, Springer Nature Switzerland AG. pp. 207-228.

[8] Bhagat, R. B., Keshri, K., and Ali, I. 2013. Emigration and flow of remittances in India. *Migration and Development*, Vol. 2, No. 1, pp. 93-105.

[9] Dupont, V. 2004. Socio-spatial differentiation and residential segregation in Delhi: A question of scale? *Geoforum*, Vol. 35, No. 2, pp. 157-175.

[10] Hesketh, T., and Xing, Z. W. 2006. Abnormal sex ratios in human populations: causes and consequences. *Proceedings of the National Academy of Sciences*, Vol. 103, No. 36, pp. 13271-13275.

[11] Husain, M. 2020. *Geography of India*. McGraw Hill Education.

[12] Jones, G. W., and Visaria, P. 1997. *Urbanization in large developing countries*. Clarendon Press.

[13] Kone, Z. L., et al. 2018. Internal borders and migration in India. *Journal of Economic Geography*, Vol. 18, No. 4, pp. 729-759.

[14] Kumar, J. 2015. Metropolises in Indian urban system: 1901-2011. *European Journal of Geography*, Vol. 6, No. 3, pp. 41-51.

[15] Northam, R. M. 1975. *Urban Geography*. Wiley.

[16] Thompson, W. S. 1929. Population. The American Journal of Sociology, Vol. 34, No. 6, pp. 959-975.

[17] Notestein, F. W. 1945. Population-The Long View. In: *Food for the World*. University of Chicago Press.

第八章 印度社会文化地理

印度是世界四大文明古国之一，在几千年的发展历史中，经过多次民族大迁移和大融合，血统混合、文化交融，成为世界上种族、民族、语言和宗教等最为纷繁多样的"巨大拼图"。

第一节 历史、政治与文化

印度历史悠久，其社会发展伴随着外来民族的冲突和异质文化的交融，外来民族的一次次入侵也带来了印度种族的混血，文化上的对立、冲突、交流和融合，最终形成了印度多样而复杂的民族、种族、宗教和语言景观。印度复杂多样的地理环境和长期分裂的历史，对印度的民族国家建构提出了严峻挑战。

一、外族不断入侵的历史[①]

印度是一个有着 4 500 多年历史的古老国度。人们通常以 1947 年印巴分治为时间节点，将分治前的时期称为古代印度（林承节，2014）。在大多数历史时期，古代印度呈分裂状态。但在孔雀帝国、笈多帝国、德里苏丹国和莫卧儿帝国时期，印度基本或较大程度上实现了统一。

大约公元前 2500 年，印度河流域出现了印度历史上第一个灿烂辉煌的文

[①] 本节根据林承节《印度史》整理。

明——印度河流域文明。该文明晚于古埃及文明和两河流域文明，但早于华夏文明。印度河流域文明以城市文明为特征，农民以种植业为主，兼营畜牧业，城市居民从事手工制造和商业，贸易有相当发展（林承节，2014）。印度河流域文明存在约 600 年，大约公元前 1750 年，此文明衰落，印度次大陆又回到混乱状态，小规模居民地散布各地。

大约公元前 15 世纪开始，雅利安人从西北方分批陆续进入南亚次大陆并定居，形成了后来印度人的主体。他们逐渐形成了自己的语言——吠陀语，被称为印度雅利安人，这一时代史称吠陀时代。雅利安人经历了由游牧生活向定居生活的转变，公元前 11—12 世纪，雅利安人定居区域逐渐向东部的恒河流域扩展。其氏族社会逐渐向阶级社会发展，吠陀语逐渐发展成梵语，约在公元前 6—7 世纪开始形成文字——梵文。随着生产的发展，当地以掠夺财富为目的的战争越来越频繁，阶级分化和种族压迫相交织，初步形成了国家。与此同时，带有突出印度特色的社会等级制度——种姓制度也开始形成，维护阶级—种姓秩序的婆罗门教也逐渐流行。大约公元前 6 世纪初，北印度有 16 个较大国家存在。公元前 6 世纪，商业开始出现，恒河中游地区首先出现了城市，恒河流域逐渐发展成印度主要的贸易中心。货币出现以后，社会阶级—种姓关系也发生了重大变化。大商人、达官显贵和婆罗门上层越来越富有。刹帝利掌握政治权力，又通过战争掠夺大量财富，地位上升。这一时期也兴起了佛教和耆那教。

公元前 327 年，马其顿国王亚历山大在征服波斯帝国后率军越过兴都库什山入侵印度西北部地区。自此，许多希腊人定居印度西北部，希腊文明开始对印度产生影响。印度与希腊、欧洲其他地区的贸易路线被打开。亚历山大从印度河撤军的时候，北印度摩揭陀国难陀王朝的王位被旃陀罗笈多·毛里亚夺取，建立了孔雀王朝。经过不断的征战和领土扩张，旃陀罗笈多成为促进全印度统一的第一位国王。此后，历经其子宾头沙罗、其孙庇耶陀西（阿育王）的进一步扩张，孔雀帝国的版图达到顶点，印度次大陆仅迈索尔南部地区和半岛最南端未被征服。孔雀王朝建立了印度历史上第一个中央集权的统治体系，并形成了一整套的税收制度。这一时期，农业、手工业和商业受到特别重视，正式形成了土地国有制，佛教被定为国教。

孔雀帝国灭亡后，印度重又陷入四分五裂的状态，进入南北诸王朝割据时期。直至公元 4 世纪初，笈多王朝出现，再次统一了印度大部分地区。笈多王朝被认为是古代印度的鼎盛时期和印度教文学艺术的黄金时代。笈多王朝形成了中央集权大国，经历了一个多世纪的繁荣，笈多帝国于 5 世纪下半期开始走向衰落。随后，戒日帝国昙花一现，印度经历了长达五六个世纪的政治分裂。

1206 年，突厥人在印度建立了穆斯林统治的国家。从伊勒图特米什苏丹统治时起，首都迁至德里，德里苏丹国由此得名。德里苏丹国从 1206 年至 1526 年，历经奴隶王朝、卡吉尔王朝、图格卢克王朝、赛义德王朝和洛蒂王朝。德里苏丹国的政策体制为带印度特色的伊斯兰教体制，官方语言为波斯语，以伊斯兰教为国教。14 世纪 30 年代起，德里苏丹国日趋解体。14 世纪中期，南印度出现了巴曼尼和维阇耶那佳尔两个国家，两国的争战从 14 世纪持续到 16 世纪。

1498 年，葡萄牙航海家瓦斯科·达·伽马绕过非洲南端的好望角，从非洲东海岸到达印度西海岸的卡利库特，这是西方殖民主义进入印度的开始。1526 年，巴布尔建立了莫卧儿王朝，该王朝通过不断征战，直至 1687 年，整个印度次大陆除最南端一隅外，都归属莫卧儿王朝。通过实行强有力的中央集权、统一规范的曼沙布达尔养兵制、联合印度教封建贵族、宗教平等政策、地税改革政策等，莫卧儿政权推动了印度社会和经济的发展，使印度成为当时的世界强国之一。

在莫卧儿统治时期，西方殖民势力对印度的侵略不断加强。整个 16 世纪，葡萄牙垄断了印度与欧洲的贸易。16 世纪末，荷兰打破了葡萄牙对香料群岛的控制，来到印度扩张其商业势力。1600 年底，英国在伦敦成立了英国东印度公司，获得了在东方的贸易垄断权。随后，1602 年，荷兰商人成立了荷兰东印度公司。1664 年，法国东印度公司成立。荷兰、英国和法国先后在印度建立了商馆。在商馆设防和建立殖民据点成为各国商人掠夺印度财富的重要手段。从 16 世纪下半期至 17 世纪，印度封建社会进入繁荣阶段，商业和贸易发达。17 世纪中期起，印度城乡开始出现资本主义生产关系的萌芽。

17 世纪下半期，奥朗泽布的一系列错误的宗教和经济政策使莫卧儿王朝一蹶不振，并爆发了一系列反对莫卧儿王朝封建压迫和宗教压迫的起义。1707 年，在奥朗泽布去世不久，印度形成割据局面。群雄割据的局面，为英国侵略印度提供了便利。1757—1849 年，东印度公司历经 92 年，使用军事征服和建立藩属国的手段征服了印度。英国统治下的印度包括两部分，即"英属印度"和"印度土邦"。前者由公司直接统治，后者由公司通过驻扎官员间接统治。英国通过垄断、强迫贸易和生产、土地税收等方式对印度进行殖民掠夺。18 世纪末 19 世纪初，英国发展到工业资本统治阶段，英国在印度的殖民政策也从原始积累阶段进入到自由资本主义殖民政策阶段。其核心是把印度从制造品输出国变成英国的商品市场和原料产地。印度作为巨大的销售市场及原料产地，成为英帝国最重要的组成部分，从而被称为"英王皇冠上的明珠"（郭家宏，2007）。

经过持续了近一个世纪的独立斗争，印度终于在 1947 年获得独立。1947 年 6 月，英国通过《蒙巴顿方案》，将印度分为印度和巴基斯坦两个自治领。同年 8 月 15 日，印度独立。印巴分治对印度和巴基斯坦两国的政治、社会、经济和地缘战略等产生了深远的影响。随着印巴两个新生国家的诞生，其宗教矛盾和领土争端交织，使两国处于长期对立状态，引发了多次大规模的冲突，为两国内部各种极端势力的滋长提供了土壤。而民族宗教极端势力的增长进一步加剧了印巴间紧张关系。双方斗争的焦点是克什米尔的归属问题。该问题关乎两国的领土主权和民族感情，牵动双方的敏感神经，是双方实现和解与建立睦邻友好关系难以逾越的障碍（荣鹰，2006）。

1950 年，印度通过了一部新宪法，该宪法确立了印度的民主制度、宗教多样性和法治原则，决定成立共和国，同时仍为英联邦成员。随后，印度经历了尼赫鲁执政、夏斯特里执政和英·甘地第一次执政、人民党短期执政、英·甘地第二次执政、拉吉夫·甘地执政、全国阵线短暂执政与国大党重掌政权等阶段。随着印度进入新的发展阶段，印度已逐渐崛起为全球新兴经济力量之一，在科技、医疗、航空航天等领域取得显著成就。印度广泛参与全球和区域层面的合作，是众多正式和非正式多边国际组织的成员，包括联合国、世界贸易组织、英联邦、不结盟运动、东南亚国家联盟对话伙伴、金砖五国、上合组织、南亚区域合作联盟等。

二、多元化的政治

　　印度的政治具有显著的多层次结构，这种结构涵盖了政府的组织形式、权力分配以及不同层级的政治活动。印度实行联邦制，该制度依据《印度宪法》建立，形成了中央政府与邦政府之间的权力分立框架。宪法明确划定了中央与邦政府的职权范围，涉及立法、行政和财政等诸多领域。中央政府掌控国家层面的关键事务，如国防、外交、货币和通信，而邦政府则管理地方事务，如教育、公共卫生和农业。这种分权结构使得中央与地方的权力得以相互制衡，通过总统和总理等权力分工确保宪法规定的治理框架得以落实。

　　除了中央与邦的双层结构，印度还拥有包括市镇、村庄和乡镇等在内的地方政府体系。地方政府在提供公共服务、基础设施建设以及推动地方发展方面发挥着重要作用。三级政府结构的建立进一步细化了权力的分配，增强了地方的自主性和治理能力。尽管印度的联邦制强调权力分散，实际上中央政府通过税收分配、财政拨款和国家项目等方式对邦政府施加了较大影响，特别是在经济规划和发展领域。邦政府虽在区域事务上拥有一定的自主权，但中央政府在紧急状态下可通过总统令介入邦事务。这样，在确保国家统一的同时，也能为地方政策的灵活实施提供政策空间。

　　印度各邦在文化、语言和经济特征上存在显著差异，这使得地方主义在国家政治体系中占据重要地位，并对国家政策的制定与执行产生深远影响。不同语言区的邦在争取文化自治和政治权利时常表现出强烈的地方主义情绪。宗教因素同样不可忽视，印度教、伊斯兰教、锡克教等宗教在特定地区占据主导地位，导致了宗教冲突与合作并存的复杂局面。印度的这种多元化社会、复杂的权力关系和区域认同、地方主义与民族主义的交织，使得国家的一体化进程充满张力，正是这种多元与统一的动态平衡，形成了印度鲜明的政治特色。

三、富有宗教色彩的文化

　　长达 4 500 多年的悠久历史孕育了印度丰富多彩而博大精深的文明。印度文化具有三重性质,即兼容性、永恒性及宗教性(梁晓雪、赵浩楠,2021),表现为八大特征,即多元文化的综合体、强大的融合和同化能力、信仰人与自然和谐统一的世界观、重精神轻物质的人生价值观、追求永恒精神且崇尚内向直觉思维、重宗教轻历史、严格的社会等级制度和瑜伽术(朱明忠,2020)。

印度具有严格的社会等级制度,其中尤以种姓制度最为特色,这一制度已有3 000余年的历史。早在公元前1500年的"梨俱吠陀"时代,印度教内部就已经产生不同等级的社会集团(种姓)。种姓制度具有四大特点(谭融、吕文增,2017):职业世袭、种姓内婚制、再生族与一生族,以及净洁和污秽的观念。印度教信众的种姓主要由血缘关系决定,种姓等级将影响其教育、工作、日常生活、发展前途和社会地位。目前印度有3 000余个亚种姓(即大种姓的下级分支)。自印度独立后,通过立法和改革等,种姓间的差异已大大消除,种姓关系也发生了巨大改变。

第二节 民族与种族

印度次大陆地处南亚、中亚、东亚及东南亚的地理交会之处,西北和东北部有较便利的陆上通道,印度在历史上屡遭外族入侵,经历了多次的民族大迁徙,使得不同种族相互融合,形成人种繁多、血脉混杂、民族成分复杂、文化丰富多元的国家。印度素有"人种博物馆"和"民族大熔炉"之称。

一、"人种博物馆"

印度人种复杂。既有身材高大的北欧人,也有身材矮小的尼格利陀人(Negrito);既有黄色或褐色皮肤的蒙古人种,也有白色皮肤的雅利安人等。据考古发现,印度最早的居民为旧石器时代人,此后不断有外来民族先后从西北部和东北部等进入南亚次大陆,人种间的交流、混血形成了新人种,而战争和气候环境变化等带来的人口迁徙,进一步促进了人种的变化和融合。

印度人种特征多样而复杂。从西往东,居民头型逐渐变小,从北印度到南印度，身高则呈变低趋势。当地不同地区居民肤色也有差别，北印度的克什米尔人以黄色、红色及混合色等暖色为主，南印度的达罗毗荼人肤色是带光泽的黑色，而安达曼人则是深黑色，这些都表明了印度的人种混合。

印度的人种类型划分多样，存在不同主流观点。里斯利（Risley，1915）认为印度人种主要包括三类主要人种和四个混合群体。三类主要人种即达罗毗荼人、印度-雅利安人和蒙古人，四个混合群体即雅利安-达罗毗荼人、蒙古-达罗毗荼人、斯基泰-达罗毗荼人和土耳其-伊朗人。哈登（Haddon，1924）则认为在喜马拉雅地区主要是蒙古人和印度-雅利安人，在印度北部平原主要为印度-阿富汗人，而南部高原主要为尼格利陀人、前达罗毗荼人和达罗毗荼人。

目前普遍认为，印度有五大人种（王树英，2005）：一是尼格利陀人。尼格利陀人被认为是印度最早的居民。他们身材矮小，皮肤为深褐色，头发乌黑，鼻宽唇厚，肩窄腿短而臂长，体毛较少，今天的安达曼人、印度沿海地区的卡达尔人和巴拉因人以及比哈尔邦山区的土著人等均为他们的后代。二是地中海高加索人种（Mediterranean），或叫达罗毗荼人种（Dravidian）。该人种分几支从不同时期进入印度，早于雅利安人。其特征为中等身材，头长脸窄、皮肤为浅褐色，头发卷曲且呈浅褐色，唇薄。印度的达罗毗荼人分为三支，包括地中海高加索人、雅利安-达罗毗荼人和地中海东方型人。三是雅利安人（Aryan），大约于公元前2000年左右自中亚进入印度。通常将在语言上属于梵语系统的印度人称为雅利安人，他们身材高大，皮肤呈白色或浅褐色，脸长唇薄，鼻高而尖。旁遮普邦和拉贾斯坦邦的早期居民多为雅利安人。四是原始澳大利亚人（Proto Australoid），原始澳大利亚人因和澳大利亚土著人身材特征相似而得名。该人种早于达罗毗荼人进入印度，也称为"前达罗毗荼人"。原始澳大利亚人头长而身材矮小，皮肤为巧克力色，头发乌黑而卷曲，鼻宽唇厚。该人种在中印度和南印度均有分布。五是蒙古人种（Mongoloid），印度的蒙古人种主要是因古代战争和人口迁徙等原因，经由缅甸或西藏进入印度的亚洲蒙古人。他们的皮肤为黄色或褐色，脸扁平，颧骨突出，鼻小而唇厚、肩膀很宽。蒙古人分长头型和宽头型两种，长头型蒙古人主要分布在阿萨姆和边疆地区，宽头型蒙古人分布在杰德岗等地。

二、"民族大熔炉"

印度是一个复杂的民族综合体,其多元性世所罕见,印度境内人口超过两千万的民族有几十个之多,此外还有三百多个部落民族。这些民族的人口特征、语言和宗教信仰等都有所不同。

印度各民族中,以印度斯坦族人数最多,占印度总人口近46.3%[①],主要分布在北方邦、旁遮普邦、比哈尔邦、中央邦和拉贾斯坦邦等地,属雅利安人和达罗毗荼人的混血后代。印度南部和东部地区以达罗毗荼血统为主,而北部和西部以雅利安血统为主。印度斯坦人多使用印地语,多为印度教徒,主要从事农业、采矿业和手工业。

泰卢固族又称安得拉族,占印度人口的8.6%,主要分布于安得拉邦,主要属达罗毗荼人,在发展过程中也融入雅利安人、蒙古人等血统。泰卢固族使用的语言泰卢固语是印度的第三大语言。

孟加拉族是印度乃至南亚最古老的民族之一,也是印度最主要的跨境民族之一。孟加拉族占印度总人口的7.7%,主要分布于印度的西孟加拉邦。

马拉地族占印度总人口的7.6%,是古希腊人、达罗毗荼人和雅利安人的混血,主要分布于马哈拉施特拉邦,语言为马拉地语。

印度还有多个民族。如人口占比为4.6%的古吉拉特族,主要居住地为古吉拉特邦,多为雅利安人的后代;人口占比为3.87%的卡纳达族,主要聚居于卡纳塔克邦;人口占比为3.59%的马拉雅拉姆族,是印度南部的主要民族之一,主要居住在喀拉拉邦及其周边地区;人口占比为2.3%的旁遮普族,是印度北部和西北部的重要跨境民族之一,主要分布于旁遮普邦、哈里亚纳邦及周边地区。其他还有居住于阿萨姆邦的阿萨姆族、居住于奥里萨邦的奥里萨族。

印度土著部落分布的地区更加狭小,多位于山区、森林及边缘地区,他们在不同程度上保持着原始文明,社会发展水平较落后,常被称为"森林民族""原始民族"等(Pati and Dash, 2002)。印度现存的土著部落多达上千个。

---

① 资料来源:中华人民共和国驻印度共和国大使馆。

第三节 语言地理

由于丰富的民族构成,印度的语言种类也十分丰富。2011年的印度人口普查记录了121种语言为母语,印度宪法承认其中的22种为印度表列语言(scheduled languages),使用人数占总人数的96.71%,另有3.29%的人口使用270种未被承认的母语。印度宪法将印地语和英语同时列为官方语言,英语为行政和司法用语。

一、四大语系

印度境内语言多样、数目繁多、语言实践极为复杂。多语特征是印度历史上本土文明与外来文明不断碰撞、融合的结果(姜景奎、贾岩,2018)。印度境内有2 000余种语言或方言,其中有270种语言的使用人数超过1万人。印度语言可划分为四大主要语系,即印欧语系(Indo-European Family)、达罗毗荼语系(Dravidian Family)、南亚语系(旧称澳大利亚-亚细亚语系,Austro-Asiatic Family)和汉藏语系(Sino-Tibetan Family)。据2011年人口普查,印欧语系使用人数占比最多,为78.07%,其次为达罗毗荼语系(占比19.64%)、南亚语系(1.11%)和汉藏语系(1.01%)。

(一)印欧语系

印欧语系的使用者占印度总人口的四分之三。印欧语系含有多个分支,亚洲地区属印欧语系中的印度-伊朗语族,包括印度-雅利安和伊朗两个语支。在印度的22种表列语言中,共有15种语言属于印欧语系,被多达9.5亿人使用。其中,印地语是使用人数最多的语言,约占总人口数的44%,其他印欧语系的语言及使用人数占比有:孟加拉语(8%)、泰卢固语(6.7%)、马拉地语(6.9%)、泰米尔语(5.7%)、卡纳达语(3.6%)、乌尔都语(4.2%)、古吉拉特语(4.9%)、马拉雅拉姆语(2.8%)、奥里亚语(3.1%)、旁遮普语

(2.7%)、阿萨姆语（1.3%）和迈提利语（1.1%）。印度使用印地语人数最多的是北方邦，其次是马哈拉施特拉邦、比哈尔邦、奥里萨邦和西孟加拉邦等，使用人数占比均高于80%；南方各邦如喀拉拉邦、本地治里、泰米尔纳德邦、安达曼-尼科巴群岛等使用印地语人数较少，人口占比均低于5%。

（二）达罗毗荼语系

达罗毗荼语是印度的第二大语系，包含约70种语言，使用人数达2.37亿，占全国人口总量的19.64%。印度境内属于达罗毗荼语系的语言大概有17种，其中4种为表列语言：泰米尔语（Tam-il）、马拉雅拉姆语（Malayalam）、卡纳达语（Kannada）和泰卢固语（Telugu）。这四种表列语言的使用人数分别为6 902万、3 483万、4 370万和8 112万人[①]。四种表列语言的使用人数占达罗毗荼语系使用总人数的96.16%。印度境内的达罗毗荼语系主要流行于南部的泰米尔纳德邦（泰米尔语）、喀拉拉邦（马拉雅拉姆语）、卡纳塔克邦（卡纳达语）、中部的安得拉邦（泰卢固语）及印度东部的一些地区。

（三）南亚语系

南亚语系在印度只有1 340万人使用，占总人口的1.11%。南亚语系民族多因素迁入印度，在表列语言中，仅桑塔利语被列入。其他语言有蒙达语、孟高棉语和其他南岛语系的语言，大体分布于梅加拉亚邦、恰尔肯德邦和奥里萨邦的中部地区、与中国西藏交界的狭长地带及安达曼-尼科巴群岛。

（四）汉藏语系

汉藏语系在印度传播范围广泛，从西部的巴尔蒂斯坦延伸到东部山区和北部的部分地区。但使用此语系的人口规模较小，仅占全国1.01%。印度表列语言中的曼尼普尔语和博多语属于此语系。印度汉藏语系主要分布于北部喜马拉雅山南麓和东北部。

---

① "语言和母语的讲者的力量摘要 - 2001"，人口普查2001年，印度总书记处兼人口普查专员办公室。

二、二十二种表列语言

在印度宪法第八附表中列出了 22 种语言，这些语言被称为表列语言。其中，印地语为联邦官方语言，其他 21 种语言为地方性官方语言。除表列语言外，其他使用人数超过 1 万人的 100 种语言为"非表列语言"。其中，英语为非表列语言，同时也是联邦的辅助官方语言。

（一）表列语言的规模

在 22 种作为母语的表列语言中，使用人数排名前 10 位的依次为：印地语（5.28 亿人）、孟加拉语（0.97 亿人）、马拉地语（0.83 亿人）、泰卢固语（0.81 亿人）、泰米尔语（0.69 亿人）、古吉拉特语（0.55 亿人）、乌尔都语（0.51 亿人）、卡纳达语（0.44 亿人）、奥里亚语（0.38 亿人）和马拉雅拉姆语（0.35 亿人）。

虽然 22 种母语表列语言中，没有一种语言使用人口占比达到印度总人口的一半。但印地语母语人数持续而显著地增长，已从 1971 年的占比 36.99% 提升至 2011 年的 43.63%；克什米尔语也持续而缓慢地增长，从 1971 年的 0.46% 增长至 2011 年的 0.56%。曼尼普尔语常年稳定在 0.14% 左右，其他语言母语人口占总人口的比重多呈下降趋势（表 8-1）。印地语成为印度最有影响力的语言，其社会认同度和影响力还在不断扩大，主要有三方面原因：一是印度"三语"语言规划政策。印度规定在中等教育阶段，印地语区的学校要教授印地语、英语和另外一门本土语言，而非印地语的学校必须教授本地的语言、英语和印地语；二是印度的流行音乐和"宝莱坞"影视 90% 以上使用印地语，这也增强了印地语的地方及国际影响力；三是近年来，印度教民族主义崛起，印人党的"印度语优先"及其他相关政策的支持，也进一步强化了印地语的特殊政治和宗教地位（廖波，2020）。

表 8-1　印度表列语言母语人口占总人口的比例（%）

语言	1971 年	1981 年	1991 年	2001 年	2011 年
印地语	36.99	38.74	39.29	41.03	43.63
孟加拉语	8.17	7.71	8.30	8.11	8.03
马拉地语	7.62	7.43	7.45	6.99	6.86
泰卢固语	8.16	7.61	7.87	7.19	6.70
泰米尔语	6.88	—	6.32	5.91	5.70
古吉拉特语	4.72	4.97	4.85	4.48	4.58
乌尔都语	5.22	5.25	5.18	5.01	4.19
卡纳达语	3.96	3.86	3.91	3.69	3.61
奥里亚语	3.62	3.46	3.35	3.21	3.10
马拉雅拉姆语	4.00	3.86	3.62	3.21	2.88
旁遮普语	2.57	2.95	2.79	2.83	2.74
阿萨姆语	1.63	—	1.56	1.28	1.26
迈提利语	1.12	1.13	0.93	1.18	1.12
桑塔利语	0.69	0.65	0.62	0.63	0.61
克什米尔语	0.46	0.48	—	0.54	0.56
尼泊尔语	0.26	0.20	0.25	0.28	0.24
信德语	0.31	0.31	0.25	0.25	0.23
多格拉语	0.24	0.23	—	0.22	0.21
孔卡尼语	0.28	0.24	0.21	0.24	0.19
曼尼普尔语	0.14	0.14	0.15	0.14	0.15
博多语	0.10	—	0.15	0.13	0.12
梵语	<0.01	<0.01	0.01	<0.01	<0.01

注："—"表示因灾害、政局动荡等原因而数据缺失。

资料来源：印度人口调查官网，https://www.censusindia.gov.in/2011Census/C-16_25062018_NEW.pdf。

此外，泰卢固语、泰米尔语和乌尔都语比重下降最为显著，分别下降了 1.46%、1.18% 和 1.03%。这主要与母语认同度有关。这三种语言均为印地语的竞争性语言，当印地语在当地的影响力增大、认同度提升时，这些语言的影响力自然下降。

在"三语"语言规划政策的影响下，有相当数量的印度人会使用多种语言。

其中，高达 57.1% 的人会使用印地语作为自己的三大语言之一，显示了印地语强大的社会影响力和文化认同感。大多数印度人会选择印地语（43.63%）、孟加拉语（8.30%）、马拉地语（7.09%）和泰卢固语（6.93%）作为自己的第一语言。在第二语言中，印地语也仍占据优势地位（13.9%），其次为英语（8.3%）。在第三语言中，英语（4.6%）的接受度首次高于印地语（2.4%）（表 8-2）。

与此同时，虽然以英语作为母语的人数约为 26 万人，但英语作为官方语言的地位仍十分牢固。英语作为维系各邦的唯一语言，在教育、科技、经济、外交等领域发挥着重要作用。在印度教育系统中，分别有 15.49% 的小学、21.08% 的初中、28.73% 的初级高中和 33.06% 的高级高中以英语为教学语言。印度的高等教育几乎无一例外都使用英文教学（Kumar，1988；安双宏，2014）。

表 8-2 印度 2011 年各主要语言作为第一、第二和第三语言使用的情况

语言	第一语言（母语）使用人数（万人）	第一语言（母语）人口占总人口比例	第二语言使用人数（万人）	第三语言使用人数（万人）	占总人口比例
印地语	52 834.719 3	43.63%	13 900	2 400	57.10%
英语	25.967 8	0.02%	8 300	4 600	10.60%
孟加拉语	9 723.766 9	8.30%	900	100	8.90%
马拉地语	8 302.668 0	7.09%	1 300	300	8.20%
泰卢固语	8 112.774 0	6.93%	1 200	100	7.80%
泰米尔语	6 902.688 1	5.89%	700	100	6.30%
古吉拉特语	5 549.255 4	4.74%	400	100	5.00%
乌尔都语	5 077.263 1	4.34%	1 100	100	5.20%
卡纳达语	4 370.651 2	3.73%	1 400	100	4.94%
奥里亚语	3 752.132 4	3.20%	500	30	3.56%
马拉雅拉姆语	3 483.881 9	2.97%	50	20	3.28%
旁遮普语	3 312.472 6	2.83%	30	30	3.56%
梵语	2.482 1	<0.01%	10	40	0.49%

（二）表列语言的分布

印度的 22 种表列语言分布极不均衡。母语人数最多的印地语广泛使用于印度中部和北部地区，如比哈尔邦、德里、哈里亚纳邦、喜马偕尔邦、中央邦、拉贾斯坦邦、北方邦和北阿肯德邦；孟加拉语主要分布于印度西孟加拉邦、特里普拉邦和阿萨姆邦部分地区；马拉地语是印度马哈拉施特拉邦的官方语言，主要分布于该邦、果阿邦、古吉拉特邦、中央邦、卡纳塔克邦等；泰卢固语主要分布在安得拉邦和特伦甘纳邦，相邻各邦亦有分布；泰米尔语则集中于泰米尔纳德邦、安得拉邦和喀拉拉邦等（表 8-3，图 8-1）。

古吉拉特语为古吉拉特邦、中央直辖区达德拉-纳加尔哈维利和达曼-第乌的主要语言。乌尔都语是巴基斯坦的国语，但在印度也广为流行，主要在北方邦、德里、班加罗尔、海得拉巴、孟买和中部其他地区使用。卡纳达语是印度西南部卡纳塔克邦的官方语言，也广泛使用于果阿邦、马哈拉施特拉邦、喀拉拉邦、泰米尔纳德邦、特伦甘纳邦和安得拉邦。奥里亚语是奥里萨邦的官方语言。马拉雅拉姆语是喀拉拉邦的官方语言，在西海岸的拉克沙群岛也较流行。印度使用语言建邦的原则，有 14 种主要地区语言为有关邦的官方语言（表 8-4）。

表 8-3　印度 22 种表列语言所属语系及对应的邦属

语言	语系	母语人数（万人）	占印度人口比例	邦属
印地语	印欧语系	52 834	43.63%	北方邦（94.08%）、拉贾斯坦邦（89.38%）、北阿肯德邦（89.15%）、喜马偕尔邦（85.88%）、中央邦（88.57%）、哈里亚纳邦（88.05%）、德里国家首都区（84.92%）、切蒂斯格尔邦（83.65%）、比哈尔邦（77.52%）、昌迪加尔（73.6%）、恰尔肯德邦（61.95%）、达曼-第乌（36.31%）、达德拉-纳加尔哈维利（26.12%）、安达曼-尼科巴群岛（19.29%）、马哈拉施特拉邦（12.89%）、果阿邦（10.29%）、旁遮普邦（9.35%）、古吉拉特邦（7.06%）、西孟加拉邦（6.96%）、米佐拉姆邦（0.97%）

续表

语言	语系	母语人数（万人）	占印度人口比例	邦属
孟加拉语	印欧语系	9 723	8.03%	西孟加拉邦（86.22%）、特里普拉邦（65.73%）、阿萨姆邦（28.92%）、安达曼-尼科巴群岛（28.49%）、米佐拉姆邦（9.83%）、恰尔肯德邦（9.74%）
马拉地语	印欧语系	8 302	6.86%	马哈拉施特拉邦（68.93%）、果阿邦（10.89%）
泰卢固语	达罗毗荼语系	8 112	6.7%	安得拉邦（83.55%，包括特伦甘纳邦）、安达曼-尼科巴群岛（13.24%）、本地治里（5.96%）
泰米尔语	达罗毗荼语系	6 902	5.7%	泰米尔纳德邦（88.37%）、本地治里（88.22%）、安达曼-尼科巴群岛（15.2%）
古吉拉特语	印欧语系	5 542	4.58%	古吉拉特邦（84.40%）、达曼-第乌（50.83%）、达德拉-纳加尔哈维利（21.48%）
乌尔都语	印欧语系	5 077	4.19%	卡纳塔克邦（10.83%）、比哈尔邦（8.42%）、恰尔肯德邦（5.96%）、北方邦（5.42%）、德里国家首都区（5.17%）、西孟加拉邦（1.85%）
卡纳达语	达罗毗荼语系	4 370	3.61%	卡纳塔克邦（66.54%）
奥里亚语	印欧语系	3 752	3.1%	奥里萨邦（82.07%）、恰尔肯德邦（1.61%）
马拉雅拉姆语	达罗毗荼语系	3 483	2.88%	喀拉拉邦（97.03%）、拉克沙群岛（84.17%）
旁遮普语	印欧语系	3 312	2.74%	旁遮普邦（89.82%）、昌迪加尔（22.03%）、哈里亚纳邦（9.47%）、喜马偕尔邦（8.96%）、德里国家首都区（5.20%）、西孟加拉邦（0.07%）
阿萨姆语	印欧语系	1 531	1.26%	阿萨姆邦（48.38%）
迈提利语	印欧语系	1 358	1.12%	比哈尔邦（12.55%）、恰尔肯德邦（0.42%）
桑塔利语	南亚语系	736	0.61%	恰尔肯德邦（9.91%）、西孟加拉邦（2.66%）
尼泊尔语	印欧语系	292	0.24%	锡金邦（62.60%）、西孟加拉邦（1.27%）
信德语	印欧语系	277	0.23%	古吉拉特邦（1.96%）
孔卡尼语	印欧语系	225	0.19%	果阿邦（66.11%）
曼尼普尔语	汉藏语系	176	0.19%	曼尼普尔邦（53.03%）
博多语	汉藏语系	148	0.12%	阿萨姆邦（4.54%）
梵语	印欧语系	2.4	—	北阿肯德邦（小于0.01%）

表 8-4　印度各邦语言使用情况

人数（人）及占比（%）

区域	主要语言	1961年	1971年	1981年	1991年	2001年	2011年
喜马偕尔邦	印地语	143 570 (5.1)	3 005 952 (86.9)	3 797 702 (88.7)	4 595 615 (88.9)	5 409 758 (91.7)	5 895 529 (85.9)
旁遮普邦	旁遮普语	8 343 264 (41.1)	10 771 246 (79.5)	14 146 581 (84.3)	18 704 461 (92.2)	22 334 369 (91.7)	24 917 885 (89.8)
昌迪加尔中央直辖区	印地语	—	143 961 (56.0)	249 721 (55.3)	392 054 (61.1)	608 218 (67.5)	776 775 (73.6)
北阿肯德邦	印地语	—	—	—	—	7 466 413 (88.0)	8 992 114 (89.2)
哈里亚纳邦	印地语	—	8 975 069 (89.4)	11 492 824 (88.9)	14 982 409 (91.0)	18 460 843 (87.3)	22 322 157 (88.1)
德里国家首都区	印地语	2 057 241 (77.4)	3 088 698 (76.0)	4 737 092 (76.2)	7 690 631 (81.6)	11 210 843 (80.9)	14 255 526 (84.9)
拉贾斯坦邦	印地语	6 714 857 (33.3)	23 480 495 (91.1)	30 032 409 (87.7)	39 410 968 (89.6)	51 407 216 (91.0)	61 274 274 (89.4)
北方邦	印地语	62 974 736 (85.4)	78 214 779 (88.5)	99 678 891 (89.9)	125 348 492 (90.1)	151 770 131 (91.3)	187 979 055 (94.1)
比哈尔邦	印地语	20 580 643 (59.1)	44 953 764 (80.0)	55 471 663 (79.3)	69 845 979 (80.9)	60 635 284 (73.1)	80 698 466 (77.5)

续表

区域	主要语言	1961年	1971年	1981年	1991年	2001年	2011年
锡金邦	尼泊尔语	74 359 (45.8)	134 235 (64.0)	191 309 (60.5)	256 418 (63.1)	338 606 (66.6)	382 200 (62.6)
那加兰邦	孔雅克语	57 071 (15.5)	72 338 (14.0)	76 071 (9.8)	137 539 (11.4)	248 002 (12.5)	244 135 (12.3)
曼尼普尔邦	曼尼普尔语	502 838 (64.5)	678 402 (63.2)	874 143 (61.5)	1 110 134 (60.4)	1 266 098 (58.4)	1 522 132 (53.3)
米佐拉姆邦	卢赛语/米佐语	—	—	365 813 (74.1)	518 099 (75.1)	650 605 (73.2)	802 763 (73.2)
特里普拉邦	孟加拉语	744 803 (65.2)	1 070 535 (68.8)	1 418 920 (69.1)	1 891 620 (68.8)	2 147 994 (67.1)	2 414 774 (65.7)
梅加拉亚邦	卡西语	—	457 064 (45.2)	625 424 (46.8)	879 192 (49.5)	1 091 087 (47.1)	1 382 278 (46.6)
阿萨姆邦	阿萨姆语	6 784 271 (61.1)	8 905 544 (59.5)	—	12 958 088 (57.8)	13 010 478 (48.8)	15 095 797 (48.4)
西孟加拉邦	孟加拉语	29 435 928 (84.3)	37 805 905 (85.3)	46 347 935 (84.9)	58 541 519 (86.0)	68 369 255 (85.3)	78 698 852 (86.2)
恰尔肯德邦	印地语	—	—	—	—	15 510 587 (57.6)	20 436 026 (62.0)

续表

区域	主要语言	1961年	1971年	1981年	1991年	2001年	2011年
奥里萨邦	奥里亚语	14 443 598 (82.3)	18 466 796 (84.2)	21 590 286 (81.9)	26 199 346 (82.8)	30 563 507 (83.0)	34 712 170 (82.7)
切蒂斯格尔邦	印地语	—	—	—	—	17 210 481 (82.6)	21 361 927 (83.6)
中央邦	印地语	25 271 723 (78.1)	34 698 020 (83.3)	43 807 729 (84.0)	56 619 090 (85.6)	52 658 687 (87.3)	64 324 963 (88.6)
古吉拉特邦	古吉拉特语	18 672 722 (90.5)	23 866 127 (89.4)	30 817 185 (90.4)	37 792 933 (91.5)	42 768 386 (84.4)	51 958 730 (86.0)
达曼-第乌中央直辖区	古吉拉特语	—	—	—	92 579 (91.1)	107 090 (67.7)	123 648 (50.8)
达德拉-纳加尔哈维利中央直辖区	比勒利语 Bhili/Bhilodi	11 534 (19.9)	61 638 (83.1)	65 557 (63.2)	76 207 (55.0)	89 132 (40.4)	128 078 (37.3)
达德拉-纳加尔哈维利与达曼-第乌中央直辖区	马拉地语	30 278 913 (76.6)	38 619 257 (76.6)	45 439 086 (72.4)	57 894 839 (73.3)	66 643 942 (68.8)	77 461 172 (68.9)
安得拉邦	泰卢固语	30 934 898 (86.0)	37 137 282 (85.4)	45 446 077 (84.9)	56 375 755 (84.8)	63 904 791 (83.9)	70 667 780 (83.6)
卡纳塔克邦	卡纳达语	15 371 753 (65.2)	19 328 950 (66.0)	24 046 196 (64.8)	29 785 004 (66.2)	34 838 035 (65.9)	40 651 090 (66.5)

续表

区域	主要语言	1961年	1971年	1981年	1991年	2001年	2011年
果阿邦	孔卡尼语	556 557 (88.8)	556 396 (64.9)	533 211 (49.1)	602 784 (51.5)	769 888 (57.1)	964 305 (66.1)
拉克沙群岛中央直辖区	马拉雅拉姆语	20 029 (83.1)	26 689 (83.9)	33 908 (84.2)	43 678 (84.5)	51 555 (85.0)	54 264 (84.2)
喀拉拉邦	马拉雅拉姆语	16 065 740 (95.0)	20 496 771 (96.0)	24 429 133 (96.0)	28 096 376 (96.6)	30 803 747 (96.7)	32 413 213 (97.0)
泰米尔纳德邦	泰米尔	28 016 147 (83.2)	34 817 421 (84.5)	—	48 434 744 (86.7)	55 798 916 (89.4)	63 753 997 (88.4)
本地治里中央直辖区	泰米尔	325 862 (88.3)	419 839 (89.0)	537 300 (88.9)	720 473 (89.2)	861 502 (88.4)	1 100 976 (88.2)
安达曼-尼科巴群岛中央直辖区	孟加拉	13 853 (21.8)	28 120 (24.4)	44 506 (23.6)	64 706 (23.1)	91 582 (25.7)	108 432 (28.5)

资料来源：Language Atlas of India 2011, Registrar General and Census Commissioner, India, Ministry of Home Affairs, https://language.census.gov.in/showAtlas。

图 8-1 印度主要语言空间分布

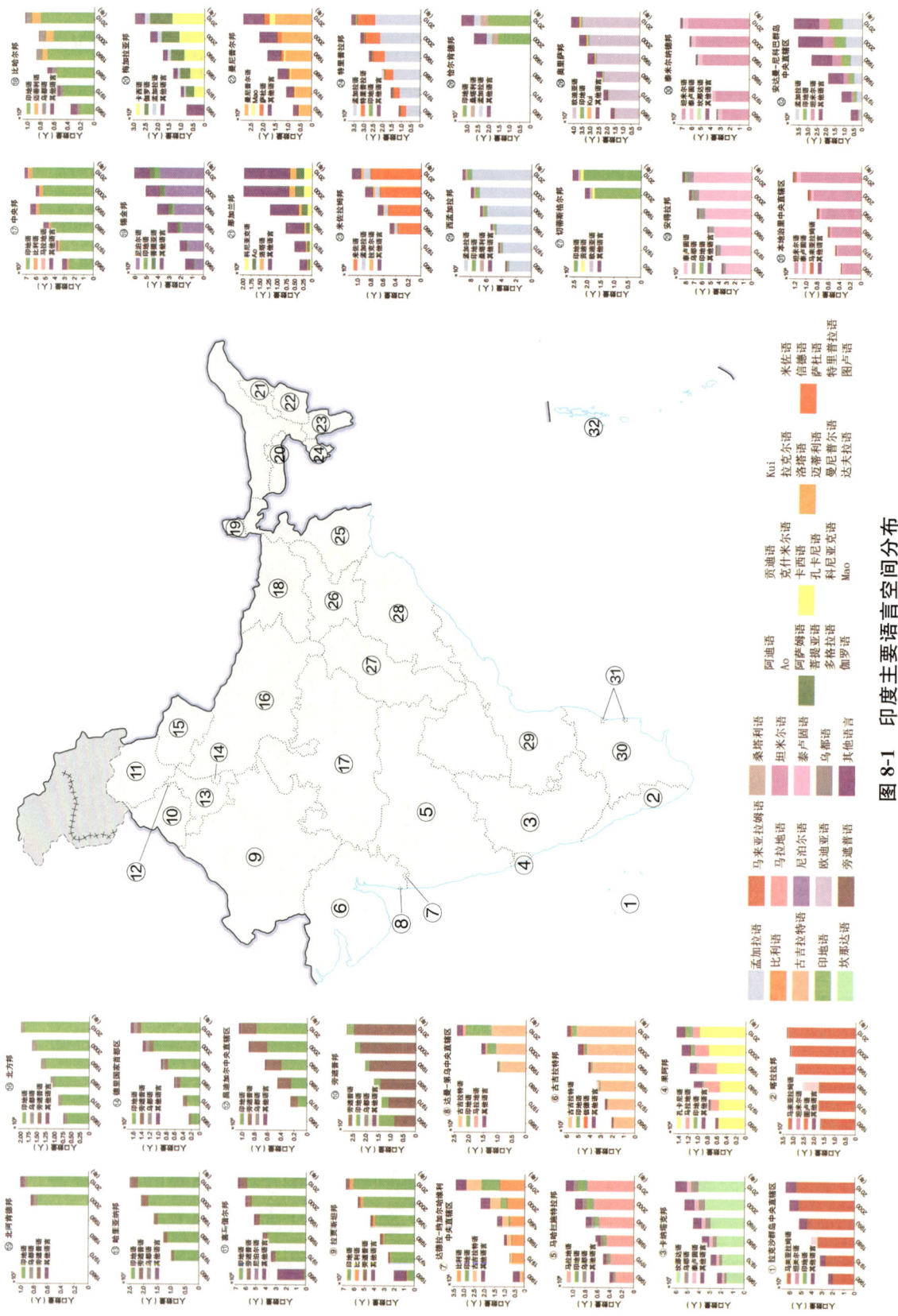

第四节　宗教地理

印度是个宗教国家，几乎人人笃信宗教。印度也是世界上宗教派别最多的国家，被称为"宗教大拼盘"。印度宗教的形成与发展已有四千余年历史，经过几千年的演化，形成了以印度教为主、多教并存的结构。印度约八成人口信奉印度教，约 14.2% 的人信仰伊斯兰教，基督教徒占比 2.3%，锡克教徒占比 1.7%，佛教徒占比 0.7%，耆那教徒占比 0.4%。各教派间矛盾和冲突不断，深刻影响着印度社会的发展。

一、漫长的宗教冲突与融合[①]

印度宗教教派繁杂、宗教间的摩擦长期存在。印度宗教发展可划分为印度教的第一时期、第二时期、全盛时代、最近时期与新纪元四个时期（汤用彤，2006 年）。前三者分别为吠陀教时期、婆罗门教时期和印度教时期。

印度最早的宗教信仰可追溯至公元前 30 世纪，即史前社会后期，当时，在印度河流域已经出现了宗教崇拜的迹象（吴永年、季平，1998）。大约公元前 1500 年，雅利安人穿过兴都库什山脉进入南亚次大陆，与当地居民的文化产生交融，产生了印度最初的宗教——吠陀教。早期的吠陀教是一种自然宗教的多神崇拜，把自然现象视为人格化的神，且不同神也有尊卑，体现了印度社会当时正处于氏族社会和奴隶社会交替的时代特征。

当雅利安人征服北印度时，他们还处于游牧部落社会阶段，文化上落后于当时的土著民——达罗毗荼人，于是向他们学习先进文化并产生贫富差异。公元 10 世纪初，北印度出现了奴隶制国家，阶级关系骤变，开始形成以雅利安人婆罗门祭司为最高种姓的种姓等级制度（所有人划分为婆罗门、刹帝利、吠舍和首陀罗四个社会等级，此外还有贱民的种姓）。种姓制度的确立也标志着婆罗

[①] 本节根据吴永年、季平著《当代印度宗教研究》，（吴永年、季平，1998）整理。

门教的诞生。婆罗门教的种姓制度十分严格，各阶层固定、不得僭越。婆罗门教倾向一神崇拜，其理论和祭神仪式相当烦琐。

公元前6世纪左右，北印度相继形成了16个小王国和部落联盟，在不断争战中，以国王和武士为代表的刹帝利种姓力量不断增加，逐渐形成强大的社会力量。吠舍种姓的富商巨贾也脱颖而出，这两个种姓开始挑战婆罗门种姓集团的权威，创立新教的呼声不断。于是，在北印度婆罗门教势力最为薄弱的地区相继诞生了佛教和耆那教。

佛教和耆那教兴起于印度奴隶制的鼎盛时期。此时，印度次大陆上城市与国家大量出现，奴隶与奴隶主间对抗激烈。雅利安人的统治范围在此时期急剧扩张，与当地土著民族冲突剧烈，雅利安人的统治阶级意识到依靠武力和婆罗门教已无法助其更好地统治国家，佛教与耆那教适逢其时，得以发展壮大。尤其是佛教，它提倡"众生平等"的思想，深受中下等种姓的拥护。加之佛教教义简单和宗教宽容，最终成为统治印度次大陆的势力最强的宗教。

公元前322年，在印度东北部的摩揭陀国推翻了难陀政权，结束列国时代，统一北印度并建立了新的政权，史称孔雀王朝。在此时期，佛教到达了鼎盛，特别是阿育王时期佛教被定为国教，并得以向外广播。大约在公元前4世纪中期开始，佛教因内部认知分歧，逐步分化为大乘佛教、小乘佛教和密教。密教是大乘佛教的一部分同婆罗门教混合形成的教派。佛教三个派系通过不同路径分别传入东亚。公元4世纪，旃陀罗一世扬弃了佛教，此后佛教在印度次大陆逐渐消亡。

旃陀罗一世建立的笈多王朝以印度教为国教，印度教开始复兴。印度教实际是变革了的婆罗门教，故也称新婆罗门教，它是印度旧有宗教的集大成者，既继承了婆罗门教的种姓制度，也汲取了佛教和耆那教的精华。公元8世纪，印度教经商羯罗的改革，逐渐成为印度次大陆的主要宗教。

公元8世纪初，阿拉伯人征服了印度西北部的信德，伊斯兰教开始传入印度北部，由此揭开了穆斯林远征印度的序幕。公元11世纪，信奉伊斯兰教的突厥人入侵印度北部，建立了德里苏丹国，其统治者强迫人民信奉伊斯兰教。莫卧儿王朝统治的六百余年时间里将伊斯兰教作为国教，伊斯兰教进一步兴盛，而其他各宗教也遭到严重摧残。传承了1 700多年的佛教受到致命打压，几乎灭绝；印度最主要的宗教印度教也只存于民间。

伊斯兰教的现实主义精神，给印度教的虚幻精神带来了极大冲击。伊斯兰教严格的组织纪律，强调仁爱、团结、行善等教义，对印度社会产生了一定影响，逐渐为民众所接受，成为次于印度教的第二大宗教派别。印度的伊斯兰教也受到了本土宗教的异化，存在种姓等级现象。

大航海时代来临后，葡萄牙、荷兰、法国和英国相继进入印度。西方殖民者为了达到永久统治的目的，开始大规模传播基督教。西方殖民者成立了耶稣传教会，兴办学校、医院等，但有着悠久历史文化的印度社会，对基督教的接受程度不高。如今在印度信仰基督教的人数占比仅有2.3%。

在英属印度时代，为加强对印度殖民统治，英国逐步分化穆斯林和印度教徒。印度国内印度教和伊斯兰教摩擦不断，分别于1906年和1915年成立了全印度教大会和全印穆斯林联盟。最终1947年，通过印巴分治，北部以穆斯林为主的地区成为巴基斯坦国，而南部以印度教为主的地区成为印度共和国。印巴分治后，印度教在本国独占鳌头。印度教与民族主义相结合，成为印度国内广泛的思潮，特别是在印度人民党的支持下，印度教民族主义正快速崛起，对印度内外部政治环境产生了巨大影响。

在印度众多的宗教中，锡克教个性独特，且对印度社会产生了重要的影响。锡克教是15世纪末16世纪初莫卧儿帝国时期旁遮普地区兴起的一种新兴宗教，也是相对年轻的印度本土宗教。1947年印巴分治后，印度旁遮普邦成为大多数锡克教信众的家园和锡克教文化中心。印度的锡克教信众规模位居世界前五位，其兴起和传播，对印度的社会发展作出了不可磨灭的奉献（曲金帅、涂华忠，2023）。锡克教由古鲁·那纳克创建，后经不断发展，成为一个集宗教、政治、社会、文化和哲学于一体的特殊团体，所有信奉锡克教的成员均被称为锡克民族。因此，锡克人是一个宗教民族。1799年，锡克王国成立，也是锡克教政治上的顶峰，但锡克教主要局限于旁遮普地区。19世纪上半叶，锡克王国国王曾对其他地区进行有限扩张。后于1849年被英国占领并吞并。

锡克教教义以反对种姓制度、提倡人人平等和团结统一的兄弟情义而著称。这些教义对印度产生很大影响，锡克教在消除社会种姓差别、歧视方面作出了巨大贡献。印度的其他宗教如拜火教、犹太教和帕西教等也各有其灿烂的文化且成就辉煌。

上述印度宗教文化多元格局的形成史证明，印度的历史不仅有宗教战争和帝国征服，也伴随着各宗教间的交流和互鉴。尽管印度各教派的具体教义不同，但印度宗教具有一些共同主题，如解脱、轮回与业报，使得各宗教间除了内部的矛盾冲突，也有适应各时期社会发展的宗教改革、交流、调整与融合，最终成就了印度多元并存的宗教格局。

二、以印度教为主体

目前印度主要的宗教有印度教、伊斯兰教、基督教、佛教、锡克教、天教（拜火教）和耆那教。作为外来宗教的伊斯兰教和本土的主要宗教印度教由于教义、政治原因，矛盾频发、冲突不断。印度各宗教的信众数量差异显著，其中印度教在印度是主流宗教，全球九成以上的印度教信众生活在印度。印度教在印度所有信教人数中的占比一直稳定在80％以上，但人数占比缓慢而持续地下降，由1951年的84.1％降至2011年的79.8％（表8-5）。信众人数排名第二的宗教为伊斯兰教，其占比持续而缓慢地增加，由1951年的9.8％上升至2011年的14.23％。基督教、锡克教和佛教的占比分别稳定在2.3％、1.9％和0.7％左右。印度各宗教人口占比的波动变化与计划生育政策、生育率等密切相关。印度2022年的全国家庭健康调查显示，印度教信众的生育率由1992—1993年的3.3％下降至2019—2021年的1.94％，基督徒的生育率从1992—1993年的2.87％下降到2019—2021年的1.88％。此外，移民、优质高等教育设施的缺乏和失业也导致了印度基督教信众减少。

表8-5 印度宗教人数占比（％）

宗教	1951年	1961年	1971年	1981年	1991年	2001年	2011年
印度教	84.10	83.45	82.73	82.30	81.53	80.46	79.80
伊斯兰教	9.80	10.69	11.21	11.75	12.61	13.43	14.23
基督教	2.30	2.44	2.60	2.44	2.32	2.34	2.30
锡克教	1.79	1.79	1.89	1.92	1.94	1.87	1.72

续表

宗教	1951年	1961年	1971年	1981年	1991年	2001年	2011年
佛教	0.74	0.74	0.70	0.70	0.77	0.77	0.70
耆那教	0.46	0.46	0.48	0.47	0.40	0.41	0.37
拜火教	0.13	0.09	0.09	0.09	0.08	0.06	0.49
其他	0.43	0.43	0.41	0.42	0.44	0.72	0.90

资料来源：https://www.ydylcn.com/skwx_ydyl/competitiveReportDetail?SiteID=1&contentId=5981502&contentType=literature&subLibID=8730&mediaID=10839020。

印度宗教的分布在地域上高度集中（表8-6）。除少数几个邦外，印度教在各邦的占比均较高，占比在90%及上的邦有喜马偕尔邦（95.2%）、达德拉-纳加尔哈维利（93.9%）、奥里萨邦（93.6%）、切蒂斯格尔邦（93.2%）、中央邦（90.9%）及达曼-第乌邦（90.5%）六个。印度教信众最少的邦包括米佐拉姆邦（2.7%）、拉克沙群岛中央直辖区（2.8%）和那加兰邦（8.7%）。而伊斯兰教徒主要分布于拉克沙群岛中央直辖区（96.6%）、阿萨姆邦（34.2%）、西孟加拉邦（27.0%）和喀拉拉邦（26.6%）。基督教主要分布于那加兰邦（87.9%）、米佐拉姆邦（87.2%）和梅加拉亚邦（74.6%）。锡克教主要集中于旁遮普邦（57.7%），佛教则主要集中于锡金邦（27.4%）。耆那信众主要集中在德里和西印度，尤其是马哈拉施特拉邦和古吉拉特邦。

表8-6 印度各邦各宗教信徒占比

邦名	印度教（%）	伊斯兰教穆斯林（%）	基督教（%）	锡克教（%）	佛教（%）	耆那教（%）	信众数（万人）
印度	79.8	14.2	2.3	1.7	0.7	0.4	120 947.125 0
喜马偕尔邦	95.2	2.2	0.2	1.2	1.1	0.0	686.460 2
旁遮普邦	38.5	1.9	1.3	57.7	0.1	0.2	2 774.333 8
昌迪加尔中央直辖区	80.8	4.9	0.8	13.1	0.1	0.2	105.545 0
北阿肯德邦	83.0	13.9	0.4	2.3	0.1	0.1	1 008.629 2
哈里亚纳邦	87.5	7.0	0.2	4.9	0.0	0.2	2 535.146 2
德里国家首都区	81.7	12.9	0.9	3.4	0.1	1.0	1 678.794 1
拉贾斯坦邦	88.5	9.1	0.1	1.3	0.0	0.9	6 854.843 7
北方邦	79.7	19.3	0.2	0.3	0.1	0.1	19 981.234 1

续表

邦名	印度教(%)	伊斯兰教穆斯林(%)	基督教(%)	锡克教(%)	佛教(%)	耆那教(%)	信众数(万人)
比哈尔邦	82.7	16.9	0.1	0.0	0.0	0.0	10 409.945 2
锡金邦	57.8	1.6	9.9	0.3	27.4	0.1	61.057 7
那加兰邦	8.7	2.5	87.9	0.1	0.3	0.1	197.850 2
曼尼普尔邦	41.4	8.4	41.3	0.1	0.2	0.1	285.579 4
米佐拉姆邦	2.7	1.4	87.2	0.0	8.5	0.0	109.720 6
特里普拉邦	83.4	8.6	4.4	0.0	3.4	0.0	367.391 7
梅加拉亚邦	11.5	4.4	74.6	0.1	0.3	0.0	296.688 9
阿萨姆邦	61.5	34.2	3.7	0.1	0.2	0.1	3 120.557 6
西孟加拉邦	70.5	27.0	0.7	0.1	0.3	0.1	9 127.611 5
恰尔肯德邦	67.8	14.5	4.3	0.2	0.0	0.0	3 298.813 4
奥里萨邦	93.6	2.2	2.8	0.1	0.0	0.0	4 197.421 8
切蒂斯格尔邦	93.2	2.0	1.9	0.3	0.3	0.2	2 554.519 8
中央邦	90.9	6.6	0.3	0.2	0.3	0.8	7 262.680 9
古吉拉特邦	88.6	9.7	0.5	0.1	0.1	1.0	6 043.969 2
达曼-第乌中央直辖区	90.5	7.9	1.2	0.1	0.1	0.1	24.324 7
达德拉-纳加尔哈维利中央直辖区	93.9	3.8	1.5	0.1	0.2	0.3	34.370 9
马哈拉施特拉邦	79.8	11.5	1.0	0.2	5.8	1.2	11 237.433 3
安得拉邦	88.5	9.6	1.3	0.0	0.0	0.1	8 458.077 7
卡纳塔克邦	84.0	12.9	1.9	0.0	0.2	0.7	6 109.529 7
果阿邦	66.1	8.3	25.1	0.1	0.1	0.1	145.854 5
拉克沙群岛中央直辖区	2.8	96.6	0.5	0.0	0.0	0.0	6.447 3
喀拉拉邦	54.7	26.6	18.4	0.0	0.0	0.0	3 340.606 1
泰米尔纳德邦	87.6	5.9	6.1	0.0	0.0	0.1	7 214.703 0
本地治里中央直辖区	87.3	6.1	6.3	0.0	0.0	0.1	124.795 3
安达曼-尼科巴群岛中央直辖区	69.4	8.5	21.3	0.3	0.1	0.0	38.058 1

资料来源：2011年人口普查数据，https://censusindia.gov.in/。

三、宗教的政治化与社会化

印度既是一个多元宗教文化的社会，也是一个教派冲突频繁的国家。其中印度教徒和穆斯林之间发生的冲突最多，程度也较激烈。此外，印度教与基督教、佛教之间也有摩擦和矛盾。印度宗教矛盾的主要根源在于种姓制度，印度的种姓制度与政治和经济复杂交织，宗教也因此呈现出政治化与社会化的特征，其中最为典型的是印度教民族主义的诞生和崛起。

印度教民族主义也被称为印度教特性（Hindutva），是当代印度一种带有强烈宗教主义色彩的社会政治思潮。印度教民族主义强调印度教至高无上，以印度教哲学思想为核心，试图用印度教的教义和文化来规范印度社会秩序，将印度打造为一个"印度教国家"（张帅，2021）。印度教民族主义诞生于印度从英国殖民统治中谋求独立的过程中，其演进经历了三个阶段（王世达，2023）。

（1）诞生阶段（19世纪70年代—20世纪初）。19世纪70年代，印度兴起了民族主义运动，印度教因其国教地位，被作为调动印度信众宗教感情，从而积极参与民族主义斗争的工具。

（2）发展阶段（20世纪初—1947年印巴分治）。因英国殖民并打击穆斯林，印度穆斯林地位严重受挫，为寻求出路，1906年在印度次大陆正式成立了代表穆斯林利益的政治组织"穆斯林联盟"。在此期间，印度教民族主义加速发展。1916年成立了"印度教大斋会"，1923年由其领袖出版了《印度教特性》，提出印度教信众与穆斯林尖锐对立的思想，并引发宗教战争。

（3）从低潮到再度活跃阶段（1947年印巴分治—20世纪90年代）。1947年印度独立，开国总理尼赫鲁坚持世俗主义原则，压制各类教派主义思潮。印度信众与穆斯林在尼赫鲁执政期和平共处。20世纪70年代以来，印度教民族主义重新抬头。印度人民党执政后，放弃了原国大党的民族主义、非教派主义和社会主义立场，迅速转向教派主义。近年来，印度教民族主义空前活跃，正取代世俗主义，成为印度主流意识形态。

印度人民党与印度民族主义相互促进。一方面，占人口多数的印度教信众的支持助力印度人民党成功连任并成为人民院第一大党；另一方面，印度人民党为迎合印度教民族主义出台并执行了一系列政策，包括在阿逾阇巴布里清真寺原址建设罗摩庙、出台《公民身份法修正案》等。这些行动助力了印度教民族主义的强势回归，使其成为印度今后相当长一段时间内的主流意识形态，也进一步影响了印度的外交政策。

参 考 文 献

[1] 安双宏：《印度教育战略研究》，浙江教育出版社，2014 年。
[2] 郭家宏："论英国对印度殖民统治体制的形成及影响"，《史学集刊》，2007 年第 2 期。
[3] 姜景奎、贾岩："印地语优先：印度的语言结构正在发生重大变化"，《世界知识》，2018 年第 1 期。
[4] 林承节：《印度史》，人民出版社，2014 年。
[5] 梁晓雪、赵浩楠："从印度音乐透视其文化的三重性质"，《戏剧之家》，2021 年第 14 期。
[6] 廖波："印度的语言状况——基于 2011 年印度人口普查语言调查数据的分析"，《解放军外国语学院学报》，2020 年第 6 期。
[7] 曲金帅、涂华忠："融合与重塑：锡克教对印度社会的影响"，《南亚东南亚研究》，2023 年第 1 期。
[8] 荣鹰："印巴关系中的宗教和民族因素初探"，《国际问题研究》，2006 年第 2 期。
[9] 汤用彤：《印度哲学史略》，上海古籍出版社，2006 年。
[10] 谭融、吕文增："论印度种姓政治的发展"，《世界民族》，2017 年第 3 期。
[11] 王世达："作为印度主流意识形态的印度教民族主义及其影响"，《世界宗教文化》，2023 年第 6 期。
[12] 王树英："印度：复杂纷繁的人种博物馆"，《中国民族》，2005 年。
[13] 吴永年、季平：《当代印度宗教研究》，上海外语教育出版社，1998 年。
[14] 张帅："宗教政治化与宗教社会化：印度教民族主义的崛起及未来走向"，《印度洋经济体研究》，2021 年第 2 期。
[15] 朱明忠："综论印度文化的特点"，《南亚东南亚研究》，2020 年第 1 期。
[16] Haddon, A. C. 1924. The races of man and their distribution. Cambridge University Press.
[17] Kumar, K. 1988. Origins of India's "Textbook culture". *Comparative Education Review*, No. 32, pp. 452-464.
[18] Pati, R. N., and Dash, J. 2002. *Tribal and Indigenous People of India: Problems and Prospects*. APH Publishing.
[19] Risley, H. H. 1915. *The People of India*. London: Calcutta and Simla, Thacker, Spink & Co.

第九章　印度全球经贸地理

　　作为南亚地区最大的国家，印度一直以来都在国际贸易和投资中扮演着重要的角色。根据国际货币基金组织（IMF）数据，2022年印度已成为世界第七大服务出口国，在全球服务出口中占据主导地位；印度的纺织业、制药业和服务业相对发达，而商品贸易与服务贸易相反，呈现持续的贸易逆差，高度依赖于中美两国。总体投资额呈现下降趋势。

第一节　贸易地理

　　印度是1947年关贸总协定的23个缔约国之一，一直以来都是全球贸易的重要参与者。随着1995年关贸总协定转变为世界贸易组织，印度也成为WTO的正式成员国。尽管印度拥有着广阔的国土和众多的人口，但其商品出口规模却长期与自身生产规模不匹配，国际竞争力明显不足。但自国内经济改革以来，经济的自由化和全球化转向为印度多个行业打开了全球市场。

一、持续的商品贸易逆差

　　自印度独立以来，其进出口年均增长率分别为8.56%和8.09%，但贸易逆差年均增长率高达10.53%。印度的对外贸易几乎年年呈现为贸易逆差，持续的贸易逆差使得印度国际收支状况一直不佳。1991年，印度爆发了严重的经济危机，主要由于连年贸易逆差引发了国际支付危机（Cerra and Saxena，2002）。

在经济改革开始的前十年，印度的对外贸易逆差虽然总体呈增加的趋势，但增长幅度不大。从 2003—2004 年度开始，印度的对外贸易逆差开始快速增长，2008—2009 年度印度对外贸易逆差突破 1 000 亿美元，在 2012—2013 年度达到经济改革以来的最大值 1 903 亿美元，贸易赤字日益严重。近年来，印度的生产挂钩激励（PLI）计划已成为通过促进国内制造业改善贸易平衡的催化剂（Tripathy and Dastrala，2023）。这些举措涵盖电子、制药和纺织等行业，激励企业提高生产能力。由此带来的制造业增长不仅满足了国内需求，而且还促使印度成为有竞争力的出口国。2019 年，印度货物进出口差额达到 1 618 亿美元，略低于往期水平，但商品贸易仍然呈现显著的贸易逆差。

（一）商品贸易发展沿革

根据印度独立以来外贸政策和商品进出口贸易时序变化，以英迪拉第二次执政和曼·辛格上台为分割线，可将印度对外商品贸易发展划分三个阶段：停滞不前（1948—1980 年）、缓慢爬升（1981—2004 年）和迅速增长（2005 年至今），年均出口增长率分别为 6.96%、8.77% 和 10.7%，体现了不同时代背景下，印度历届政府为国家安全和经济发展因时制宜的决策判断，反映了印度经济发展的基本历程（图 9-1）。

1. 停滞阶段

印度独立后一直奉行严格的进口替代战略，但由于缺乏具有比较优势的产品，出口能力长期平缓（宁胜男，2021）。20 世纪 80 年代之前，自然灾害和政府决策是影响印度国外贸易发展的重要因素。一方面，农业制约着印度的经济发展，尼赫鲁-马哈拉诺比斯模式的工业化道路受到农业增长的制约（王立新，2011）。每次经济快速下滑都与当年的农业增长息息相关，包括 1965—1967 年、1972 年与 1979 年，这三个时期印度都发生旱灾，不得不向美国寻求援助。特别是 1979 年严重旱灾波及政治领域，英迪拉政府的 1 800 万吨粮食储备被消耗殆尽，德赛政府入不敷出。另一方面，尼赫鲁和英迪拉执政期间遵循严格的进口替代战略，与东亚四小龙的出口导向战略相比显得格格不入，导致在全球经济腾飞阶段错过发展契机。进口替代战略目的在于保护民族工业，在独立初期确实有利于印度工业体系的建立（Frankel，2006）。但以公营企业为主导的印

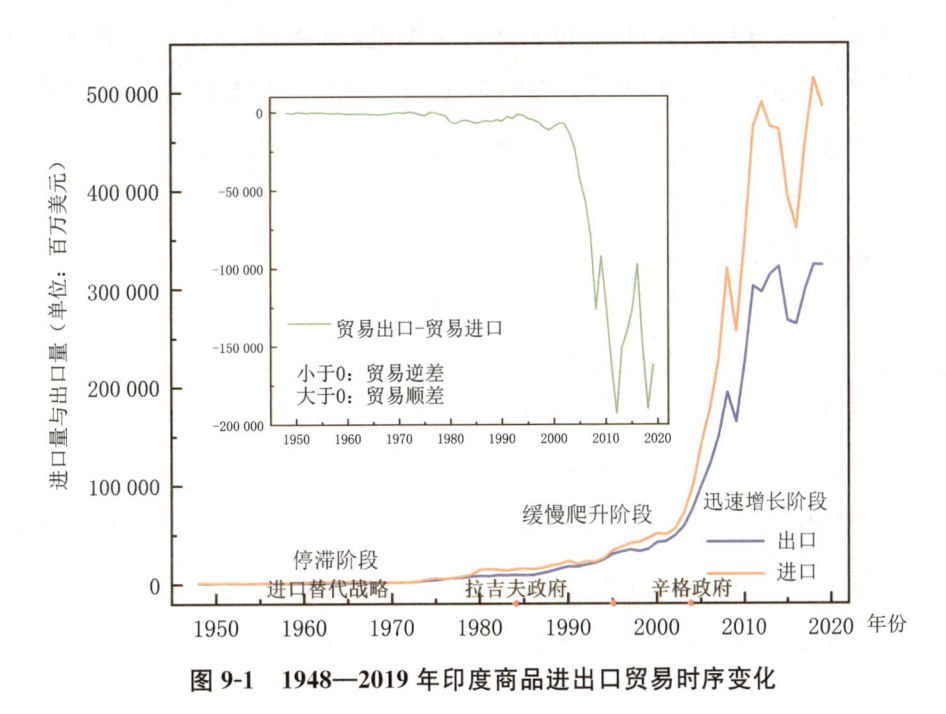

图 9-1　1948—2019 年印度商品进出口贸易时序变化

资料来源：联合国贸易数据库（UN Comtrade），https://comtradeplus.un.org/。

度经济体系效益低下，使得整个印度现代化过程中极度缺乏资金。拉吉夫的经济政策直接受益者为中产阶级和大企业家，无法得到民众认可。1990 年，财政危机爆发，财政赤字达生产总值的 8.4%，通货膨胀达 15%，印度成为世界外债第三多的国家。而外债规模的膨胀通过影响汇率进一步加剧进口替代战略对于经济的负担，并限制了企业在国际市场上的投资和扩张，减缓了国内大规模跨国企业融入全球供应链的进程。

2. 缓慢爬升阶段

1981 年后，拉吉夫上台，高科技逐渐成为印度经济发展的主要动力，政府制订雄心勃勃的出口计划，之后维普·辛格政府延续拉吉夫的政策。尽管 1991 年遭遇严重的经济困难，但随着拉奥政府上台，采取一系列包括卢比贬值等政策以促进出口，增加外汇。通过谋求国际贷款、压缩国防开支等举措，基本实现了财政稳定。在进出口方面，通过放宽进口限制和积极鼓励出口的政策，印度免除大多数商品的进口许可证，降低甚至免除关税，建立出口加工区。印度低廉的人力成本、丰富的技术人才、海归人才和语言优势使得软件出口和服务承接成为印度最具前景的项目。政府通过大幅度减少限制、建立软件园区和保护知识产权等举措，推动软件出口额逐渐增加，贸易逆差逐渐缩小。20世纪80年代后印度进出口贸易逐渐增长，总体而言，虽进口量高于出口量，但相对均衡，处于缓慢爬升阶段。

3. 高速增长阶段

90年代后半期，随着国大党式微，印度缺乏具有绝对优势的党派，联合政府的形式逐渐常态化，印度人民党主导的全国民主联盟和国大党主导的团结进步联盟轮番执政。2004年曼·辛格政府正式执政，2009年成功连任。国大党是经济改革的最早设计者、倡导者和实施者，印度"经济改革之父"辛格在拉奥政府时期的经济政策后来被全国阵线政府继承，而当辛格成为总理后，改革得到进一步深入。2014年，印度人民党赢得大选，莫迪执政，2019年又成功连任。印度人民党虽然当选前推崇人道主义和司瓦德西模式，奉行经济民族主义的文化保守态势，不赞成大规模参与全球竞争，但上台后执政态度明显转变，印度不断走向了世界舞台的中央。21世纪以来，印度政府进一步放宽外贸限制，大力促进出口。2001年印度取消特别进口许可证，降低关税，并增设出口加工区，建立经济特区。政策激励促进了印度出口增长，但与进口相比仍旧增长缓慢，贸易逆差不减反增。2004年后，印度的经济增长速度令人刮目相看，连续三年9％的高速度增长，使得印度成为全球第12个国内生产总值超过1万亿美元的国家，而2008年金融危机沉重打击印度的经济发展，印度面向出口的制造业、信息服务外包业、金融业等受到严重冲击，高速增长势头被打断。2010年后印度经济形势回暖，年增长率达8.5％。

在印度二十几年的经济改革期间，贸易逆差不断扩大，三个阶段贸易逆差年均增长率分别为12.83％、5.58％和13.85％。2018年，印度贸易逆差达1 896.9亿元，仅次于美国和英国，居世界第三。贸易逆差已成为印度政府的"心头大患"，导致印度贸易保护主义抬头。

（二）商品贸易结构的演变

1980—2018年，印度商品贸易进出口结构呈现不同的特点。从比重来看，制成品、能源和矿产品、燃料、农产品等在其对外商品贸易中占据相当大的比例。其中，2018年制成品进口占 26%，能源和矿产品进口占比达 21%，燃料进口占比 17%，农产品进口占比 11%，其他商品进口比例相对较小。而商品出口主要包括制成品、能源和矿产品，占比分别为 36% 和 10%（图 9-2）。从时序上看，办公和电信设备、电子数据处理和办公设备、电信设备等商品进口的年均增长率超过 17%，集成电路和电子元件、机械和运输设备、汽车配件等增长率超过 12%，可见印度软件服务业发展具有典型的对外设备进口依赖，呈现快速增长的状态。燃料、电讯设备、汽车配件、钢铁、运输设备、制药等商品出口年均增长速度均超过 10%，相对而言农产品、纺织品等出口增长速度相对较缓，但也达到 7% 以上。总之，食物、农产品、纺织品、制成品、电信设备、集成电路和电子元件、电子数据处理和办公设备进口年均增长率均高于出口，商品贸易结构呈现偏工业化，制成品出口占比高，而对农产品和硬件设备等需求呈现依赖进口的趋势（Jiang and Zhang，2021）。

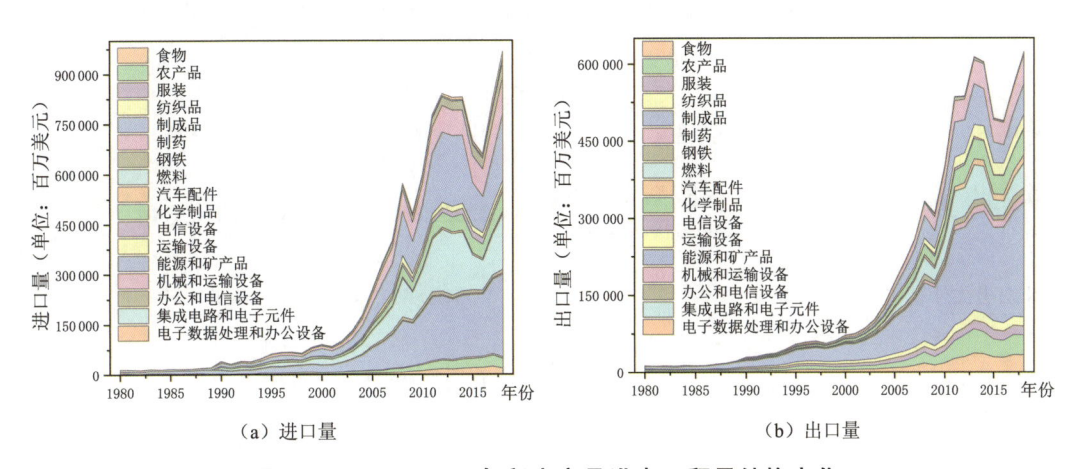

图 9-2　1980—2018 年印度商品进出口贸易结构变化

资料来源：联合国贸易数据库（UN Comtrade），https://comtradeplus.un.org/。

印度各商品比较优势差异明显。商品贸易逆差主要在能源和矿产品、燃料，其次是化学制品、机械和运输设备、办公和电信设备、集成电路和电子元件等；贸易顺差主要在食物、服装和制药。可以发现印度除制药、纺织等部分产业，多数商品依赖进口（图 9-3，表 9-1）；印度对能源和硬件装备的需求较大，优势主要体现在服装、制药和食物、农产品方面。

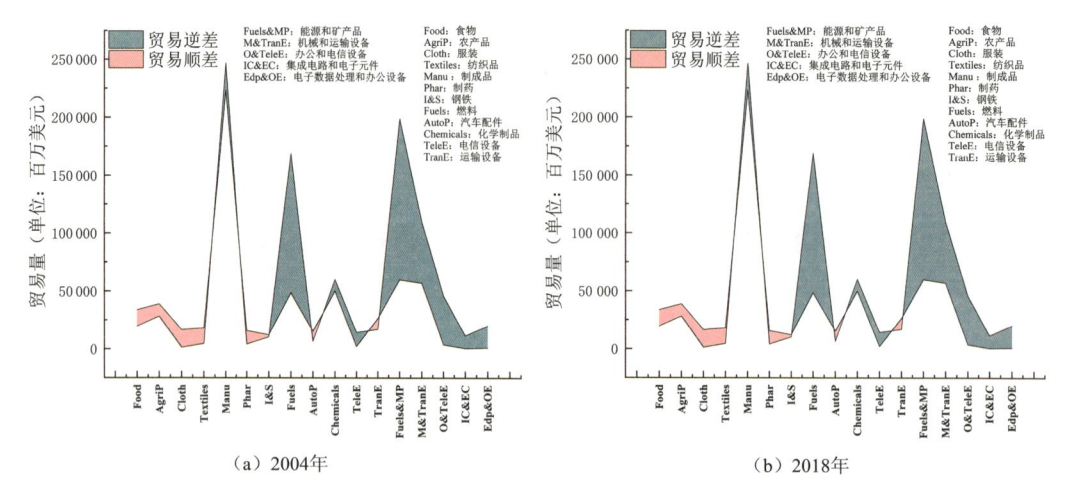

图 9-3　2004 年、2018 年印度商品进出口贸易顺逆差变化

资料来源：联合国贸易数据库（UN Comtrade），https://comtradeplus.un.org/。

表 9-1　1990—2020 年印度出口商品的 PCI、RCA 与关联度前十商品

最相关产品	关联密度	最复杂产品	PCI	最专业化产品	RCA
铬矿石	0.42	非金属酸酯及其衍生物	1.915 490 635	加工过的头发	23.9
铌、钽、钒和锆矿石	0.42	不规则卷装不锈钢棒材	1.650 830 886	其他有机化合物	23.1
针织男式外套	0.41	基于聚合物的离子交换剂	1.648 862 786	香料种子	23.0
人造假发	0.40	手动工具与其配件	1.629 790 653	花岗岩	22.3
动物毛发	0.40	金属碳化物制工具零件	1.626 012 905	椰子和其他植物纤维	22.1
针织女式套装	0.40	酚类化合物	1.622 559 906	大米	18.5
针织毛衣	0.40	纺织机器零件和辅助设备	1.528 186 654	结子地毯	16.9
针织手套	0.39	小宽度不锈钢平板	1.519 449 76	合成重构珠宝石	16.8
毡或涂覆织物服装	0.39	纺织绕线设备	1.516 835 659	花生油	16.7
其他针织服饰配件	0.39	塑料覆盖纺织织物	1.478 523 477	非零售纯棉纱线	15.4

（三）商品贸易伙伴的演变

随着经济全球化的不断深化，印度逐渐融入全球市场。主要呈现由"大国贸易"和"周边贸易"为主导，与主要发达国家（如美国、日本、瑞士、英国、德国、新加坡等）、周边国家（如中国、阿联酋、孟加拉、沙特等）和区域性大国（如巴西、南非、尼日利亚等）贸易不断扩大、贸易对象不断增加的趋势（Panagariya，2008）。

印度对中美的外贸依存度极高。1995 年，美日德为印度主要的贸易伙伴，印度对美国商品出口额约为第二贸易伙伴的两倍；2005 年中国成为印度进出口商品贸易的前三国家，印度从中国进口达百亿美元，超过第二名美国 25%；而 2015 年，印对中进口约是沙特的三倍，2019 年约是美国的两倍。近十几年来，中国一直保持着对印优势，成为印度最主要的商品进口国，日本则迅速下滑，阿联酋和沙特因其石油大国地位和地理邻近作用，是印度进出口贸易最密切的国家之一（图 9-4）。

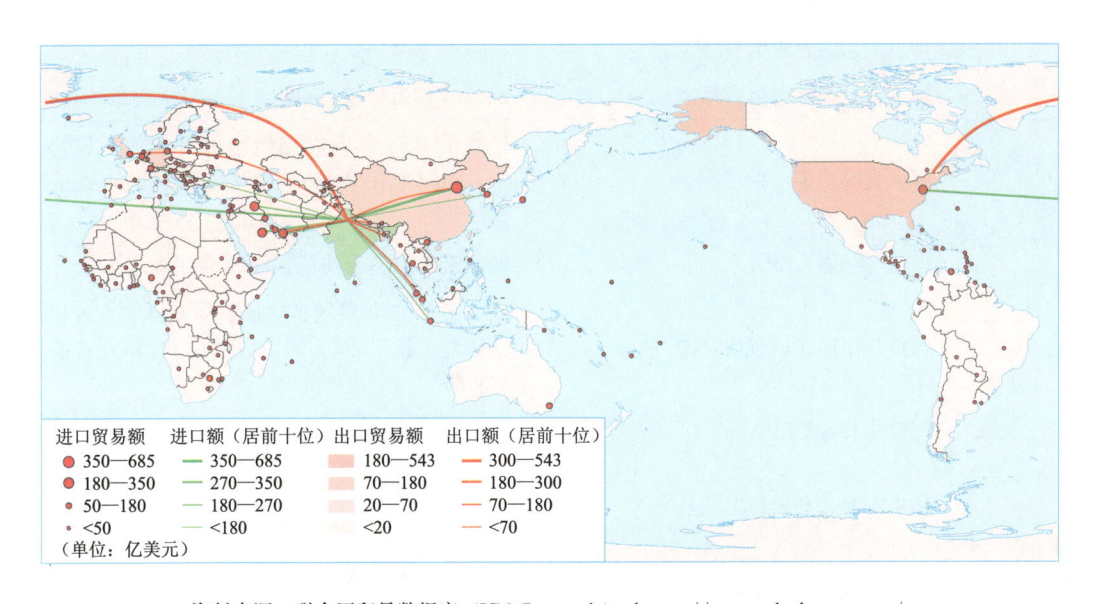

资料来源：联合国贸易数据库（UN Comtrade），https://comtradeplus.un.org/。

图 9-4　2019 年印度商品进出口贸易国家

印度已签署和正推进的贸易协定已基本覆盖各大洲的重要经济体，其立足亚洲、面向全球，获取资源、资金和技术的经贸战略得到进一步强化（表 9-2）。

依靠其快速的经济增长、庞大的内需市场、充足的矿产资源及优越的地理位置，印度的市场辐射能力不断增强。

表9-2　印度参与的区域经济合作组织和签订的双边贸易

地区	名称	状况
南亚	南亚区域合作联盟（SAARC）	1985年12月成立；2004年1月签署《南亚自由贸易协定框架条约》，于2016年全面建成"南亚自由贸易区"
	《服务贸易协定》	南盟国家
	印度—斯里兰卡自由贸易区	1998年签署，2001年12月开始实施
	印度—阿富汗自由贸易区	2003年签署，同年开始实施
	印度—不丹自由贸易区	2006年签署，次年开始实施
	孟印缅斯泰次区域经济合作组织	1997年各方启动相关议题的谈判，2009年签署，10年内建成自由贸易区
东南亚	印度—东盟自由贸易（IAFTA）	2003年签署协议，2010年正式生效
	《服务贸易及投资自贸区协议》	印度、东盟国家
	《货物贸易协议》	印度、东盟国家
	印度—泰国自由贸易区	2003年签署协议，10年内建成
	印度—新加坡自由贸易区	2005年签署协议，同年8月1日生效
亚太	亚太贸易协定（APTA）	印度在1975年即以创始国的身份加入该协定，中国则在2001年成为该协定的正式成员国
	印度—韩国CEPA	2009年8月签署协议，2010年生效
	印度—中国区域贸易安排	双方于2005年启动了区域贸易安排联合可行性研究，并于2007年10月共同对外发布研究报告
	印度—日本CEPA	2010年签署协议，2011年8月生效
	印度—澳大利亚自由贸易区	双方正在就签署自由贸易协定的相关议题进行谈判
	印度—新西兰自由贸易区	双方正在就签署自由贸易协定的相关议题进行谈判
	上海合作组织	中国、俄罗斯、中亚五国、印度、巴基斯坦等

续表

地区	名称	状况
世界其他地区	印度—海湾合作委员会	双方正在就签署自由贸易协定的相关议题进行谈判
	印度—南方共同市场优惠贸易安排	双方于2004年签署优惠贸易协定，该协定于2009年6月1日生效
	印度—欧盟	2022年双方重启停滞9年的双边自由贸易谈判
	印度—墨西哥	墨西哥正在考虑由印度提出的双方签署自由贸易协定的请求
	环印度洋区域合作联盟	1995年4月18日，南非、印度、澳大利亚、肯尼亚、毛里求斯、新加坡和阿曼七国在毛里求斯发表推动环印度洋经济圈计划的联合声明

持续的贸易逆差和对中美的高度依赖是印度对外贸易的主要挑战（表9-3）。印度商品贸易以劳动密集型和初级产品为主的比较优势，以能源和硬件装备为主的逆差缺陷，反映出印度对外贸易的脆弱性和敏感性，对外贸易状态实质上反映出印度国内产业结构的不足，基础设施建设和工业化程度有待加强。依赖能源燃料进口和制造业低端是印度商品贸易逆差的主要原因。莫迪执政后提出"印度制造"的口号，试图替代中国人口红利逐渐消失的缺口，但是效果一直不明显。但从长远来看，印度无疑是全球极具潜力的"发展型选手"（罗文宝，2023）。

表9-3　印度商品进出口前十位贸易伙伴（1995—2019年）

排序	1995年 出口	1995年 进口	2005年 出口	2005年 进口	2015年 出口	2015年 进口	2019年 出口	2019年 进口
1	美国	美国	美国	中国	美国	中国	美国	中国
2	日本	德国	阿联酋	美国	阿联酋	沙特	阿联酋	美国
3	英国	日本	中国	瑞士	中国香港	瑞士	中国	阿联酋
4	德国	英国	新加坡	德国	中国	美国	中国香港	沙特
5	中国香港	比利时	英国	比利时	英国	阿联酋	新加坡	伊拉克
6	阿联酋	沙特	中国香港	阿联酋	新加坡	印尼	荷兰	瑞士
7	比利时	阿联酋	德国	澳大利亚	德国	韩国	英国	中国香港
8	孟加拉	澳大利亚	比利时	韩国	沙特	德国	德国	韩国
9	俄罗斯	瑞士	意大利	英国	孟加拉	伊拉克	孟加拉	印尼
10	意大利	意大利	日本	日本	斯里兰卡	尼日利亚	尼泊尔	新加坡

资料来源：联合国贸易数据库（UN Comtrade），https://comtradeplus.un.org/。

二、服务贸易出口稳步增长

20世纪90年代,以"外包"为主要特征的世界服务业趋势为印度服务业的快速发展提供了外在机遇,印度服务业出口具有长期优势,是其国际账户的主要收入来源。

(一)服务贸易发展沿革

印度货物贸易发展后劲不足,但服务贸易全球领先,从"小麦"到"软件"的路径创造带动服务贸易迅速起飞,为印度跻身"金砖五国"提供关键性的国际竞争力(Arora and Gambardella,2005)。总体而言,印度服务业贸易顺差不断扩大,计算机和信息服务是印度服务出口的重要组成部分,主要服务于欧美发达国家。

印度服务贸易总额从1980年的60亿美元增长至2019年的4 000亿美元,年均增长率为11.35%。以2003年为界,可划分为开始起步和迅速增长两个阶段,年均增长率分别为9.58%和13.94%。其中,1980年前,印度对外服务贸易几乎缺失,随着政府由进口替代向逐渐开放的政策转变,特别是鼓励软件和信息技术服务业的发展,印度服务贸易在20世纪80—90年代逐渐起步,但增长速度相对缓慢,呈现小幅度的贸易逆差。经过十多年的初期积累,至2003年服务贸易增长速度加快。2004年,印度经济改革之父曼·辛格执政,进一步继承和发展其20世纪90年代施行的"经济自由化"改革政策,积极融入全球市场,提高印度进出口贸易能力,服务贸易由逆差转向顺差。2003—2008年,印度服务贸易总额年均增长率达26.03%,2004年更是高达51.54%;2008年金融危机导致服务贸易波动,但2010年后印度的服务贸易仍保持快速增长(图9-5)。

1. 服务外包与"世界办公室"

服务外包是印度服务贸易最主要的构成部分之一,作为全球最大的离岸服务外包国,印度获得"世界办公室"的称号,经历了从在岸起步到全球交付的过程。直至2019年初,印度IT产值占GDP的7.7%,雇佣将近397万工程人

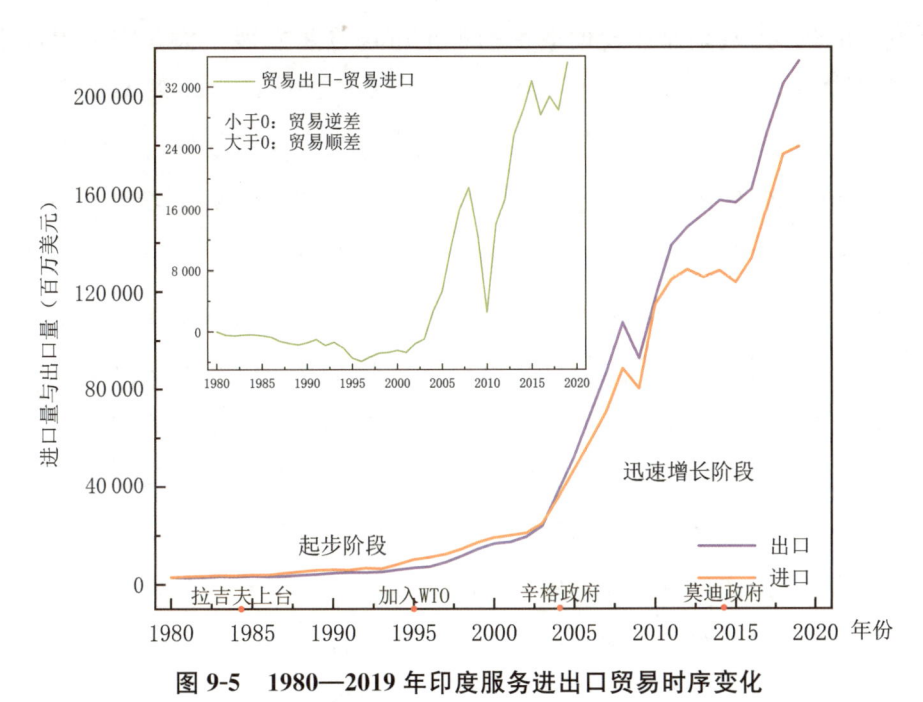

图 9-5　1980—2019 年印度服务进出口贸易时序变化

资料来源：联合国贸易数据库（UN Comtrade），https://comtradeplus.un.org/。

员，拥有将近 5 300 家技术型新创企业。其 IT-BPM 部门的增长率是全球平均水平的三倍，占全球份额约 38%，服务采购约占美国市场的 55%。同时，印度拥有众多高素质的技术毕业生人才，印度几乎所有高等院校都设有计算机和信息科学专业，进而促使印度 IT 服务、BPM、软件产品、工程服务与硬件等领域迅速增长，但主要以 IT 服务为主。与服务外包出口呈现指数增长相反，印度 IT 产业国内市场额保持稳定，服务外包严重依赖国外市场，特别是欧美发达国家，反映出印度服务外包存在过分依赖国际市场和整体处于价值链中下游的问题。

2. 从在岸起步到全球交付的"世界办公室"

印度服务外包主要经历了起步、发展和转型提升三个阶段（李艳芳，2014）：1960—1989 年的产业起步期、1990—1999 年的产业发展期和 2000 年后的产业转型提升期。

从 1960 年计算机引入印度，到 1970 年实现本土化和自给自足的在岸起步阶段，政府出台《外汇管制法》等保护主义措施，本土企业占领印度绝大部分的计算机市场，这些企业在规模较小的本土市场逐步发展扩大，实力得到不断提升。

1974—1989年印度的服务外包处于现场服务和软件出口阶段。1974年，生产商要求印度的销售代理TCS派遣程序员到美国帮助客户安装系统，开启外包现场项目模式，印度企业在为西方公司打工的基础上发展。此阶段的软件出口是指通过程序员专业代工、软件现场开发的模式进行，派遣印度软件企业员工到欧美国家，按照客户要求进行现场软件设计和开发。该模式主要原因是国内制造业不发达和国内市场狭小，以及政策管制和基础设施条件的制约，同时更好地满足客户的需求。此后，政策的放宽给予印度企业学习跨国公司先进经验和提高技术水平的机会，一定程度促进了印度软件业的发展。印度理工学院模仿麻省理工学院模式建立多家分院，大量培养IT人才，印度软件企业也不断积累技术能力和客户资源，在国际行业中建立起良好的声誉。但这一阶段的内向型发展政策限制了软件企业规模扩大，印度企业依靠廉价的技术劳动力获取竞争力，国内基础设施的落后也难以满足软件企业的需求，导致印度软件和服务出口产值规模极小。

1990—1999年印度的服务外包处于远域离岸交付发展阶段。随着全球通信和互联网技术的进步，远程交付在技术上可行。印度公司通过网络开展出口服务，印度政府的STPI（印度软件科技园计划）为新模式搭建了良好的发展环境，政府的出口导向型政策特别是对软件和服务外包产业的大力扶持，使得印度软件业进入全新的发展阶段。印度本土企业纷纷建立运营机构或离岸开发中心，为国外企业提供软件开发服务，千禧年前的"千年虫"问题给予印度软件业千载难逢的机遇，大量印度工程师被派往美国解决"虫灾"，现场服务模式达到巅峰，占据印度出口收入的九成。

2000年后进入全球交付发展阶段。2000年后，美国网络泡沫破裂及全球经济不景气阻碍了印度服务外包发展。在此阶段，基于IT的非核心业务流程，诸如呼叫中心、财务和会计、人力资源服务等开始离岸转移，BPO（业务流程外包）发展速度超过ITO（信息技术外包），印度政府允许私人投资电信业，使得软件商连入互联网成本大幅下降，印度逐渐成为国际服务外包的领头羊。到2011年，印度离岸服务份额占全球份额的48%。但随着广大发展中国家不断投身国际承接领域、参与全球竞争，全球离岸服务承接市场竞争加剧，市场份额被中国、菲律宾、俄罗斯等国家分割，印度服务外包一枝独秀的时代渐行渐远。此阶段印度从传统的远域离岸交付转变为近远域离岸交付和在岸交付的混合模式，可以为全球任何需要服务的国家和地区就地建立机构完成服务，印度成为名副其实的"世界办公室"（李艳芳，2014）。

3. 服务外包依赖国际市场

服务外包大大促进了印度经济发展，促使印度从行政效率低的官僚主义经济体逐渐转变为 IT 领域创新的领先者。不过发达国家仍然垄断发包市场，美欧日等发达国家占据全球服务发包总额的 92%，印度作为承接国长期处于被选择的地位，高度依赖国际市场。

印度服务外包的国内市场份额小，且增长缓慢。印度对外出口额逐年增加，从 2010 年的 500 亿美元迅速增长到 2018 年的 1 260 亿美元，但是国内市场上升速度相对较慢，国内市场仅小幅增长（图 9-6）。出口产值一直是印度软件产业的主要收入来源，由于缺乏国内市场，印度服务外包的出口份额占比远高于国内市场额。离岸服务是印度服务外包行业的主体部分，2018 年国际市场收入在服务外包总收入中占份额约为 75.4%，而国内市场只占 24.6%。基础设施和制造业的落后是印度国内市场狭小的重要因素。对国际市场的过分依赖导致印度服务贸易相对脆弱，印度服务外包的增长易受到世界经济危机影响。

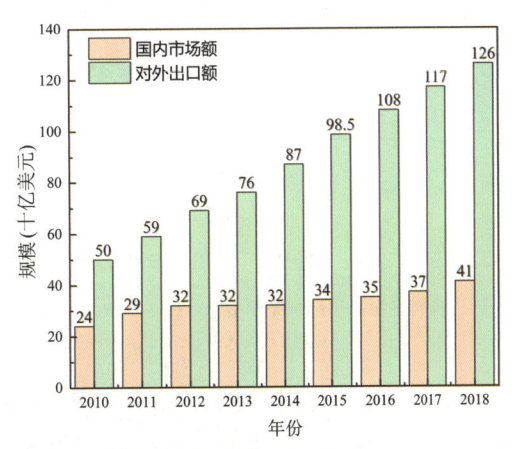

图 9-6 印度 IT 产业类别及国内外市场产值时序演变

资料来源：联合国贸易数据库（UN Comtrade），https://comtradeplus.un.org/。

（二）服务贸易结构与伙伴

印度贸易进出口结构呈现不同的特点（图 9-7），计算机和信息服务、通信服务、金融服务等在其对外服务贸易中占据相当大的比例。在印度服务贸易进口方面，2019 年交通运输服务进口占比超过 40%，旅游服务进口占比达 31%，其他服务增长速度相对平缓。印度服务出口主要包括计算机和信息服务、旅游、运输以及其他商业服务，特别是信息技术产业比较优势明显，目前已经成为仅次于美国的世界第二软件大国，计算机和信息服务出口占比将近二分之一。印度服务贸易总体呈现贸易顺差，顺差部分主要在其他商业服务、计算机和信息服务、个人文化和娱乐服务，逆差部分主要是运输和保险服务。与 2004 年相比，2019 年印度在金融服务、建筑服务、研发服务等从逆差转向顺差，顺差优势扩大。总体而言，印度服务贸易优势主要在计算机和信息服务，反映印度产业结构的独特之处，也体现印度软件服务业的高度发达和对 IT 产业的高度依赖。

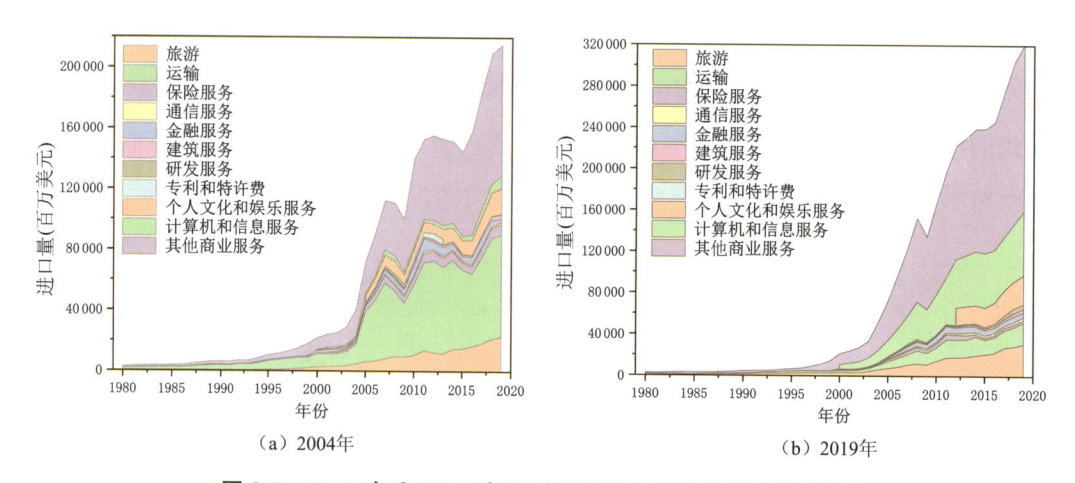

（a）2004 年 （b）2019 年

图 9-7 2004 年和 2019 年印度服务进出口贸易结构变化[①]

资料来源：国际贸易委员会（International Trade Commission，ITC），https://www.trademap.org/。

印度服务贸易市场分布不均衡，高度依赖于欧美等发达国家。2005—2015 年印度对经济体量前十的国家出口总额大幅上升，到 2019 年有所下降，但总出

---

① 注：进出口贸易结构与贸易总额资料来源不同，统计口径存在一定差异，因此在额度上存在差异；对于贸易结构存在空值，本章并不填补，保留原始数据，总体误差不影响分析结果。

口额明显上升。美国一直是印度最大的服务贸易出口国，并且与第二名差距显著（图9-8）。2015年，除中国、日本、澳大利亚、新加坡等东亚国家外，印度主要的服务贸易市场均为欧美发达国家。中国在印度的服务贸易出口中并不显著，美国则占绝对支配地位。印度服务贸易出口高度依赖美国，虽是印度经济自由化改革以来路径依赖的结果，但也一定程度上限制印度成为世界性强国的潜力。

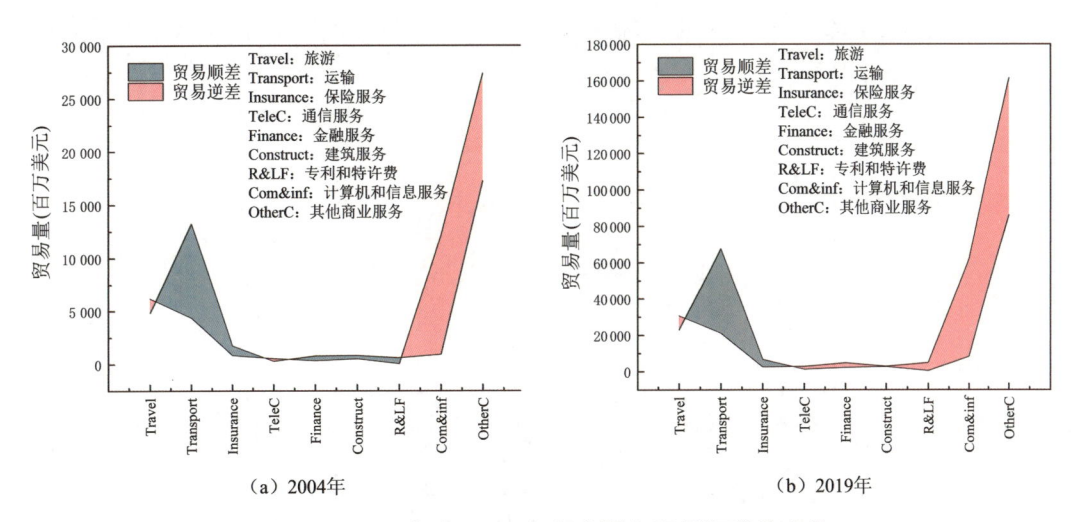

图 9-8 2004 年和 2019 年印度服务贸易顺逆差变化

资料来源：国际贸易委员会（International Trade Commission，ITC），https://www.trademap.org/。

三、蓬勃发展的制药业

根据联合国 2018 年国际贸易统计数据及普华永道报告显示，印度制药业市场在规模上位列全球第三，产值居全球第十，尤其是在仿制药领域居全球领先地位，被誉为"世界药房"。

（一）印度制药业市场

印度制药业是世界上增长速度最快的行业之一。国际咨询机构 TechSci Research 的数据显示（图 9-9），2011—2017 年印度制药业全球市场规模由 210 亿美元增至近 300 亿美元，年复合增长率为 5.64%。印度制药业具有五大特点：

一是仿制药占据主导地位，占其市场份额的 70%—80%；二是在早期投资和本国法律保护的推动下，本土厂商占据了主导地位；三是出口导向型，2018—2019 财年印度制药业的全球市场规模约为 400 亿美元，其中出口贸易额占到了市场总额的一半；四是具有价格优势，印度的药物生产成本明显低于美国，几乎只有欧洲的一半，从而在国际市场上具有很强的竞争力；五是由大型药企垄断，目前印度约有 3 000 家本土制药企业以及约 10 500 个制药工厂，虽然药企数量众多，但大多为中小企业，排名前十位的大型制药公司占据了约 80% 的市场份额（图 9-10）。

图 9-9　印度制药市场规模

资料来源：TechSci Research，https://www.techsciresearch.com/.

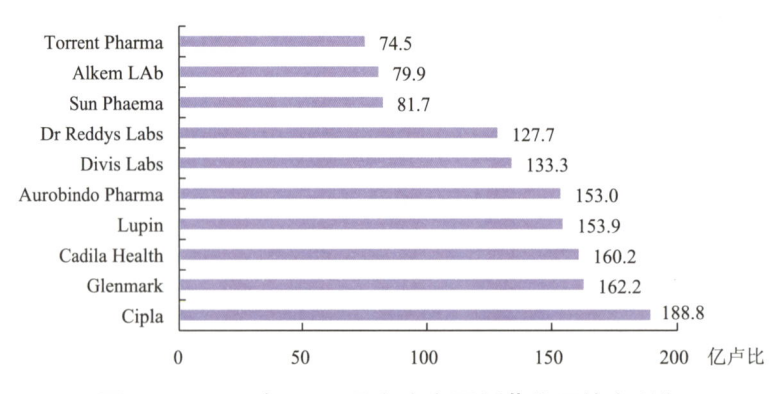

图 9-10　2020 年 1—4 月印度主要制药公司的净利润

资料来源：www.statista.com.

印度的制药业市场主要由四个方面构成：一是原料药（API）。近年来印度国内原料药消费需求不断上涨，目前印度的原料药主要依赖进口，进口原料药占印度原料药市场总额的60%。中国是印度原料药进口的主要来源国，印度每年自中国进口约1 740亿卢比（约170亿元人民币）的原料药，占其原料药进口总额约43%。二是合约研究与制造服务（CRAMS），即医药外包。目前印度从事合约研究与制造的药企已达1 000多家，该行业在2015—2018财年的复合年增长率为48%，预计在2018—2021财年仍将保持25%以上的高速增长。三是药物制剂。印度的药物制剂产品在数量上为全球最大，占全球市场份额的14%，出口产值居全球第十二。预计这一行业未来五年将保持两位数的增长率。四是仿制药。仿制药是印度制药业中最重要的部分，占到了市场收入份额的70%—80%。2018—2019财年印度仿制药全球市场规模（包括印度国内市场）达330亿美元，其中出口144亿美元。同时，印度国内市场对仿制药的需求也在大幅增长。据印度官方市场研究机构IBEF预测，印度国内仿制药市场规模到2030年有望超过400亿美元。

2018年，印度制药业的国内市场份额最大的药物是抗感染药物（13.6%）、心脏药物（12.4%）和肠胃药物（11.5%），而销量增长最快的是激素（14.2%）、抗糖尿病药物（12.9%）和呼吸系统药物（12%）（图9-11）。

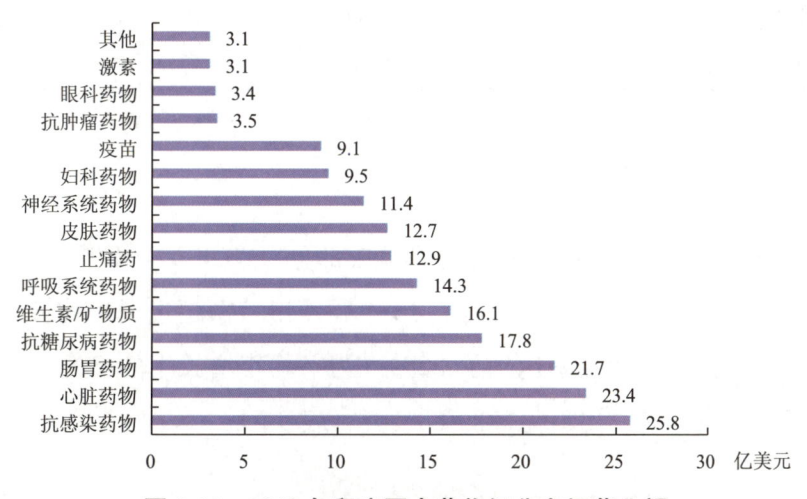

药物类别	营业额（亿美元）
其他	3.1
激素	3.1
眼科药物	3.4
抗肿瘤药物	3.5
疫苗	9.1
妇科药物	9.5
神经系统药物	11.4
皮肤药物	12.7
止痛药	12.9
呼吸系统药物	14.3
维生素/矿物质	16.1
抗糖尿病药物	17.8
肠胃药物	21.7
心脏药物	23.4
抗感染药物	25.8

图9-11　2018年印度国内药物细分市场营业额

（二）印度制药业对外贸易

出口贸易是印度制药业市场的重要组成部分，占据了市场总规模的一半。药物出口每年为印度带来超过 110 亿美元的贸易顺差，并且在过去三年吸引了超过 20 亿美元的外商直接投资。2018—2019 财年，印度出口药物 191.3 亿美元，增长率 10.72%，占印度出口商品总额的 5.79%（表 9-4）。其中，药物制剂和生物制剂（包括仿制药）约占药物出口总额的 70%，是印度第三大主要出口商品；原料药和药物中间体约占 20%。印度也是全球最大的疫苗生产国，疫苗产量占全球的 60%。

表 9-4　2017—2019 财年印度药物出口细分市场情况

种类	2017—2018 财年（百万美元）	2018—2019 财年（百万美元）	增长率（%）	贡献率（%）
阿育吠陀药物	144.38	147.22	1.96	0.77
原料药和药物中间体	3 525.65	3 895.14	10.48	20.36
药物制剂和生物制剂	12 094.48	13 561.53	12.13	70.87
草药	311.74	298.90	−4.12	1.56
外科手术用药	552.16	569.77	3.19	2.98
疫苗	653.40	661.93	1.31	3.46
总计	17 281.81	19 134.49	10.72	100.00

资料来源：印度药品出口促进委员会（Pharmaceuticals Export Promotion Council of India），https://pharmexcil.com/。

印度制药业是全球产业链中的重要组成部分。2018—2019 财年，印度药物出口目的国家和地区达 201 个，其中 48 个国家出口额超过了平均值（9 520 万美元），8 个国家的年增长率达到了 22%（为平均年增长率的 2 倍）。出口额前 25 位的目的国占其药物出口总额的 68.3%（表 9-5）。

表 9-5　2017—2019 财年印度药物出口目的国前二十五位

序号	国家	2017—2018 财年（百万美元）	2018—2019 财年（百万美元）	增长率（%）	贡献率（%）
1	美国	5 118.20	5 820.41	13.72	30.42
2	英国	556.65	630.17	13.21	3.29
3	南非	582.99	619.08	6.19	3.24
4	俄罗斯	468.77	485.55	3.58	2.54
5	巴西	383.72	452.05	17.81	2.36
6	尼日利亚	466.67	447.95	−4.01	2.34
7	德国	389.24	445.78	14.53	2.33
8	加拿大	229.80	325.26	41.54	1.70
9	比利时	242.95	277.49	14.22	1.45
10	法国	252.12	276.66	9.73	1.45
11	澳大利亚	253.86	276.19	8.80	1.44
12	肯尼亚	254.63	261.01	2.51	1.36
13	阿联酋	128.29	260.24	102.85	1.36
14	越南	226.30	245.09	8.30	1.28
15	菲律宾	216.72	240.02	10.75	1.25
16	尼泊尔	232.82	232.76	−0.03	1.22
17	中国	200.46	230.19	14.83	1.20
18	斯里兰卡	206.79	219.19	6.00	1.15
19	荷兰	233.71	205.92	−11.89	1.08
20	印度尼西亚	181.98	201.95	10.98	1.06
21	孟加拉国	162.67	191.60	17.79	1.00
22	泰国	172.58	190.06	10.12	0.99
23	伊朗	124.05	181.14	46.02	0.95
24	乌干达	155.82	177.13	13.68	0.93
25	日本	147.66	175.81	19.06	0.92
	以上合计	11 589.44	13 068.67	12.76	68.30
	全球总计	17 281.81	19 134.49	10.72	100

资料来源：印度药品出口促进委员会（Pharmaceuticals Export Promotion Council of India），https://pharmexcil.com/。

印度制药业出口市场高度集中，主要集中于经济发达的北美、欧盟，以及经济落后的非洲地区。2018—2019 财年，印度药物出口目的国以北美占最大份额（32%），达 61.46 亿美元，其次为非洲（18%）、欧盟（16%）、东盟（7%）、拉丁美洲及加勒比地区（7%）、中东（5%）等（图 9-12）。

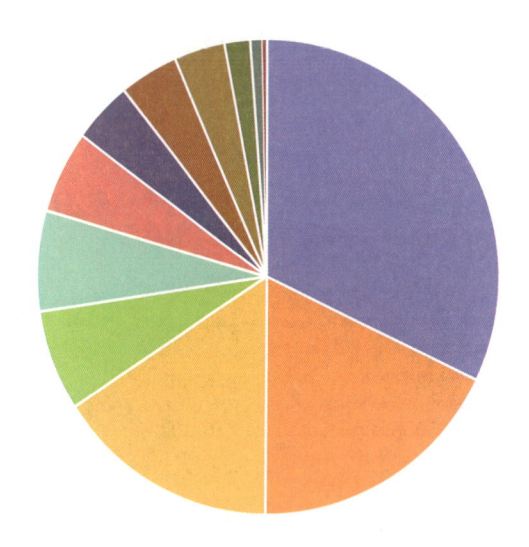

图 9-12　2018—2019 财年印度药物出口的地区构成

资料来源：印度药品出口促进委员会（Pharmaceuticals Export Promotion Council of India），https://pharmexcil.com/。

- 北美61.46亿美元，32%
- 非洲34.36亿美元，18%
- 欧盟30.04亿美元，16%
- 东盟13.10亿美元，7%
- 拉丁美洲及加勒比地区13.08亿美元，7%
- 中东10.74亿美元，5%
- 南亚8.13亿美元，4%
- 原独联体国家7.88亿美元，4%
- 中亚（除中东地区）6.94亿美元，4%
- 大洋洲3.41亿美元，2%
- 其他欧洲国家1.63亿美元，1%
- 其他美洲国家0.57亿美元，0%

美国是印度第一大药物出口目的地，占印度药物年出口总量的 30% 左右。据估计，美国药物消费市场中有三分之一来自印度仿制药生产商。印度也是除美国本土以外获美国食品药品监督管理局（FDA）批准的仿制药数量及认证工厂数量最多的国家（表 9-6）。自 2010 年以来，印度每年获美国食品药品监督管理局批准的仿制药数量占获批总量的 35% 以上，且呈增长趋势；获美国食品药品监督管理局认证的印度制药工厂数占获认证总数的 12%。

表 9-6　印度制药公司获国际认证情况

认证国家和机构	认证类别	数量
美国	在美国食品药品监督管理局注册的场所（原料药＋制剂）（截至 2019 年 2 月）	722
	印度公司提交的药物主控文件总数（Ⅱ型激活状态）（截至 2017 年 7 月）	3 980
	仿制药认证申请市场授权（截至 2019 年 2 月）	4 769
	美国食品药品监督管理局批准的制剂公司	53
欧洲	收到的欧洲药典适用性（CEP）认证申请	1 670
	获欧洲药典适用性认证的公司（截至 2019 年 2 月）	194
	符合欧盟良好生产规范（GMP）认证的场所	826
	英国医药卫生监管机构（MHRA）市场授权	1 943
	获爱尔兰医药委员会的欧洲药典适用性	300
	在爱尔兰医药委员会注册的公司	19
	瑞典医疗产品局（MPA）授权	209
	获瑞典医疗产品局 MA's 认证的公司	14
世界卫生组织	世界卫生组织良好生产规范认证工厂	约 1 400
埃塞俄比亚	获埃塞俄比亚药物管理和控制局（DACA）认证的公司	50
坦桑尼亚	获坦桑尼亚食品药品管理局（TFDA）认证的公司	1 373

资料来源：印度药品出口促进委员会（Pharmaceuticals Export Promotion Council of India），https://pharmexcil.com/。

第二节　外商投资地理

一、逐渐松绑的投资环境

印度领土广阔、资源丰富、人口众多且劳动力低廉，对于跨国公司具有很强的吸引力。但 20 世纪 50 年代以来，印度对外投资受到严格限制，避免外来冲击的政策框架造成了保守的对外贸易和投资环境，远离了世界经济一体化的过程，使得改革前外商直接投资总额难以匹配印度的大国规模。但自 20 世纪 90

年代以来，随着改革不断推进，印度对外开放程度持续加深，外商直接投资呈现上升趋势。2019年，印度跻身十大海外投资接受国之列，吸引投资量排全球第九，吸引了490亿美元的资金流入，相较于前一年增长了16%。外来投资促进印度经济的快速增长，凭借其强劲的经济增长潜力，印度将有望在未来十年成为全球制造业中心之一（Yoshino et al., 2022）。

印度成为越来越多的外商投资的首选目的地，主要归因于三个明显的优势：首先，印度企业所得税税率十分具有吸引力，印度还进一步减少了设立新产业的公司税，为企业提供了更高的盈利能力。其中，制造业投资的特殊窗口中企业所得税税率为17.16%，是金砖国家中最低的（图9-13）。其次，印度推出"数字印度"（Digital India）计划，涵盖国家电子政务计划（National e-Governance Plan）和电子政府计划等具体项目，旨在实现政府服务数字化（Goswami, 2016）。印度为制造公司提供了更强大的生态系统和开展研发的全球内部中心（GIC）和全球卓越中心（GCOE），提供大量现成的工业基础设施并按需建造，大量节省了资本支出。最后，印度具有大型国内市场，其制造业出口具有良好的前景，在技术创新能力和政策创造性改革的推动下，印度正处于快速工业化的新增长曲线之中。

二、高度集中的外商投资

（一）数量波动特征

自20世纪90年代实行自由化改革后，印度企业对外直接投资呈现快速增长趋势，投资总额从1995年的0.38亿美元增加到2007年的65亿美元，增长171倍，主要集中在制造业和信息技术领域。21世纪以来，印度对外直接投资表现为前十年的快速增长和后十年的逐渐萎缩，外商直接投资则表现为波动上升的趋势。

2006—2019年，印度外商直接投资累计达6 628.29亿美元，对外直接投资累计达2 760.34亿美元。2019年，印度FDI达505.53亿美元，增长率达19.92%，OFDI达121.04亿美元，增长5.74%，但总体而言，2006年至2019年投资均呈现下降趋势，前者年均下降3.17%，后者年均下降7.12%。作为金

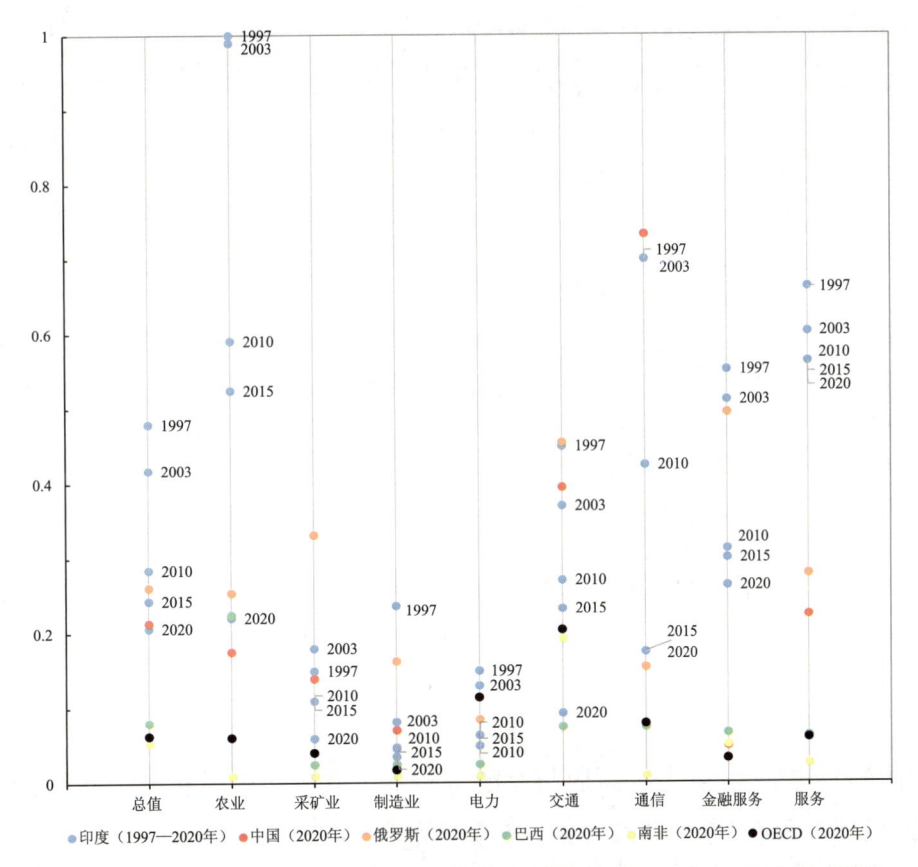

图 9-13 印度（1997—2020 年）及其他金砖国家（2020 年）FDI 限制指数

砖五国之一和最大的发展中国家之一，印度 FDI 多于 OFDI；由于 2008 年金融危机影响不断深化，融资成本增加，跨国公司对经济前景判断悲观，投资意愿降低，世界经济整体进入衰退状态，国际投资环境恶化，截至 2013 年，印度外商投资额均下滑，2014 年后逐渐回归增长态势（图 9-14）。

（二）部门分布特征

自 20 世纪 90 年代初经济自由化以来，印度的国际投资来自不同的领域，从研发中心和工程开发中心、消费者互联网、生物技术和制药等高度复杂的领域，到食品加工、化工和石化等资源密集型行业。印度还吸引了电子、纺织和制鞋业等劳动密集型制造业的大规模投资。印度 FDI 投资领域主要包括金融和非金融服务业、建筑业（含房地产开发）、电信、电脑软硬件、制药、化学品

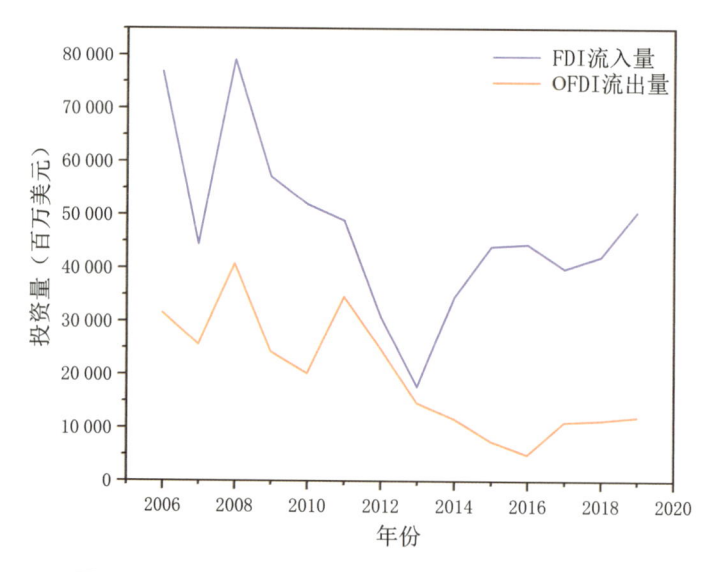

图 9-14　2006—2019 年印度 FDI 和 OFDI 时序变化

资料来源：World Investment Report《2019 世界投资报告》，https://unctad.org/system/files/official-document/wir2019_en.pdf。

（化肥除外）、汽车、电力、酒店与旅游等行业。其中，金融和非金融服务业吸引外资总额占印度 2000 年以来吸引外资总量的 17%（图 9-15）。

（三）空间分布特征

1. 外商直接投资的全球来源

印度外商直接投资（Foreign Direct Investment，FDI）与对外直接投资（Outward of Foreign Direct Investment，OFDI）的地理分布主要来源于离岸金融中心[①]。2018 年，印度 FDI 和 OFDI 的地理分布相对于贸易领域更为分散，美国、英国、新加坡、毛里求斯、英属维尔京群岛、开曼群岛等成为资本流动的中转站，印度对周边国家投资强度显著，斯里兰卡、孟加拉国、越南、马来西亚、印尼等周边国家和阿联酋、沙特等石油国投资量相对较高（图 9-16）。

投资区位上形成"周边为主、扩展亚洲、开拓欧美"的态势（Kumar，

[①] 离岸金融中心是指投资人的公司注册在离岸管辖区，但投资人不用亲临注册地，其业务运作可在世界各地任何地方直接开展。非居民、低监管和少税收是离岸金融中心的主要特征，规避外汇管制、监管政策套利及银行业务拓展等功能受到资本与投资者青睐，包括英属维尔京群岛、萨摩亚、纽约、伦敦、香港、开曼群岛等离岸金融中心在国际经济与金融交往中地位和作用越来越重要。

(a) 1991—2005年

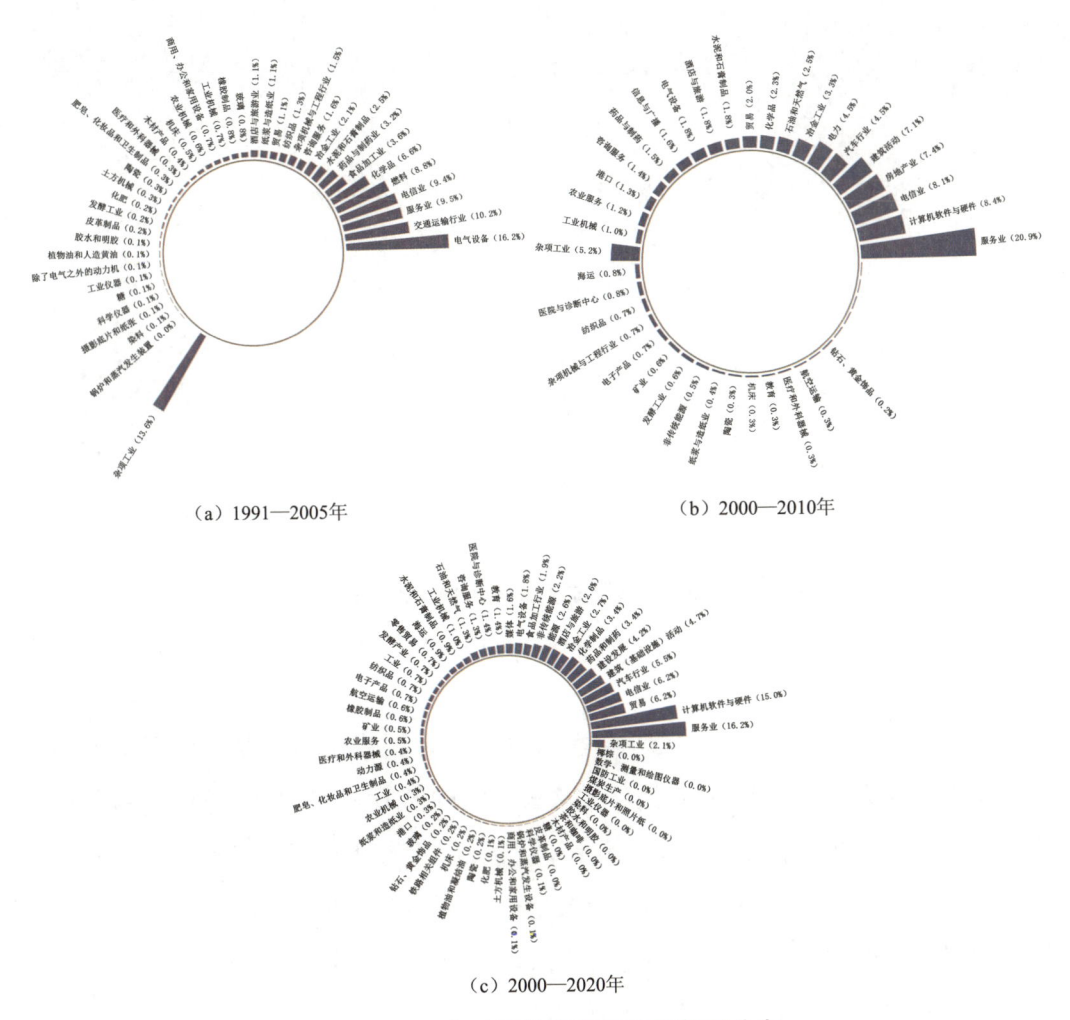

(b) 2000—2010年

(c) 2000—2020年

图 9-15　三个时间段印度 FDI 的部门分布

资料来源：工业和国内贸易促进部（Department for Promotion of Industry and Internal Trade），https://dpiit.gov.in/foreign-direct-investment/foreign-direct-investment-policy。

2008）。20 世纪 90 年代前，印度对外直接投资集中在发展中国家，约占 86%。随后凭借高新技术产业发展积累的技术知识及语言优势等，逐渐从新加坡、泰国、斯里兰卡、马来西亚等周边国家向美国、英国、德国等发达国家扩展（蓝庆新、张雅凌，2009；周杰，2012；白远、刘雯，2006）。

2. 外商直接投资的各邦流入

外商直接投资的流入不仅取决于社会经济条件，更取决于政治生态系统差异，自由经济政策和政治体系的效率均对吸引外部投资有重要影响（Dunning，

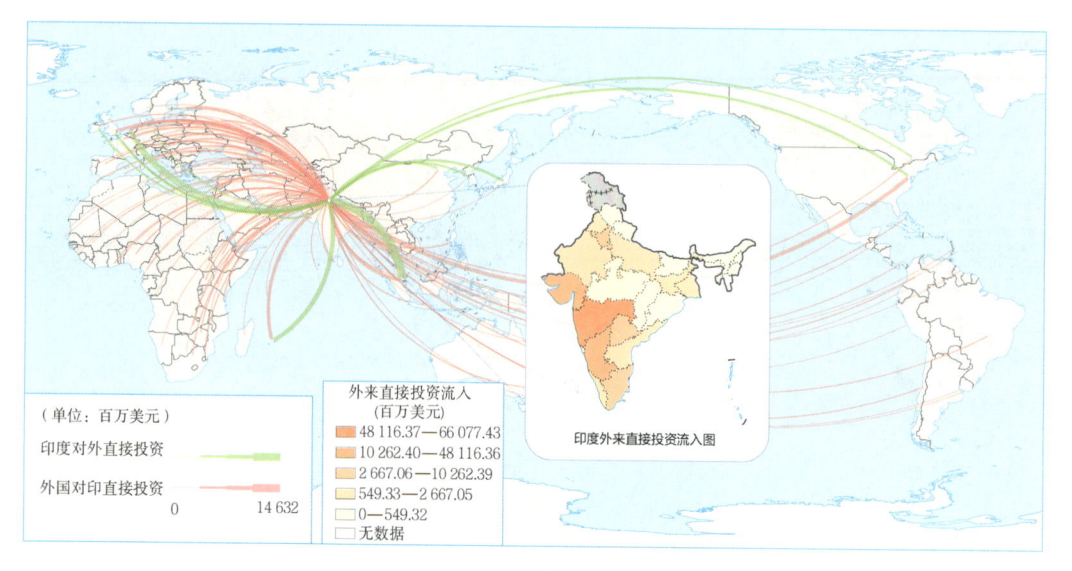

图 9-16　2018 年印度 FDI 和 OFDI 的地理分布

资料来源：国际贸易委员会（International Trade Commission，ITC），https://www.trademap.org/。

1998)。在印度 20 世纪 90 年代的改革之后，外商直接投资的监管框架被弱化。中央监管—地方许可证制度被废除，国家层面的监管机制逐步放宽。各邦开始在其管辖范围内实施自主的工业和经济政策，包括与外商直接投资有关的政策。大多数邦都建立了单一窗口机制，在规定的时间内授予投资许可，并直接批准超出规定时间内的申请。邦与邦之间，以及邦政府与邦之间的经济合作和竞争，创造了有利的营商环境，以吸引外商投资。

此外，各邦的成本、风险和竞争壁垒等进一步拉大了其吸引外资能力的差距。在 1991 年之后的几年里，某些邦已成为国家内部成功吸引外商直接投资的主要目的地。如古吉拉特邦、哈里亚纳邦、马哈拉施特拉邦、旁遮普邦和西孟加拉邦等地区在外商直接投资规模领跑全国，成为外商直接投资的热点地区（图 9-17）。比哈尔邦、中央邦和北方邦几乎没有收获投资，而南方各邦获得外商直接投资总体规模较大。

三、经济改革驱动外商投资

企业减税、营商便利措施、简化劳动法和外商直接投资改革是吸引外商直

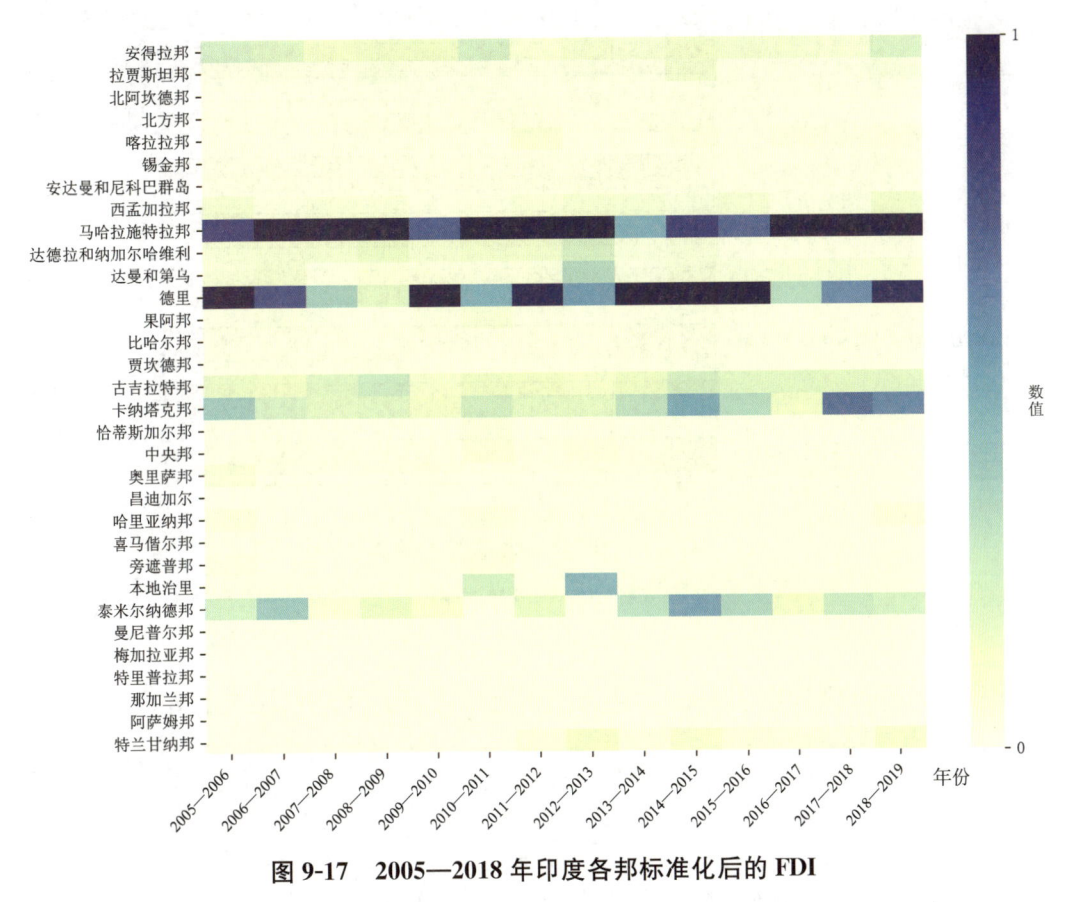

图 9-17　2005—2018 年印度各邦标准化后的 FDI

资料来源：印度工业和国内贸易促进部，https://dpiit.gov.in/foreign-direct-investment/foreign-direct-investment-policy。

接投资的关键。约 40% 的投资者表示，政府采取的降低企业税率、简化劳动法和营商便利改革措施对吸引外商投资至关重要。在所有接受调查的公司中，约 30% 的公司认为外商直接投资改革和政府对人民技能和医疗保健的关注是有利可图的（图 9-18）。

印度前期对外直接投资的成功经验在于高度发达的信息服务业、制药业等比较优势，在政府逐渐放宽海外投资限制的背景下，印度企业以国家社会经济发展需要为重点，在国外开辟石油和天然气来源，因地制宜选择"走出去"（蓝庆新，2009）。但 2011 年以来，印度的对外直接投资持续下降，远低于前期，主要与印度人民党的"开放型经济民族主义"有关。当前印度人民党执政，其经济民族主义政策为以印度人自己的方式实现工业化和现代化，避免过度依赖

类别	极为重要	较为重要	不甚重要	无法确定
企业税率降低	42%	39%	18%	
劳动法简化	42%	32%	24%	3%
经营环境优化	41%	27%	32%	
人力资本、技能培训和医疗保健的重点关注	29%	29%	34%	8%
外国直接投资改革	29%	42%	24%	5%
基础设施的重大投资和100个智慧城市	16%	60%	24%	
金融领域改革	8%	49%	43%	
金融包容和数字印度	8%	52%	35%	5%

图 9-18 印度 FDI 政策的改善

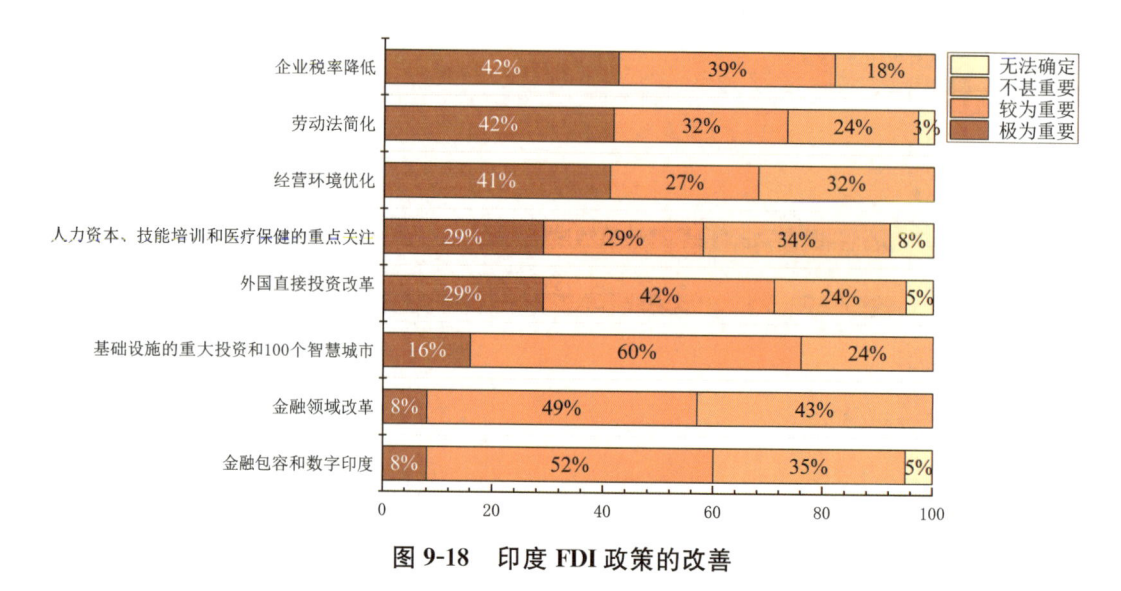

资料来源：CII-EY Survey.

外国资本，选择性地吸引高科技领域外商直接投资，而非低层次的外商投资。

参 考 文 献

[1] 白远、刘雯："服务业对外直接投资：中国与印度的比较"，《国际经济合作》，2006 年第 6 期。

[2] 蓝庆新、张雅凌："印度对外直接投资的经验及对我国实施'走出去'战略的启示"，《东南亚纵横》，2009 年第 3 期。

[3] 罗文宝："全球产业链重构背景下印度制造业优势及其对我国的影响"，《南亚研究季刊》，2023 年第 2 期。

[4] 李艳芳："印度服务外包发展趋势分析"，《印度洋经济体研究》，2014 年第 5 期。

[5] 宁胜男："莫迪经济改革评析"，《现代国际关系》，2021 年第 10 期。

[6] 王立新：《印度绿色革命的政治经济学：发展、停滞和转变》，社会科学文献出版社，2011 年。

[7] 周杰："印度对外直接投资的特点、作用及对中国的启示"，《南亚研究季刊》，2012 年第 1 期。

[8] Arora, A., and Gambardella, A. 2005. The globalization of the software industry: perspectives and opportunities for developed and developing countries. *Innovation Policy and the Economy*, Vol. 5, pp. 1-32.

[9] Cerra, V., and Saxena, S. C. 2002. What caused the 1991 currency crisis in India? *IMF staff papers*, Vol. 49, No. 3, pp. 395-425.

[10] Dunning, J. H. 1998. Location and the multinational enterprise: a neglected factor? *Journal of International Business Studies*, Vol. 29, No. 1, pp. 45-66.

[11] Frankel, F. R. 2006. *India's Political Economy: The Gradual Revolution* (1947-2004) (2nd ed.). OUP Catalogue, Oxford University Press.

[12] Goswami, H. 2016. Opportunities and challenges of digital India programme. *International Edu-*

cation and Research Journal, Vol. 2, No. 11, pp. 78-79.

[13] Jiang, X. M., and Zhang, S. X. 2021. Visualizing the services embodied in global manufacturing exports. *Physica A: Statistical Mechanics and its Applications*, Vol. 571, 125365.

[14] Kumar, N. Emerging MNCs: trends, patterns, and determinants of outward FDI by Indian enterprises, In: Kumar, R., Rajan, R. S., and Virgill, N. (Eds), 2008, *New Dimensions of Economic Globalization: Surge of Outward Foreign Direct Investment from Asia*. World Scientific Publishing Company, pp. 141-167.

[15] Panagariya, A. 2008. *India: The Emerging Giant*. Oxford University Press.

[16] Tripathy, A., and Dastrala, S. M. 2023. *Make in India: So Far and Going Ahead*. IIM Bangalore Research Paper, No. 674.

[17] Yoshino, N., Paramanik, R. N., and Kumar, A. S. 2022. *Studies in International Economics and Finance*. Springer.